교육열망과
재생산

이 책은 2008년 정부(교육과학기술부)의 재원으로 한국연구재단의 지원을
받아 연구되었음(과제번호: KRF-2008-321-B00147).

교육,
이주,
그리고 삶 2

교육열망과
재생산

이주와 교육 프로젝트팀 지음

머리말

　우리 민족에게 교육은 시대적 상황과 지역을 넘어 '고난 속에서도 희망'을 이야기하는 삶의 동력이자 전략이었다. 그러나 해방 이후 경제발전과 사회적 효용성이 강조되면서 교육은 국가경쟁력의 도구이며, 개인의 사회적 지위 획득을 위한 수단으로서 기능이 중요해졌다. 교육이 선점과 선취의 대상이 되어 끝없는 경쟁으로 인식되고 있다.

　교육이 경쟁으로 인식되면서, 배움과 성장, 탐구와 몰입의 가치는 상실되었다. 교육은 '얼마나, 어떻게 현재를 더 많이 투자하여 내일의 안락을 보장받을 것인가', '아이를 어느 학교에 보내고, 교육을 위해 어디로 이주할 것인가', '무엇을 어떤 시기에 쏟아부을 것인가' 하는 문제상황으로 인식되었다. 부모의 사회경제적 지위, 교육환경, 거주지를 총동원하여 사회적 성공을 위한 전략을 짜고 실천하는 행위가 되었다.

　동원할 수 있는 자본의 양과 질에 따라, 계층 간, 중앙과 지역 간의 교육격차는 심화되었다. 교육은 희망이 아니라 포기할 수 없는 고행이 되어 모두를 '교육전쟁' 속으로 밀어 넣고 있다.

　이 책의 논의는 크게 4부로 구성되어 있다. 제1부에서는 우리 삶에서 교육이 어떤 의미인지 학벌·학력주의 인식체계의 분석과 전투적 교육가족의 삶을 통해 논의한다. 제2부에서는 학부모들의 교육과 학벌·학력에 대한 인식을 바탕으로 중앙과 지역의 교육격차가 얼마나 심각한지를 다룬다. 특히 연구자들이 거주하는 대구지역 학부모·학생들의 교육에 대한 인식과 삶의 형태에 주목하고자 한다. 제3부에서는 서울이라는 중앙에 모든 것이 집중되는 중앙주의로 인해 지역의 가족들이 겪는 중앙지향을 보고자 한다. 중앙지향을 강화하는 가족과 남겨지게 된 가족들이 교육을 어떻게 인식하고 처리하는지 알 수 있다. 제4부에서는 중앙지향을 강화하는 메커니즘을 중등학교 현장, 대학교 현장을 통해 분석하고자 한다. 이러한 작업들을 통해 우리 교육의 현실을 진단하고 앞으로 나아갈 방향을 구성해 본다.

「이주와 교육: 한국인의 삶의 형태탐구」
프로젝트팀

C·O·N·T·E·N·T·S

01

한국인의 학력·학벌

KOREA
EDUCATION

제1장 한국인의 삶: 학력·학벌주의 인식체계[*]

김부태

Ⅰ. 문제: 학력·학벌주의 인식체계

학력·학벌주의가 우리 사회의 교육 및 사회문제의 주요 원인이 되고 있다는 인식이 널리 확산되어 있다. 정부 차원에서도 학력·학벌주의를 사회 개혁의 과제로 채택하여 정책적으로 변화를 시도한 바 있다.[1] 그러나 여러 정황으로 볼 때 학력·학벌주의의 구조는 아직 근본적으로 변화되지 않은 것으로 판단된다. 어떤 점에서 이 사회적 현상은 우리 사회의 사회정치적 민주화와 지속적인 경제발전과는 큰 상관이 없는 듯 보이기도 한다. 몇몇 징후[2]가 있지만, 최근 10여 년간 학력·학벌

---

* 이 글은 한국교육학회의 『교육학연구』(2011) 49(4)에 게재된 논문 『한국 학력·학벌주의 인식체계 분석』을 일부 수정한 것임.

1) 국민의 정부와 참여정부는 관련 정책을 입안하고 시행했으며, 현 정부의 이명박 대통령도 이른바 '학연사회'의 변화에 대한 필요성을 역설한 바 있다(『서울경제』, 2011.5.20, 5면).

2) 헤드헌팅 기업 '유니코써어치'가 국내 1,000대 상장기업(매출액 기준) 최고경영자(대표이사)급 CEO 1,248명의 출신대학을 조사한 결과는 변화의 징후를 보여 주는 한 가지 사례가 될 것이다. 3개 명문대학 출신 CEO의 비율이 2011년 3월 말 기준 41.7%로 2007년 59.7%, 2008년 45.6%, 2010년 43.8%로 2007년~2011년 사이 18% 하락한 것으로 나타났다(『조선일보』, 2011.6.30, 1면). 'SKY 출신 CEO 확 줄었다.'

주의가 완화되었다는 결정적인 증거를 찾아보기는 어렵다. 학력·학벌 사회 개혁의 관건이라고 했던 '대학서열체제(김상봉, 2004; 정진상, 2004 등)'가 여전히 건재하고 있으며(오호영·김승보·정재호, 2006), 대학체제 변화의 핵심조건이라 했던 '국립대 법인화(김동훈, 2002; 정영섭·이공훈, 2006 등)는 이루어지지 않은 상태이고, 학벌체제의 완화를 겨냥한 이른바 '명문대 규모 축소(강준만, 2009)'도 미미한 정도에 그치고 있다. 더욱이 근래에 수행된 한국교육개발원의 조사(남궁지영·우명숙, 2010: 122-123)에서는 개인의 성공과 출세에 영향을 미치는 요인으로 '학벌과 연줄'이 1순위로 나타났으며, 2006-2008-2010년의 세 차례 조사에서 '학벌과 연줄'의 영향력에 대해 인식하는 비율이 점점 더 커지는 경향이 있다. 중앙을 향한 학생들의 이동과 사교육비 규모는 오히려 우리 사회의 학력·학벌주의가 더욱 심화되는 것이 아닌가 의심하게 한다.

그렇다면 학력·학벌주의가 왜 이렇게 지속되는 것인가? 우리 사회를 학력·학벌사회라고 부르는 것은 학력·학벌주의적 사회구성 방식이 사회를 가로지르는 하나의 체계로 존재한다는 것이다. 학력·학벌이 사회의 모든 부문과 연관되어 유기체와 같이 기능하고 있는 것이다. 이 사회체제를 지탱하는 실체적인 힘은 학력·학벌주의적 사회구성 메커니즘과 이를 통해 충원된 각계각층 그 자체가 현재의 구조로 존재하고 있다는 점일 것이다. 우리 사회의 조직, 특히 정부부처(고위관료), 정치계(국회의원), 법조계(검판사), 언론계 등의 유력한 사회조직들은 대개 소위 명문대학 출신들이 큰 비율을 차지하고 있다.[3] 중앙이나 지역의 크고 작은 학벌들이 각 조직을 움직이는 실체가 되고 있다. 이것이 학력·학

---

3) 강준만(2009)의 저서는 이런 점들을 잘 보여 주고 있다. 최근의 자료로는 『서울경제』(2011.5.20, 5면), '경제부처 1급 이상 78%가 SKY……'/『중앙일보』(2011.9.7, 10면), 고위공무원 절반이 SKY…… MB "학력 철폐" 무색, 참조.

벌주의 지속의 현실이다.

기존 구조는 그 유지를 뒷받침하는 이념과 불가분의 관계에 있다. 이념은 사람들을 기존 체제에 자발적으로 합류하게 하는 정당화의 신념체계 혹은 인식체계라고 할 수 있겠다. 학력·학벌 추구행위가 지속되는 데는, 학력·학벌에 의해 사회가 구성되고 사회적 자원이 배분되는 체제에 동의할 수 있는 합리적인 근거가 있음을 시사한다. 학력·학벌에 의한 사회구성에 동의할 만한 부분이 있다면, 그 부분이 바로 학력·학벌주의를 지속시키는 중요한 근거가 될 것이다.

이 글은 학력·학벌주의 인식체계가 학력·학벌사회를 유지하는 이면의 동인이라고 본다. 학력·학벌사회를 유지하게 하는 인식체계의 구체적 내용이 무엇인지 확인하고, 학력·학벌사회의 유지를 정당화하는 인식체계의 심층이 어떤 성격의 것인지 분석하고자 한다.

학력·학벌에 관한 선행연구들은 교육과 사회의 여러 문제와 개혁론에 대해 논의하고 있다. 이 글은 학력·학벌사회의 문제론과 개혁론에 주력한 선행연구들에서 약간 비켜나 있다. 이를테면 이들 연구들이 가정하고 있는 부분에 대해 재검토하려는 것이다. 곧 학력·학벌주의적 의식 혹은 인식체계에 관한 문제이다. 의식 혹은 인식체계가 사회 변화나 지속의 우선적 관건이라고 보지는 않지만, 학력·학벌주의 인식체계의 현실성에 대해 보다 세심한 실증적 분석이 필요하다고 생각한다. 이 연구와 직접적으로 관련된 선행연구(자료)들은 다음과 같은 주제들을 다루었다. 즉, 교사의 인식체계(김민남·손종현, 1997), 학력관·교육관(이정표, 2001; 최돈민 외, 2001), 교육 및 학력·학벌에 관한 의식·여론(『한겨레21』, 2000; 국정홍보처, 2003; 윤양배 외, 2008; 남궁지영·우명숙, 2010), 학력·학벌의 사회적 문제에 대한 인식(이정규·홍영란, 2002; 정태화 외, 2003; 홍영란·이남철·신범석, 2002; 오호영·김승보·정재호, 2006), 교육 관련 실태 및 문제에 대한 의식(전교조 참교육 연구소, 2006; 최상근 외, 2009) 등이다. 이들 선행연구는 대개 전국적인 규모의 조사를 통해 우리 사회성원들의 학력·학벌에 대한 의식의 현실성을 직접 혹은 간접적으로 보여 주고 문제에 대한 대책을 제안하고 있다. 그리고 이두휴 등(2007), 이혜영·류방란·윤여각(2002), 김종영(2008), 최상근 등(2009)의 연구는 학부모, 교사, 학생들의 문화를 심층적으로 기술함으로써 그들의 학력·학벌에 대한 인식과 관행의 특성을 보여 준다. 선행연구들은 우리 사회의 학력·학벌주의를 이해하는 데 중요한 사실과 시사점을 제공해 주고 있다. 이 글은 특히 학력·학벌주의의 지속과 관련하여 정당화의 인식체계가 어떤 것인지에 주목한다. 선행연구들은 학력·학벌주의 인식의 구조를 체계적으로 보여 주는 데는 충분하지 않았다. 학력·학벌주의 인식체계를 밝히는 것은 사회성원들의 행태를 예측할 수 있게 해 주며, 학력·학벌사회의 변화를 위한 정책 수립에 유익한 시사점을 줄 것이다.

II. 학력·학벌주의의 개념적 구조와 분석 방법론

1. 학력·학벌주의의 개념적 구조

현실적 용법으로 볼 때, 학력(學歷) 개념은 학교교육을 받은 이력, 즉 학교교육의 결과를 의미한다. 근대 이후 학교교육은 대개 일정한 단계로 나누어져 있고 선발 과정을 거쳐 기회를 부여하는 것이 일반적이다. 선발 과정에는 주로 이전 단계 학업성취 등의 지표가 사용되며,

시험이라는 평가기제를 통해 이루어진다. 진학-졸업은 각 단계의 학교교육이 의도한 바를 획득한 능력 혹은 역량의 정도를 의미하게 되었다. 학력은 곧 실력 혹은 능력을 표현하는 하나의 지표가 된다. 또한 학교교육이 국가에 의해 공적으로 관리되고 운영된다는 점에서, 학력은 국가가 공인한 능력증명이 되는 것이다. 국가는 학교교육 운영의 전반적인 사항과 학력인정에 관한 제도 등으로 학교와 사회성원들이 준수해야 할 바를 규정하고 관리한다. 국가의 엄정한 관리와 학교교육의 과정을 신뢰할 수 있다면, 학력은 능력과 업적을 증명한다고 해도 좋겠다. 따라서 학력의 획득은 일정하게 국가주의 이념을 수용한 결과이기도 하다. 그러나 학력의 획득에는 개인의 능력과 노력 외에 가정의 사회경제적 배경이 크게 작용하고 있다. 이를테면 가정 배경이 어떤가에 따라, 학력에 대한 접근의 기회와 질이 다르다는 것이다. 그런데 이 것은 어느 정도 불가피한 현상이다. 따라서 능력 외적 변수의 영향을 어떻게 보는가에 따라 학력을 능력과 친화적인 것 혹은 대립적인 것으로 보게 되는 여지가 생기게 된다.

학벌은 같은 학교에서 교육받은 이력을 공유하는 사람들의 의식적 파벌집단을 말한다. 파벌집단은 '우리'라는 동류의식이 정서적으로 강한 유대관계를 형성한다. 이 학연의 유대관계는 속성상 배타적이고 폐쇄적이다. 학연을 매개로 한 유대관계가 이익집단화할 때, 사회적 기회와 자원을 둘러싼 집단 간의 경쟁이 불가피하다. 그 경쟁은 학연집단 내부를 연고주의로 결속하고 외부적으로는 집단의 사회적 우위와 권력을 확대하려는 행위로 나타날 것이다. 이른바 학연에 의한 연고주의가 사적 관계를 확대하면서 사회에 영향을 미칠 수 있다. 현실적 용법상 학력과 학벌은 모두 학교교육과 연관하여 규정되는 개념이다. 학벌은 학력의 한 가지 특수한 형태이다. 학력과 학벌이 공통적으로 학교교육력(學校敎育歷)을 의미하는 한, 학벌은 학력을 토대로 하는 개념이다. 학벌 개념은 학력·학벌주의의 역사 문화적 성격과 학력·학벌사회 문제의 심각성을 잘 드러낼 수 있는 개념이다. 학벌문제의 심각성을 강조하는 것으로 이해하지만, 학벌이 오히려 학력 개념을 포섭하는 것으로 보거나 서로 별개의 것으로 이해하는 방식은 적절하지 않다.

학력사회 혹은 학벌사회는 곧 학력이나 학벌이 사회를 구성하는 핵심적인 지표로 기능하는 사회이다(김부태, 1995: 25-33). 학력·학벌사회에서는 학력과 학벌이 권력과 지위와 부를 획득하는 데 매우 중요한 자산이 되며, 이를 두고 경쟁이 발생하는 것은 필연이다. 학력·학벌사회는 근대 학교교육제도의 확립과 더불어 시작되었고, 산업화의 진전과 함께 강화되었다(김부태, 1995). 역사적 전개과정으로 볼 때 능력, 학력, 학벌의 중요성과 가치는 사회의 변화에 따라 달랐다(이정규·홍영란, 2002). 학력·학벌의 희소성에 따라 그 중요성 인식이 달라질 수 있다. 대학진학이 보편화된 시점에서는, 학력의 문제보다 학벌의 문제가 더 중요하게 부각되는 것은 당연하다.

학력·학벌사회는 혈통이나 가문에 의해 개인의 신분이 결정되던 사회에 비해 합리적이고 진보된 사회라 할 수 있겠다. 학력·학벌이 능력과 업적에 의해 얻어진 것이라 보기 때문이다. 이를테면 학력·학벌이 능력주의 이념에 부합하는 지표로 수용되는 것이다. 그러나 학력·학벌사회는 학력·학벌이 혈통이나 가문과 유사하게 기능하는 사회라는 점에서 '현대판 신분제', '양반문화의 현대적 변용'과 같은 것이라는 비판을 받는다(김동춘, 2001; 김동훈, 2002; 한준상, 2002). 다시 말해 학력·학벌사회는 곧 학력·학벌이 사회구성 지표로 정당화된 사회를 의미한다. 이 정당화의 신념체계를 학력·학벌주의라고 하겠다. 학력·학벌주의는 학력과 학벌이 능력이나 업적과 일치 혹은 불일치하는 만큼 합리성과 비합리성을 동시에 가지고 있으며, 그로 인한 모순과 갈등을 내포하는 신념체계인 것이다. 이런 점 때문에 특수한 경우를 제외하면 학력·학벌에 의한 사회구성은 국가에 의해 공식적으로 승인되지 않는다. 그러나 민간부문에서는 학력·학벌을 사회구성의 지표로 수용하는 관행이 공식적으로, 비공식적으로 행해질 수 있는 상황이다.

특히 학벌에 의한 사회적 기회와 자원의 배분은 그 경로와 과정이 분명하지 않다. 학연에 의한 사회적 우대와 차별이 어떻게 얼마나 이루어지는지를 알기 어렵다. 그것은 은밀하게 이루어질 수 있다. 이해관계를 공유하면서 밀실과 정실을 만들 때 이른바 패거리가 된다. 밀실과 정실은 공적인 일을 사사화한다. 학벌이 사회적 기회와 자원을 독과점하거나 공적인 일을 사사롭게 처리함으로써 사회적 폐해가 되는 일이 발생할 수 있다. 이러한 과정은 합리적 사회구성을 저해한다. 사회의 공정성과 개방성을 희생하게 되는 것이다. 이런 사회일수록 최고 학력자, 명문학벌이 자원과 권력을 독점하는 사회가 될 것이다. "이런 사회는 동문 연줄망에 의한 폐쇄적인 신분적 이해집단을 형성하고, 정실과 패거리 문화가 작동하는 구획화된 연줄사회, 청탁, 유착, 밀실화의 사적 과정으로 공적인 일을 처리하는 사회, 연줄과 패거리 행태가 사회구성의 정상적인 구조가 되어 힘의 논리가 지배하는 사회가 될 것이다(손종현, 2003: 87-93)."

학력·학벌주의는 학력·학벌사회를 정당화하는 신념체계 혹은 인식체계로서, 능력주의, 국가주의, 연고주의 등이 밀접하게 연관되어 있다. 학력·학벌주의는, 학력·학벌이 개인의 능력과 업적을 증명하는 것이라는 의미를 갖는다는 점에서 능력주의 혹은 업적주의를 기반으로 하며, 국가 관리에 의해 공적으로 인정받게 되는 것이라는 점에서 국가주의가 뒷받침하고, 학연을 매개로 한 사적 동문관계가 사회구성의 주요 동인으로 기능할 수 있다는 점에서 연고주의가 함께 결합된 구조를 이루고 있다.

2. 인식체계 분석방법론

이 연구는 선행연구들의 각종 조사와 발견들을 종합적으로 재분석하여 학력·학벌주의 인식체계의 주요 내용을 구성하고 그 성격을 논의하고자 한다. 이 연구에서 인식체계라는 말을 중요한 개념으로 사용하고 있다. 인식은 의식, 신념 등과 같이 심리적·사회적 욕구를 가진 인간이 삶의 현장에서 교섭을 통해 형성하고 표출하는 정신작용이다. 의식이 세계 속의 어떤 대상과 사태에 대해 인지하고 느낌을 갖는 정신 상태라면, 그 대상에 대한 판단이 주관적 상태에 치우쳐 있는 것을 신념이라 하고, 판단의 객관성까지도 확보하고자 하는 정신작용을 인식이라 하겠다. 체계란 삶의 현장과 소통하는 연관성 속에서 논리적 구조를 가지고 기능한다는 의미이다. "인간의 인식은 인간과 세계에 대한 이해의 체계이다. 인식체계는 인간과 세계에 대해 진단하고 처방하는 그의 세계관의 이념적 토대이다(김민남·손종현, 1997: 3)." 인식체계는 삶의 현장과 그 성원들을 이해하는 방식이자 행위의 기반이 되는 것이다.

인식체계의 분석과 관련하여 다음과 같은 몇 가지 방법론적 기본 전제를 설정한다.

○ 인간은 자기 합리적으로 문제에 대처하는 역동적인 인식체계를 가지고 있다. 사람들은 삶의 과정에서 경험한 바에 의해 나름의 자발

적이고 능동적인 방법으로 특징적인 경험적 인식체계를 형성한다. 인식체계는 일정한 구조로 현실적으로 존재하며 사람들의 행위 선택에 결정적인 원리로 기능한다. 인식체계는 자신에게 중요하게 영향을 미치는 사태를 어떻게 개념화하고 가치 위계화하는가를 파악함으로써 분석할 수 있다.

○ 우리 사회는 학력·학벌이 사회구성의 주요 지표로 작용하는 학력·학벌사회이다. 학력·학벌사회에서는 학력·학벌주의 인식체계가 사람들의 사고와 행동을 강력하게 규정한다. 사람들은 학력·학벌의 획득을 위해 모든 가능한 행동을 실질적으로 극대화하는 규칙에 따라 행동할 것이다. 학력·학벌주의 인식체계는 학력·학벌주의에 침식되어 있는 사회의 성원들에게는 지극히 합리적인 인식체계로 기능할 것이다.

○ 인식체계는 표층과 심층으로 이루어져 있다고 가정하며, 표층은 심층구조를 토대로 하여 나타나는 징후 혹은 신드롬으로 이루어진 층이라 하겠다. 징후·신드롬은 여러 국면에서 다양한 형태를 띨 수 있겠지만 일정한 규칙성을 갖고 반복적으로 지속되는 현상이다. 내면화된 사회적 인식체계의 심층은 학력·학벌에 대응하는 사회 성원들의 언어, 행태 등을 통해 드러나게 되고, 조사된 의견, 여론, 의식 등의 표층에서도 그 단서를 발견할 수 있을 것이다.

이 글은 학력·학벌주의의 개념적 구조와 방법론적 전제를 기초로 하여 다음과 같은 연구문제를 설정한다.

① 학력·학벌주의 인식체계의 표층을 이루는 인식의 현실적 내용은 어떤 것인가?
② 학력·학벌주의 인식체계의 심층은 어떤 성격을 가지고 있는가?

학력·학벌주의 인식체계의 표층을 분석하기 위해 한국인의 학력·학벌에 대한 의식, 의견, 여론, 가치관 등을 주제로 한 조사 자료와 연구들, 현장에서 한국인들이 나타내는 관행을 연구한 자료들을 종합하고 재분석한다. 12편의 조사 및 연구[4)]에 포함된 자료를 집중 분석하며,

현장에 관한 문화기술연구 및 질적 연구 자료 등과 인터넷상의 조사 자료들을 참조할 것이다. 12편의 조사 자료에서 약 200여 개의 관련 문항을 추출하였으며, 실제 분석에서는 관련이 먼 문항 등을 제외하고 115개의 문항 및 응답을 대상 자료로 사용하였다. 분석 대상 자료들은 일부를 제외하면 유의한 신뢰조건을 확보한 전국규모의 조사라는 점에서 활용가치가 있다.

분석은 우선 사회성원들이 학력·학벌에 대응하는 인식을 논리적 체계로 구성하기 위해, 기존 조사연구들이 설정한 질문과 반응을 다음과 같은 질문으로 재구성하였다.

① 학력·학벌의 의미를 어떤 것으로 인식하는가?(24문항)

② 왜 학력·학벌을 추구하는가?(40문항)

③ 학력·학벌을 어떻게 활용하는가?(23문항)

④ 무엇을 학력·학벌의 문제로 인식하는가?(28문항)

분석 대상 조사 자료의 문항을 이들 각 질문에 따라 분류하고, 응답은 그 내용의 성질을 고려하여 세부적으로 유목화하였다. 세부 유목화된 응답의 내용은 인식주체와 반응의 경향성에 따라 의미 있는 사항을 인식체계의 세부내용으로 구성한다. 해석은 주된 경향성에 우선적으로 의미를 부여하되, 차순위 이하의 반응이 갖는 의미에도 주목할 것이다. 인식의 주체는 학력·학벌 추구의 당사자이자 조사의 대상인 학부모와 학생 혹은 일반 국민, 그리고 학력·학벌의 현장 활용자인 조직인 혹은 기업인이다.

---

4) 이 글에서 집중 분석되는 연구 및 조사 자료는 다음과 같다. 『한겨레21』(2000, 332호), 이정표(2001), 최돈민 외(2001), 이정규·홍영란(2002), 홍영란·이남철·신범석(2002), 정태화 외(2003), 국정홍보처(2003), 전국교직원노동조합 참교육연구소(2006), 오호영·김승보·정재호(2006), 윤양배 외(2008), 최상근 외(2009), 남궁지영·우명숙(2010).

분석 대상 자료와 분석방법상에 노출되는 몇 가지 한계를 먼저 밝혀 둔다. 우선 이들 자료는 동일 대상자에 의한 조사가 아니며 엄밀한 절차를 거친 메타분석이 아니므로 조사들 간의 결과를 그대로 비교하는 데는 한계가 있다. 분석 대상 자료들도 대개 백분율과 부분적으로 집단 간 차이 검증 등의 간단한 통계적 분석에 제한되고 있다. 또한 선택된 조사 자료에 근거한 분석이므로 학력·학벌에 관한 인식체계 전체를 포괄하지 못한 것일 수 있겠다. 그리고 분석대상 자료들은 모두 2000년 도 이후 생산된 것이며 자료들 간에 최대 약 10여 년의 시간적 격차가 있다. 이 시간적 간격은 사실 사람들의 의식과 인식상에 변화가 충분할 만큼 긴 기간이다. 그 변화가능성을 인정하며, 결과 해석에 참고되어야 한다. 그러나 서론에서 언급한 바와 같이, 우리 사회에 학력·학벌주의 가 여전히 지속되고 있다는 점에 주목하여 인식체계상에 근본적인 변화는 없을 것이라는 점을 가정하고 있다.

요컨대, 학력·학벌주의 인식체계는 곧 학력·학벌사회에 구조가 되어 있는 사회적 인식체계이다. 구조는 사회성원들의 의식과 행태를 규정하는 힘으로 기능하는 것이다. 학력·학벌사회의 인식체계는 학력·학벌의 의미, 기능, 효용 등에 대해 사회성원들이 공유함으로써 구성된다. 학력·학벌주의적 인식의 공유는 학력·학벌사회의 삶의 현장에서 경험을 통해 형성한 것이다. 현장에서의 삶의 경험은 역동적인 것이다. 공유된 사회적 인식은 생활환경과의 역동적인 관계 속에서 일정한 형태를 띠면서 사회성원들의 정신구조 속에 내면화하게 된다. 현실적 삶을 영위하는 가운데 갖게 된 기존의 인식은 새로운 환경이나 새로운 인식과 만날 때 재구성될 수 있고, 현실에서의 실용적 자기 합리화를 위해 그리고 인지 부조화의 현상으로서 이중성을 가질 수 있을 것이다. 그 자체는 갈등과 고통을 수반하게 될 것이며 변화를 추구하는 계기로 작용할 수도 있을 것이다.

삶의 현장에서 구체화되는 행동과 태도는 그들의 인식체계를 반영하는 것이다. 사회의 유력한 인식체계는 그 사회가 역사적으로 형성해 온 것이며, 사회적 행위와 태도의 바탕이 된다. 한국인은 특유의 사회 역사적 조건 속에서 형성해 온 독특한 인식의 패턴을 가지고 있다고 본다. 학력·학벌에 대응하는 인식의 표층을 분석함으로써 인식의 논리적 체계와 심층구조의 성격을 논의한다.

Ⅲ. 학력·학벌주의 인식 분석

1. 학력·학벌의 의미 인식

조사 자료들에서 학력·학벌이 어떤 것으로 인식되고 있는지를 분석한다. 학력·학벌의 의미에 대한 능력과의 연관성, 지역과의 연관성, 명문학교의 용법, 학력·학벌 획득과정의 공정성 등과 관련된 사항들이 하위유목으로 포착되었다.

가. 학력·학벌과 능력 및 지역과의 관계

일반 한국인들은 학력·학벌을 능력과 동일시하거나 유사한 것으로 인식하는 경향이 있다. 이를테면 학교의 단계나 출신학교에 따라 능력에 차이가 있으며, 고학력 혹은 명문학벌일수록 능력 혹은 생산성이 높은 것으로 인식한다. 이정표(2001: 63-64), 국정홍보처(2003: 11), 윤양배 등(2008: 46-47), 이정규·홍영란(2002: 163) 등의 조사는 대체로 다수의 국민(35.2~63.3%)이 학력·학벌을 능력과 관련된 것으로 인식하고 있음을 보여 준다. 이들 조사에서는 또한 학력 및 학벌과 능력의 동일시 인식에 대해 동의하지 않은 사람들도 상당한 비율(26.1~44.8%)로 함께 존재하고 있음을 볼 수 있다. 한편 윤양배 등(2008: 40)에 의하면, 일반 국민에게 학력-학벌-능력의 개념이 명료하게 분화되지 않고 있음을 시사한다. 요컨대 개념적 구분이 명확하지 않은 가운데 학력·학벌과 능력을 유사한 것으로 인식하는 관점과 이를 부정하는 관점이 상당한 비율로 함께 존재하고 있는 것이다.

학력·학벌을 직접 활용하거나 관련 경험이 있는 사회현장의 조직인들이 갖는 인식은 보다 현실적이고 현장성을 갖는 것으로 생각해 볼 수 있다. 홍영란 등(2002: 113-115)의 조사에 따르면, 학벌에 따라 실제의 역량 차이가 존재하는가에 대해 기업인들은 유보적인 응답(36.8%)이 많은 가운데 회의적인 인식(46.3%)이 크고, 소수(16.9%)가 긍정하는 것으로 나타났다. 학벌을 실제 역량으로 보기 어렵다는 견해가 다수이며 유보적인 응답이 유동적일 수 있음을 시사한다. 그러나 정태화 등(2003: 175)은 '기업체에서 명문대학졸업자의 생산성이 비명문대학졸업자에 비하여 높다'는 주장에 대하여, 다수(36.9~39.0%)의 기업인들이 출신대학 간의 생산성 차이를 인정하는 반응을 보여 주고 있다(반대는 22.0~29.4%). 보다 근래의 연구인 윤양배 등(2008: 66-69)의 조사에서 기업 인사담당자들은 보통 수준(58.5/100점)으로 출신학교에 따른 능력 차이가 있는 것으로 평가했다. 이러한 인식경향은 대체로 직급이 높을수록 긍정하는 정도가 높았다. 이러한 사실은 조사들 간의 차이에도 불구하고 기업인의 상당수가 학력·학벌에 따른 능력 혹은 생산성의 차이를 인식함으로써 학력·학벌에 의한 인사관리가 어느 정도 실행될 수 있음을 시사한다. 그러나 학벌이 기업체나 공공기관에서 직업

능력지표로서 적절한가에 대해서는, 관련 조직의 인사담당자(62.0%)와 대졸 근로자들(공공기관 63.1%, 기업 69.8%)은 공통적으로 적절하지 못하다는 인식을 표명했다(정태화 외, 2003: 177, 183). 이것은 변화와 새로운 지표의 필요성을 인식하고 있다는 의미로 볼 수 있겠다.

한편 학력·학벌을 능력의 차이로 보는 인식과 관련하여, 지역이 중요한 변수로 작용하고 있음을 볼 수 있다. 이정표의 연구(2001: 64)에서 일반 국민은 서울지역 대학 출신자와 지방대학 출신자 간의 능력 차이에 대해 부정하는 비율(43.2%)이 높았다. 그러나 능력 차이가 있다는 비율(30.5%)도 적지 않았다. 또한 리크루트가 102개 대기업 인사담당자를 대상으로 한 '지방대 출신 선호도 조사'에 따르면, 서울지역 대학 출신이 주요 업무능력에서 지방대학 출신자들보다 우수하다는 평가를 받은 것으로 나타났다(홍영란 외, 2002: 38-39). 이러한 사실은 상당수의 국민은 지역이 학력·학벌의 의미를 구성하는 중요한 한 가지 인식 지표로 수용한다는 것이다. 중앙의 학력·학벌이 지역의 학력·학벌보다 유능함을 의미한다는 인식을 보여 주는 것이다.

나. 명문학교와 학력·학벌 경쟁의 공정성

윤양배 등(2008: 41-43)의 조사에서 학벌에 대한 실체적 인식을 묻는 질문에 일반 국민은 출신대학과 함께 외국어 실력, 대학 전공 등의 의미를 높은 비율로 선택했다. 명문고로는 특수목적고, 자립형 사립고, 비평준화 지역 우수고 등을 들고 있으며, 명문대학으로는 서울대를 압도적으로 선택하는 것을 비롯하여 기존의 서열화에 부합하는 인식을 보여 주고 있다. 기업 인사담당자들의 인식도 다소 차이가 있지만 거의 유사했다(윤양배 외, 2008: 61-65). 현실적으로 한국사회에서 명문학교란 특히 고등학교의 경우 명문대학에 많은 학생을 진학시키는 학교라는 관념이 널리 퍼져 있다. 시험을 통해 가려진 고득점 학생들이 많이 진학한 학교가 곧 명문학교이다. 고득점은 그들의 업적과 능력을 의미하는 것이다. 이러한 인식은 명문대학에 대한 사회적 인정을 정당화하는 인식으로 이어진다. 이에 대해 기업의 인사담당자들은 소수(17.2%)의 반대와 함께 다수(48.1%)가 긍정하는 경향을 보였다. 이러한 인식경향은 학력·학벌을 능력으로 생각하는 한국인의 일상적인 관념을 사실로 드러내는 것이라 할 수 있겠다.

한편 정태화 등(2003: 161)에 의하면, 학벌이 개인 간의 공정한 경쟁의 결과라는 주장에 대해 전체적으로 동의하지 않는 비율(40.8%)이 컸으나 이에 찬성하는 사람들도 상당한 비율(31.2%)이었다. 윤양배 등의 조사(2008: 46-47)에서는 일반 국민의 50.2%가 학벌을 개인 간의 공정한 경쟁의 결과라고 인식한다. 이 조사(66쪽)에서는 또한 기업 인사담당자들이 경쟁의 공정성에 대해 보통 정도의 수준(57.4/100점)으로 평가하면서 불공정 요인의 영향도 어느 정도 인식하고 있었다. 경쟁의 공정성에 대한 일반 국민의 찬반의식이 거의 대등한 비율로 존재하고 있어 사회적 인식상의 갈등과 기업에서 학벌중시의 관행이 지속되어 온 이유를 시사한다.

학부모들은 고학력 획득(63.1%)과 '일류대' 입학(57.3%)에 미치는 부모 배경의 영향에 대해 긍정적으로 응답했다(이정규·홍영란, 2002: 161). 학력·학벌의 획득에 가정 배경이 영향을 미친다는 것은 개인능력 이외의 요인이 학력·학벌의 획득에 관련되어 있다는 것이다. 미국 유학의 동기를 심층면접 방법으로 연구했던 김종영(2008: 77-79)도 가정의 사회경제적 조건과 부모의 후원 그리고 부모의 기대 및 가족의 문화가 미국 유학을 결정하는 데 상당히 중요한 요인이었음을 지적하고 있다. 이러한 결과를 확장할 때, '학벌이 상속되어 계층 간의 불평등을 심화시킨다'는 주장이 가능한데, 이에 대해, 국민의 49.6%가 찬성하였고 22.9%가 반대 입장을 표명하였다(정태화 외, 2003: 166). 국민의 약 절반이 학력·학벌의 획득에 개인 능력 외 가정 배경이 영향을 미친다고 인식하는 것이다. 앞서 살펴본 경쟁의 공정성에 대한 인식과 비교하면, 공정성을 믿는 사람의 일부도 가정 배경의 불가피한 영향을 인정하고 있음을 의미한다.

한편 학력·학벌에 접근할 수 있는 대상에 대해 학부모 및 일반 국민은 원하는 모든 사람이 기회를 가져야 할 것이라는 인식을 보여 준다. 최돈민 등(2001: 99-101)의 조사 분석에서 볼 때, '어떤 사람이 대학교육을 받아야 하는가'에 대해, 학력·학벌의 획득 기회를 제한하는 것에 반대(76.7%)하는 인식이 지배적이다. 이와 관련하여 대학정원을 결정할 때 고려해야 할 가장 중요한 요인에 대해서도 학생과 학부모의 진학 희망(57.5%)을 가장 높게 선택했다.

조사들의 분석 결과에서 학력·학벌에 대한 인식은 능력과 동일시하는 인식이 보다 큰 비율을 차지하는 가운데 상당한 비율의 부정하는 인식이 공존하고 있고, 경쟁의 공정성을 의심하거나 신뢰하는 일반 국민의 비율도 대등하여 인식상의 사회적 갈등을 시사한다. 지역변인이 관련되는 경우에는 학력·학벌의 지역 간 능력 차이 인식에 따라 중앙의 학력·학벌이 우위로 인식되는 경향이 있다. 사회적 통념에 따른 명문학교에 대한 인식과 명문에 대한 사회적 인정을 당연시하는 경향이 우세하다. 상당한 비율의 사람들이 학력·학벌을 공정한 경쟁의 결과로 인식하는 경향이 있지만, 다수의 사람이 가정 배경 등 개인 능력 외적 요인의 영향에 대해 인식하며 학력·학벌 획득기회의 개방을 희망하고 있다.

2. 학력·학벌 추구의 이유 인식

여기서는 왜 학력·학벌을 추구하는지에 대해 묻고 있다. 이 물음에 대해 학력·학벌은 성공적인 사회진출에 필요한 것이자 차별로부터 벗어나고자 하는 것이며, 교육에 거는 실용적 기대효과를 얻기 위한 것이라는 인식을 표명한다.

가. 성공과 출세의 필수조건

『한겨레21』(2000.11.1.), 이정규(2002: 162-163), 윤양배 등(2008: 46-47)의 조사에서 한국인들(64.4~79.6%)은 학력·학벌을 성공과 출세에 매우 중요한 것으로 인식하고 있음을 볼 수 있다. 학력·학벌이 성공적인 사회진출의 중요한 수단이자 유리한 조건으로 생각하는 것이다.

사회적 성공·출세와 학력·학벌의 연관성에 대하여 이 외의 다른 요인을 함께 고려할 때 그 영향력의 비중에 대한 인식을 가늠해 볼 수 있다. 조사들에서 볼 때, 대체로 능력이 학력·학벌에 필적할 수 있는 변수로 나타나지만 조사에 따라 일관된 결과를 보이지는 않았다. 윤양배 등(2008: 53-55)의 기업 인사담당자에 대한 조사에서는 현재 우리 사회에서 성공하기 위해, '능력이 중요하다'에 88.7%, '학벌이 중요하다'에 87.9%가 동의하여 비슷한 수준의 동의율을 보였다. 국정홍보처(2003: 5)와 윤양배 등(2008: 37-38)의 일반 국민에 대한 조사는 사회적 성공과 출세에 능력이 1순위로 선택되었고 학력·학벌은 2순위였다. 그리고 고등학생들은 인생의 성공요인으로 '성실한 태도와 노력'을 가장 중요한 것으로 인식했다(최상근 외, 2009: 493). 한편 근래에 수행된 남궁지영·우명숙의 조사(2010: 122-123)는 개인의 성공 또는 출세에 영향을 미치는 요인에 대한 인식의 분석과 함께 최근 5년간 세 번의

조사에서 나타난 변화경향을 보여 주고 있다. 이 조사에서 개인의 성공
과 출세에 영향을 미치는 요인으로 '학벌과 연줄(48.1%)'이 1순위로 나
타났다. 다음으로 '성실성과 노력(29.7%)', '가정 배경(11.5%)', '타고난
능력(6.8%)', '운수와 기회(3.9%)' 등이었다. '성실성과 노력'에 대한 응
답률이 점점 줄어들고(41.3-38.0-29.7%), '학벌과 연줄'의 영향력에 대
한 인식이 점점 더 커지는(33.8-39.5-48.1%) 경향을 보였다.

그리고 정태화 등(2003: 161)의 조사에 의하면, '개인의 능력이 동일
한 경우 사회에서 성공·출세하는 데 가장 중요한 요소'에 대해, 일반
국민은 학벌(61.0%)을 가장 높은 비율로 선택하였고, 학력(15.9%), 지
연(9.2%), 혈연(9.1%) 등의 순으로 그 중요성을 인식하고 있었다. 『한겨
레21』(2000.11.1.)의 조사에서도 국민은 '능력이 뛰어나도 학력과 학벌
이 좋지 않으면 성공하기 어렵다(63.4%)'는 인식을 보이면서, '성공요
인'으로 '학력·학벌에 따른 기회조건과 인맥(59.7%)'을 가장 중요한
것으로 선택했고, 다음으로 개인의 노력(24.3%), 능력(12.0%)을 선택했
다. 이 조사에서는 또 '학력과 학벌 좋은 사람이 사회적으로 성공하는
이유'로 '좀 더 좋은 기회를 얻을 수 있으므로(38.3%)', '학연에 따른
인맥이 좋으므로(21.4%)' 등을 들었다.

각 조사의 분석결과 간에는 상당한 차이가 있다. 그럼에도 불구하고,
학력·학벌은 대체로 한국인의 사회적 성공과 출세에 매우 중요한 요
인으로 인식되고 있음을 발견할 수 있다. 학력·학벌과 함께 개인의
능력, 성실성과 노력 등 업적주의적 요인이 중요시되고 있다.

나. 차별로부터의 탈피

학력·학벌의 추구에 대해 '사람다운 삶'을 위한 것이라는 이유를
들 수 있다(이정규, 2002: 162 참조). 사람다운 삶과 사회적 대접에 대

한 희망은 학력·학벌로 인한 불이익이나 사회적 차별과 같은 경험으로부터 발생할 수 있다. 정태화 등(2003: 170)은 비명문대학 출신이 사회에서 겪는 불이익에 대해, 취업의 어려움(59.9%), 승진이 잘 안 됨(21.0%), 인격적 무시(9.6%) 등을 들었다. 또한 여러 조사는 우리 사회에 학력·학벌에 의한 차별이 상당히 존재하고 있음을 보고하고 있다. 『한겨레21』(2000.11.1.), 이정규(2002: 161), 국정홍보처(2003: 9) 등의 조사에서는 일반 국민이나 학부모들 중 상당수(31.9~38.6%)가 사회생활을 하면서 학력 또는 학벌로 인한 차별대우를 경험한 것으로 나타난다. 특히 최근 한국여성정책연구원의 조사(2011: 1-3)에서는 2011년 현재 한국사회의 가장 심각한 차별은 '한국 특유의 학력 및 학벌 차별'인 것으로 나타났으며, 이 연구원의 2004년 조사 결과보다 심각성을 인식하는 비율이 증가한 것으로 나타났다.

한편, 취업포털 커리어(www.career.co.kr)가 지방대를 졸업한 구직자 2,169명을 대상으로 설문 조사(2007)한 바에 따르면, '구직활동을 할 때 지방대 출신이어서 불이익이나 차별을 받은 적이 있는가'를 묻는 질문에 58.7%가 '그렇다'고 응답했다. 수도권 대학과 지방대학 간의 취업기회 여부에 대해서는 68.1%가 '공평하지 않다'고 응답했으며, 지방대생들이 취업난을 겪는 이유로는 '기업과 인사담당자의 편견'이 46.1%로 1순위를 차지했다. 이 조사 결과는 학력·학벌에 의한 차별인식이 지역 간의 문제로도 중첩되어 있음을 재확인하게 해 준다. 또한 윤양배 등(2008: 47, 71-72)은 학벌로 인해 손해와 이익을 보거나 다른 사람에게 영향을 미친 경험에 대해 분석하고 있다. 이 분석은 타인의 경험을 목격한 경우가 많다는 특징과 함께 일반 국민에게는 손해의 경험이 많았지만 명문대 출신 기업 인사담당자들의 경우는 다른 대학 출신에 비해 이익을 주고받은 경험이 많다는 점을 보여 주었다. 김종영

(2008: 99)에 의하면, 대학과 학계의 글로벌 위계와 한국에서의 학벌 차별이 미국 유학 현상을 촉발하는 중요한 요인으로 분석했다.

이러한 사실들은 우리 사회에 학력·학벌에 의한 차별로 인식된 경험이 여전히 상존하고 있으며, 이러한 경험을 통해 보다 안정되고 피해를 입지 않을 만한 학력·학벌을 추구하려는 인식을 갖게 되었음을 시사하고 있다.

다. 교육을 통한 실용적 목적의 실현

학력·학벌의 추구는 교육에 대한 높은 기대로 이어지게 되어 있다. 보다 높은 단계의 학교교육, 보다 높은 서열의 학교에 진학함으로써 기대하는 성공과 만족스러운 삶의 조건을 획득하려는 것이다. 남궁지영·우명숙(2010: 124-127)에 의하면, 학부모들은 개인이 교육을 많이 받을수록 경제적 부의 증대(79.3%), 사회적 지위 향상(81.7%), 심리적 만족감(74.9%) 등에 크게 영향을 미친다고 응답했다. 이러한 교육의 기능에 대한 기대는 곧 학력·학벌의 추구를 통해 얻을 수 있는 것이며, 교육에 대한 실용적인 기대를 의미하는 것이기도 하다. 여건이 되는 한 교육을 더 많이 받으려는 것은 당연한 귀결이다. 『한겨레21』(2000.11.1.)의 조사에서 65.6%의 일반 국민이 이런 의향을 표명했다. 고학력자일수록 더 높은 교육을 받기를 희망하는 것으로 나타났다. 고교생의 경우에도 94.7%가 대졸 이상의 학력을 희망하였다(최상근 외, 2009: 500-501).

교육을 더 많이 받으려는 학력·학벌 추구의 욕구는 중앙지향의 이동(이경숙 외, 2010; 박병영·김미숙·김수연, 2008; 남궁지영·우명숙, 2010: 102-103; 김종영, 2008)으로도 나타난다. 국내에서 중앙으로의 이동은 물론 선진 외국으로도 이동한다. 초·중·고생의 지역 및 학군

이동, 서울로의 대학 진학, 대학생들의 반수와 편입학, 조기유학을 비롯한 외국 유학 등은 국내외 학력·학벌의 위계구조를 따라 중앙을 지향하는 주요 이동 경향이다. 학벌추구의 공간적 이동과 확대는 보다 높은 서열의 학력·학벌을 획득함으로써 그 효용성을 높이기 위한 것이라 할 수 있겠다. 그 효용성의 제고가 진학과 이동의 이유이다.

최돈민 등의 연구(2001: 98-99)에서 학부모들이 자녀를 대학에 진학시키는 이유는 사회적으로 인정받는 직업을 갖는 데 유리하고(50.4%), 성숙한 인간으로 기르며(22.2%), 깊고 많은 지식을 배우기 위한 것(24.2%)이었다. 학부모들은 교육 혹은 학력·학벌의 추구를 통해 자녀가 안정된 삶을 살 수 있는 물질적 기반을 확보하는 것과 함께 인격과 지식을 갖춘 사람이 되기를 바라고 있는 것이다. 이것은 자녀교육의 이유이자 성공의 조건이기도 하다. 남궁지영·우명숙(2010: 127-128)의 조사보고서에서 자녀교육에 성공했다는 것의 의미는 '자녀가 인격을 갖춘 사람으로 컸다(25.8%)', '자녀가 좋은 직장에 취직했다(22.5%)', '자녀가 명문대학에 들어갔다(22.1%)' 등의 내용으로 표명되었다. 학부모들은 교육을 통한 자녀의 인격적 성숙, 삶의 물질적 조건 확보, 명문학벌의 획득 등을 곧 교육의 성공이라 보는 것이다. 지극히 개인적인 욕구와 희망이다. 그러나 학력·학벌의 획득이 인격적 성숙이라는 교육의 지향까지도 보장하는 것은 아니므로, 학부모들은 학력·학벌이 높은 사람을 품위와 인격을 갖춘 사람이나 사회적 존경의 대상으로 보지는 않는다. 이정규·홍영란(2002: 162-163)의 조사에는 '학력·학벌 좋은 사람이 도덕성·책무성(71.2%), 사회적 공헌도(66.0%)가 높은가'에 대해 부정적인 반응을 보였다. 학생들의 인식도 사회의 일반적 경향과 다르지 않았다(최상근 외, 2009: 501). 부모의 영향으로 보인다. 교육에 대한 기대는 현실적으로 학력·학벌의 추구 욕구와 다른 것이 아니다.

학력·학벌은 사회에 성공적으로 진출하는 데 매우 중요한 요건으로 인식되고 있다. 학력·학벌의 위력은 개인의 능력과 노력 등의 업적주의적 요인과 친화적인 관계로 비슷하거나 능가하는 것이다. 학력·학벌은 또한 소극적으로 차별로부터 벗어나고 인간적 삶을 위해 추구하는 것이기도 하다. 학력·학벌로 인한 차별인식에는 지역문제가 중첩되어 있다. 이 외에도 학력·학벌의 추구에는 교육을 통한 현실의 실용적인 목적을 이루고자 하는 이유가 함께 있다.

3. 조직인의 학력·학벌 활용과 인식

사실 기업을 비롯한 조직에서도 학력·학벌을 추구하고 있다. 조직인들이 학력·학벌을 추구하는 가장 큰 이유는 학력·학벌이 업무능력 혹은 잠재능력을 의미하는 것이기 때문이었다. 국정홍보처(2003: 12)의 일반 국민(41.1%), 홍영란 등(2002: 102)의 기업인(59%), 오호영 등(2006: 98-100)의 채용 시 학력·학벌을 고려한다고 한 기업인(68.5%), 윤양배 등(2008: 72)의 '채용 시 출신대학이 영향을 준다'는 응답자와 '보통이다'라고 한 기업 인사담당자(49.4%)들은 학력·학벌이 업무 능력을 나타내는 지표이므로 학력·학벌을 중시한다고 했다. '그 외 다른 방법이 없기 때문'이라거나 '관례나 인맥 때문'이라는 등의 이유가 소수 혹은 상당한 비율(9.8~29.8%)로 지적되었다. 기업인들에게 학력·학벌은 업무 역량 등을 의미하는 일종의 신호로 받아들이는 경향이 크다는 것이다. 이러한 사실은 학벌 중시 인사정책이 합리적이라는 인식으로 이어질 수 있다. 정태화 등(2003: 161)에 의하면 상당한 비율(약 30%)의 기업인들이 학벌 중시 인사정책에 동의했다. 또한 오호영 등(2006: 106-109)은 기업의 인사담당자에 대한 설문조사에서, 출신대학을 신입사원 채용기준으로 중요하게 고려하는 기업일수록 지방대학졸업생에 비해 수도권 대학졸업생의 직업기초능력이 우수한 것으로 평가하고 있음을 보고했다. 지역 간 학력·학벌의 능력 차이에 대한 인식이 지역 대학에 대한 차별로도 이어질 수 있음을 시사한다.

조사들에서 볼 때, 기업은 유능한 인재를 선발하기 위하여 사원 채용 및 조직 내부 이동 등에서 학력·학벌을 중요한 준거로 활용하고 있음을 확인할 수 있다. 정태화 등의 연구(2003: 172)에서는 '기업체 직원 채용 시 학벌이 결정적인 요인'이라는 주장에 대해, 기업체 대졸 근로자와 기업체 인사담당자의 64.0%가 동의하였으며, 홍영란 등의 연구(2002: 100-102)에서는 채용 시 다수 기업인(38.7%)이 학벌을 중시한다고 응답하였다. 오호영 등(2006: 95-97)은 기업의 인사담당자에 대한 설문조사에서 조사 대상 기업의 16.7%가 실제로 사원 채용 시 지원자의 출신대학을 중요한 채용기준으로 고려한다고 했다.

출신대학을 차별화하는 방식은 대학의 서열에 따라 달리 가산점을 부여하거나 가중치를 두는 명문대 우대의 방식이었다. 홍영란 등의 연구(2002: 103-104, 87-90)에서 '채용 시 명문대 출신자에게 가산점을 부여하는가'라는 질문에, 37.1%가 가산점을 부여하는 것으로 응답했으며, 그 격차는 채용 여부에 중요하게 작용할 수 있는 정도였고, 명문대 출신만 입사지원서 접수가 가능하다는 응답도 13%나 되었다. 윤양배 등의 조사(2008: 74)에서도 채용 시 출신대학이 '영향을 준다'는 응답자와 '보통이다'라고 한 인사담당자들(235/500명)의 30.3%는 실제로 명문대학 출신자들에게 가산점을 준다고 응답했다. 그리고 기업의 인사담당자들 대부분(85.4%)이 신규사원 채용 시 학력·학벌을 중요하게 고려하는 단계는 서류전형단계이며 명문대 출신 우대(67.4%)가 주된 방식이라고 했다(오호영 외, 2006: 99-100).

기업은 또한 내부의 평가, 승진, 이동 등에서도 학력·학벌을 활용한다. 정태화 등의 조사(2003: 174, 181)에서는 기업체와 공공기관의 내부 평정 시 다수(약 40~60%)의 성원들이 학벌에 의한 선입견이 작용하는 것으로 인식하고 있다. 그러나 이정규·홍영란의 조사(2002: 162)에서는 대다수(84.1%)의 일반 학부모들이 학력·학벌이 취업 및 승진에 유리할 것이라는 인식을 보여 주었다. 일반 국민의 인식과 현장의 실제 간에는 어느 정도 차이가 있음을 시사한다.[5] 정태화 등의 연구(2003: 173, 180)에서는 또한 공공기관 대졸 근로자의 48.3%, 기업인 63% 이상이 명문대학 출신의 네트워크가 조직 내 동문의 승진에 영향을 미칠 것으로 보고 있다.

동문 네트워크, 즉 학력·학벌이 이해관계를 추구하는 집단으로 기능할 때, 조직 내에 배타적인 이해관계와 권력구조를 조성하여 기회, 자본, 권력을 독점함으로써 조직의 사회적 합리성을 상실하게 될 수 있다. 조직들에서 권력자를 중심으로 학벌에 따른 '라인'이 형성되어 승진이나 보직 결정에 상당한 영향을 미치는 것으로 알려져 있다. 윤양배 등(2008: 65-66)은 기업인들이 학교 동문에 대해 높은 친밀감을 갖고 있으며 인적 네트워크 형성에 영향을 줄 수 있을 것이라고 분석한 바 있다. 이 분석은 동문에 대한 특별한 친밀감의 심리적 정서가 학벌주의적 의식과 행위로 전환될 수도 있음을 시사한다. 정태화 등(2003: 167)에 의하면, 명문대학 동문회가 지위와 권력 확보에 노력한다는 주장에 대해, 기업체 인사담당자 77.0%, 기업체 대졸 근로자 75.3%가 동의하였다. 학벌이 기업체 등에서 자체의 역량 결집을 추구하고 있다고 보는 것이다.

---

5) 홍영란 등의 조사 분석(2002: 109-128)에서는 대체로 다른 연구에 비해 학력·학벌의 영향에 대해 긍정하는 인식의 비율이 낮았다. 그러나 유보적인 반응의 비율이 높아 명확한 해석에 어려운 점이 있었다.

기업 등의 조직은 유능한 인재 선별을 명분으로 명문대를 우대하는 방식으로 학력·학벌을 활용한다. 그들에게 학력·학벌은 업무능력 혹은 잠재능력을 의미하는 것이다. 이런 인식은 학력·학벌과 능력의 관계를 친화적 관계로 보는 경향이 크다는 점을 의미한다. 조직 내에 학연에 의한 영향력이 어느 정도 작용하는 것으로 인식하며, 중앙중심의 인식을 함께 내재하고 있다.

4. 학력·학벌 문제의 인식

조사들은 학력·학벌과 관련하여 여러 가지 문제가 인식되고 있음을 보여 준다. 많은 사람(57.4~70.6%)이 학력·학벌로 인한 심리적 갈등과 고통을 겪는 개인적 차원의 문제(정태화 외, 2003: 162-163)를 제외하면, 이들 문제는 크게 사회적 환경의 문제와 교육체제상의 문제로 대별된다. 국정홍보처(2003: 13)는 학벌주의와 관련하여 우리 사회의 가장 심각한 문제로, 사회구성원 및 계층 간 불평등 심화(34.1%), 과열된 대입 경쟁으로 인한 공교육 붕괴(29.6%), 능력중심사회로의 발전 저해로 인한 국가경쟁력의 약화(26.4%) 등을 들었다. 정태화 등(2003: 161)은 '학벌주의의 심화요인'으로 기업체의 학벌 중시 정책을 가장 많이 지적했고(41.2%), 다음으로 정부의 교육정책(21.4%), 언론의 대학입시 보도를 통한 대학 서열화(17.1%)를 들었다.

한국 사람들은 대체로(77.2%) 한국사회가 학력·학벌주의적 사회라는 점에 동의하며(이정규·홍영란, 2002: 162), 국민 다수(66.6%)가 기업이 개인의 능력이나 노력보다 학력을 중시하는 경향이 있는 것으로 생각한다(이정표, 2001: 63). 이에 따른 사회적 문제로서 출신학교에 따른 차별이 존재하며(86.7%)(윤양배 외, 2008: 47), 대다수(87.7%)의 국민이 아주 심각하다고 응답했다(국정홍보처, 2003: 6). 『한겨레21』의 조사(2000.11.1.)는 일반 국민이 구체적으로 '일류대-비일류대 간의 차별'에 대해, 취업기회(83.5%), 직장 내 승진(79.4%), 임금·소득수준(70.7%), 사회적 대우(80.0%) 등에 차별이 크며, 특히 고졸－대졸자 간에 차별의식이 더 심한 것으로 보고했다. 최돈민 등의 조사(2001: 107)에서는 우리 사회의 학벌주의를 부추기는 요인으로, 일류대학 위주의 취업구조(39.1%), 학벌에 따른 인맥형성(16.4%), 학력 간 임금격차(15.7%) 등을 들었다. 다시 말해 명문대를 우대하는 채용의 문제, 학력에 의한 사회적 보상의 격차 문제, 학벌 파벌에 의한 사회적 비합리성의 문제 등이 우리 사회의 학벌 사회성을 심화시키고 있다는 것이다.

한편 정태화 등의 연구(2003: 176)에 의하면 다수의 기업인(65% 이상)이 '학벌에 의존하여 취업한 후, 직무와 대학전공의 불일치로 고생하는 사람이 있다'는 주장에 동의하였다. 학력·학벌이 사회현장의 업무능력으로 직결되는 것이 아니며, 학력·학벌에 의한 사회구성이 사회적 낭비를 초래할 수 있음을 의미한다. 이것은 교육체제상의 문제와도 연관되어 있는 것이다.

교육체제와 학력·학벌 문제의 연관성과 관련하여, 학부모들(78.1%)은 현 교육제도가 학력·학벌주의를 심화시킨다는 점을 긍정하며(이정규·홍영란, 2002: 163), 공교육 부실과 사교육 확대의 원인이 학벌이라는 주장에 대해 학부모(61.8%)와 교원(71.5%)이 높은 찬성률을 나타냈다(정태화 외, 2003: 184). 그러나 교원들(72%)은 학부모의 교육열이 학벌주의 작용의 원인이라는 주장에 대해 학생, 학부모, 기업인들보다 높은 찬성률을 보이는(정태화 외, 2003: 155) 가운데 무력감을 느끼며 현실 안주를 선택하는 경향을 나타낸다(이혜영 외, 2002: 212).

이러한 상황은 주체들 간의 불신을 조성함으로써 학교의 기능, 국가와 교육정책 등에 대한 회의적인 태도(이두휴 외, 2007: 216-217)로 이어진다. 학부모들은 특히 학교가 정상적으로 기능하고 있는 것으로 보지 않았다. 심지어 국가가 관리하는 학교는 단지 지나가는 단계일 뿐 자녀의 미래에 대해 어떠한 책임도 지지 않는다고 생각하고 있었다. 전교조의 조사(2006: 17-18)에 의하면, 학생들은 사교육비 증가, 입시 스트레스의 심화, 학교 수업의 파행적 운영, 보충·야간자율학습 등의 비정상적인 학교운영 책임이 교육부(62.6%)와 학교장 등 교육관료(15.6%)에 있다고 응답했다. 학부모들은 현대 교육에서 가장 강조되고 있는 창조성 계발에 대한 필요성을 인식하고 있지만 이에 대한 정규 학교교육의 역할에 대해서는 부정적으로 인식하고 있으며, 그 주요 이유로 초·중·고교의 '암기 위주의 주입식 수업(56.5%)', 정부교육정책(29.6%), 입시제도(24.%7) 등을 들었다(남궁지영·우명숙, 2010: 60-69). 학생들의 인식도 유사했다(최상근 외, 2009: 495-509). 고등학생들은 각종 학교교육 활동의 성과, 교과수업 외 교내 각종 활동, 방과 후 학교의 효과 등에 대해 대체로 낮게 평가했다. 이러한 문제 인식과 함께 특히 학생들은 학력·학벌에 관한 주요 쟁점들에 비판적인 인식을 보여 준다. 정태화 등의 조사(2003: 185)에서 '대학서열화에 따른 대학 입시 경쟁 심화의 원인이 학벌'이라는 주장에 대해, 고등학생 78.1%, 대학생 90.7%가 동의를 표명했다. 그리고 전교조(2006: 13-17)에 의하면, 고등학생들은 3불 정책(고교등급제, 대학본고사, 기여입학제)에 대해 대체적으로 지지(61.5%, 57.0%, 74.1%)하는 입장을 보였으며, 수능 폐지 및 자격고사 도입(43%), 대학 평준화(54.4%) 등에 다수가 동의했다.

한편 학력·학벌 문제와 관련하여 '서울대와 국립대학에 대한 과도한 정부지원이 학벌주의 작용의 원인'이라는 쟁점에 대해 찬반의 입장이 팽팽한 대립적 상태에 있고(정태화 외, 2003: 160), 국립대학 법인화의 쟁점에 대해 전체적으로 반대의견(64.3%)이 높다는 점(이필남 외, 2010: v-vi) 등은 아직 국가의 책임하에 갖추어야 할 부분들이 상당히 존재한다는 인식을 시사하는 것이라 할 수 있겠다.

한국인은 학력·학벌을 성공과 출세의 조건으로 인식하며 추구하고 있지만, 또한 이러한 인식과 추구 자체에 문제가 있음도 인식하고 있다. 차별적인 사회환경, 학교교육의 비정상적 운영, 정부 정책의 불충분성 등이 학력·학벌사회의 문제라고 보거나 학력·학벌을 곧 그 원인으로 인식하고 있다. 이런 점에서 사람들은 단순히 학력·학벌주의에 침식되어 있는 것이 아님을 확인할 수 있다. 이러한 인식의 상태는 갈등과 고통을 불러일으키는 상황이다. 현실적으로 적응을 선택할 수밖에 없지만 그 현실 자체가 문제인 것으로 보는 인식 또한 넓게 확산되어 있다.

Ⅳ. 학력·학벌주의 인식체계의 심층구조

학력·학벌주의 인식체계의 표층 분석에서 나타나거나 시사된 바를 바탕으로 학력·학벌주의 인식체계의 심층구조를 이루는 부분에 대해 논의하고자 한다. 주요 구성 내용을 인식의 패턴으로 표현하기 위해 "~주의"라는 형식을 취한다. "주의"는 인식이 자체의 논리적 정합성을 갖도록 체계를 갖추고 있다는 것이다. 학력·학벌주의에는 능력주의, 국가주의, 학연주의, 도구주의적 교육관, 중앙주의 등의 인식패턴이 유기적으로 결합되어 있음을 발견할 수 있다.

1. 학력·학벌의 능력지표성에 대한 인식 갈등

인식체계의 분석에서 한국인들은 학력·학벌을 능력으로 보는 인식 경향이 우세했다. 이러한 인식경향은 학력·학벌을 능력으로 인정하지 않는 인식과 갈등구조를 형성한다.

능력주의란 사회적 기회와 자원의 배분에 있어 능력에 대한 평가를 준거로 하며, 능력에 따른 차등적 배분을 원칙으로 하는 사회적 이념이라 하겠다. 이것은 업적주의 혹은 실력주의라고도 한다. 합리주의를 강조하는 현대사회에 광범하게 받아들여지고 있는 사회적 이념이다. 능력주의는 학력·학벌주의를 정당화하는 핵심적 이념이다. 학력·학벌을 인간 능력의 구현체라고 믿기 때문이다. 사실 학력·학벌은 개인이 학교교육체제를 거치면서 투여하는 능력, 노력, 성실 등의 심리적 특성과 활동을 반영하는 것임이 분명하다. 개인의 심리적 특성과 활동의 산물로서 학력·학벌은 개인의 업적이고 자산이므로 학력·학벌에 의한 기회와 자원의 분배 또한 합리적인 것이다. 학력·학벌을 능력으로 수용하려는 인식패턴은 바로 이런 논리적 사유를 반영한다. 이런 '구식 능력주의'는 근대 산업사회 초기 평등보다는 사회진화론을 배경으로 하는 수월성에 기댄 개념이었다(『매일경제』, 2008.12.23.). 인간은 불평등한 능력 차이를 가지고 태어났으며, 능력이 탁월한 사람이 열등한 사람보다 우위에 서는 것은 당연한 것으로 인식된다. 학교는 이런 능력주의를 생산하는 공장이었다. 학교제도는 국가의 시험제도와 결합하면서 사회의 새로운 계층화에 대한 정당화 장치로 작동하게 되었다. 학교는 졸업장을 통해 능력의 징표를 선물함으로써 능력의 차이를 드러내고 확인하는 공인기관으로 자리 잡게 된 것이다.

문제는 개인의 심리적 특성과 활동조차도 순전히 개인적인 것이 아니라는 점에 있다. 잘 알려진 바와 같이 성적, 포부, 기대수준, 심리적 학습환경 등이 이미 가정 배경의 영향 속에서 형성된 것이며, 나아가 이것은 다른 수준의 학력·학벌을 성취하도록 한다. 현재의 학력·학벌주의는 이러한 가정 배경의 계층차이는 불가피한 것으로 무시되거나 간과함으로써 정당화되는 것이다. 현재의 학력·학벌주의가 유지되는 것은 학력·학벌을 능력의 지표로 수용하려는 사회적 힘이 반대 경향의 힘보다 우위에 있음을 의미하는 것이다. 학력·학벌 이외의 다른 사회구성 준거가 없어 불가피하다거나 학력·학벌에 의한 인맥을 활용할 수 있고 학력·학벌로 조직의 위신을 높일 수 있다는 등의 인식도 결국 기존의 구조를 공고하게 하는 데 기여하게 된다. 학력·학벌이 곧 개인의 능력 혹은 실력이라는 능력주의적 인식체계가 허물어진다면 학력·학벌주의의 유지를 정당화하는 데 필요한 가장 중요한 근거를 상실하게 되는 것이다.

2. 국가주의 – 개인주의의 공존

학력·학벌은 국가의 관리과정을 거쳐 산출된 공인증명으로서의 의미를 가지고 있다. 국가의 공인은 학교교육체제에서의 일정한 학습과정과 경쟁을 통해 부여되는 것이다. 학습과정에 대한 인증과 인증의 획득을 위한 경쟁은 국가의 관리를 받아들여야 하는 측면과 경쟁에서 우위를 확보해야 하는 측면이 맞닿아 있다. 학력·학벌 경쟁은 국가주의의 수용과 개인주의적 열망이 부딪히는 장을 형성하게 된다.

국가주의는 국가의 이익을 개인의 이익보다 우선시키는 이념으로, 국가를 최고의 조직으로 보고 그 권력을 해당 사회 전체를 지배하는 중심으로 인정하는 정치사상적 원리를 말한다. 이것은 국가 권력에 사회생활의 전 영역에 걸친 광범위한 통제력을 부여하는 이념이다. 한국 국가의 초월적 권위에 의한 학교교육체제의 관리와 통제는 교육체제에 행정우위의 관료 조직적 권위주의를 낳았다(김민남·손종현, 2006). 한국 국가는 학력산출기관으로서의 학교교육체제에 대해 독점적으로 관리해 왔다. 특히 국가 관리의 대학입시제도는 수학능력시험과 같은 전국단위의 평가도구를 통해 점수에 따라 대학을 서열화하는 기제가 되었다. 이 교육체제는 현장의 전문적 자율성을 가로막고 무기력을 낳았다. 무력감과 체념은 교직활동 수행에서 드러나는 중등학교 교사문화의 한 가지 특성이 되어 있다(이혜영 외, 2001: 210-214). 교사들은 자신이 할 수 있는 일이 별로 없고, 해 봤자 소용없다고 생각하며, 현실에 안주하는 경향을 보인다.

학력·학벌을 획득해야 하는 일반 국민은 치열한 경쟁을 헤쳐나가야 하고, 이 경쟁과 지향은 개인주의적 성향을 띨 수밖에 없다. 남궁지영 등(2010: 119-122), 이혜영 등(2001: 210-213), 이두휴 등(2007: 216)은 학부모와 교사들의 교육활동 및 학력·학벌 추구 행위가 실제로 개인주의적 성향을 강하게 띠고 있음을 보여 준다. 경쟁 우위가 절대적으로 필요한 상황에서 이해관계에 부합하는 것 외의 연대는 해체될 수밖에 없다(김부태, 1995: 282-287). 이런 가운데 개인의 학력·학벌 추구를 변화시키려는 정책은 국가에 대한 회의와 불신으로 이어진다.

학력·학벌사회에서는 국가가 공인하는 학교교육체제를 거치는 것이 정통적 경로이고, 그 외의 것은 부차적인 경로이다. 사교육은 아무리 성행한다 해도 학교교육체제에서의 공인된 학력·학벌을 획득하기 위한 전략일 뿐 그 자체가 정통적 경로의 학력·학벌과 같은 것이 될 수 없다. 따라서 교육체제에 관한 인식으로 학교교육중심주의가 학력·학벌주의 인식체계의 중요한 한 부분을 이루게 된다. 한국사회에

평생교육체제의 구축이 더디게 이루어지는 중요한 원인이 바로 이런 인식에도 기인되고 있을 것이다.

학력·학벌주의 인식체계에는 국가의 규정에 의지해야 하는 동시에 학력·학벌의 추구를 위해 개인적으로 모든 수단과 방법을 동원하는 개인중심의 인식이 또한 강하게 반영되어 있다.

3. 학연에 의한 이익추구의 네트워크

연고주의란 혈연·지연·학연 등 일차 집단적 연고를 다른 사회적 관계보다 중요시하고, 이런 행동양식을 다른 사회적 관계에까지 확장·투사하는 문화적 특성을 말한다(네이버사전). 학연주의는 이런 연고주의의 하나로 사적인 학연의 관계를 사회적 관계로 확장하여 조직과 사회의 구성원리로 삼는 문화적 패턴이자 "일종의 유동적인 정신상태(손종현, 2003: 88)"이다. 학교 동문으로서의 정서적 유대감은 특히 우리 사회에서는 매우 자연스러운 것이다. 자연스러운 친밀감 자체를 문제라고 할 수는 없다. 문제는 이 문화적 패턴 혹은 정신상태가 이해관계를 좇으면서 모이고 흩어지는 유동적인 집합체로 기능한다는 점이다.

개인적 수준에서 볼 때, 다양하게 대인관계를 확대하는 것은 개인의 자산을 크게 하는 일이 될 것이다. 우리 사회에는 이런 인식경향이 있다. 이런 맥락에서 학연에 의한 관계 확대를 자신의 자산이 될 네트워크를 확장하는 것으로 볼 수도 있겠다. 학연주의가 학벌주의의 기반이 된다는 것은 동문관계의 활동이 사적인 수준에 머물지 않고 이해관계를 따라 조직이나 사회의 기회와 자원을 배분하는 문제로까지 그 힘을 확대시킨다는 점을 문제로 보는 것이다. 학연이 이익집단 혹은 신분집단으로서 파벌로 기능할 때, 사회구성의 합리성과 공정성을 훼손한다.

따라서 적어도 공공부문에서 학연이 파벌로 기능하는 측면은 공적으로 승인되지 않는다. 사회의 조직상으로도 금기시되는 측면이 있다.

학연관계에 의한 조직구성이나 사회적 기회와 자원의 배분은 일반적으로 외부로 공개되지 않는다. 사실상 사회의 어떤 부문에 학력·학벌이 어떻게 활용되었는지는 블랙박스화되어 있다. 학력·학벌주의를 비판하는 여러 글은 학연주의 혹은 학벌주의가 관철된 증거로 사회의 주요 부문을 구성하는 특정 대학 출신자들의 비율을 증거로 제시한다. 그런 자료들에서 우리는 특정 학력·학벌이 사회의 요직을 독점하고 있음을 볼 수 있다. 그러나 그것이 비합리적인 과정을 통해 이루어졌고, 그런 관행이 지속되고 있는 정확한 실증적 증거라고 말하기에는 충분하지 않다. 여기에는 외부인이 결코 알 수 없는 비공개의 자체 선발 과정이 있으며, 시험과 같은 제도적 기제가 함께 활용되고 있다.

인식체계의 분석에서 학연관계를 중심으로 한 집단적 활동이 높은 비율로 인식되고 있으며, 동문 간의 친밀감 정서가 매우 높음을 볼 수 있었다. 또한 조직에 따라 다르지만 여전히 기업과 같은 조직 내에 어느 정도 학벌에 의한 파벌이 존재하고 있음을 확인할 수 있다. 물론 이러한 사실 자체가 학벌에 의한 사회적 폐해를 의미하는 것은 아니라 할지라도, 학연을 매개로 한 학력·학벌주의적 인식과 그 행위의 기반이 엄연히 존재한다는 점을 확인할 수 있는 것이다.

4. 학교교육중심의 도구주의적 교육관

학력·학벌이 교육과 직접적인 연관성을 갖는다는 점에서 교육에 대한 인식패턴이 학력·학벌주의 인식체계의 중요한 부분을 이루고 있다고 본다. "학력·학벌사회에는 인재인물양성론이 학교교육 활동을 조직하는 원리가 되어 학교교육체제를 규정한다(손종현, 2003: 86)." 인재인물교육론이란 교육을 어디엔가 써먹을 재목으로 양성하는 활동으로 이해하는 도구주의적 교육관에 비유한 것이다. 인재인물양성론은 또한 우리의 전통사회와 근현대사회를 통해 줄곧 견지해 온, 실용적 가치를 추구하는 현실주의적 교육론이라 해도 되겠다.

한국인은 성공적인 삶을 추구하며 살고 있다. 성공의 의미는 현실적 의식상 '학벌과 연줄을 가지고 좋은 직장과 인격을 갖추는 것'이다(남궁지영·우명숙, 2010: 122-123). 성공에 대한 열망은 불안정한 정치경제적 상황에서 고통스럽게 살아온 우리의 역사적·사회 문화적 경험을 통해 갖게 된 것이다. 일제시대를 비롯하여 해방 후의 일정기간 동안 특히 그러했다(김동춘, 2001: 231-245). 근현대 한국사회에서 성공에 이르는 주 경로는 학력·학벌을 얻는 길이었다.

한국 사람들은 대부분 교육을 좋은 직업의 획득, 높은 사회적 지위로의 이동 등 실용적 목적을 위한 수단적 활동이라는 인식을 표명하고 있다. 교육을 개인의 출세나 지위 획득의 수단으로 간주하는 관점은 학력·학벌주의와 같은 맥락에 있는 것이다. 학력·학벌주의 인식체계에는 사회적 성공과 출세를 위한 수단으로 학교교육을 인식하고 평가하는 경향을 내포하고 있다. 정태화 등(2003: 187), 이두휴 등(2007: 43-45), 김종영(2008: 98-94) 등의 연구는 한국인에게 학력·학벌이 지위상승과 경제적 이익 추구에 도움을 주며 더 높은 신분으로의 이동을 위한 수단 혹은 적어도 미래에 직업적 지위를 결정해 주는 수단으로 인식되고 있음을 보여 준다.

교육이 학벌·학벌 추구행위로 간주되는 곳에는 그에 상응하는 문제가 존재한다. 간단히 말해 학력·학벌 추구의 비교육적 활동과 상황이 학교교육의 현장을 지배하면서 교육의 모순을 야기한다. 특히 "중등학교 교육에서는 성적으로 사람을 분별하는 이분법이 작동한다. 철저한 경쟁관계 속에서 불안 심리가 공부의 절대화, 정신의 해체를 유발한다. 이런 상황은 학생의 기질과 개성의 표현을 차단하고 배움의 자발성을 억제한다. 실패와 좌절의 책임은 학생에게 돌아간다(손종현, 2003: 86)." 교사의 경우에도 교육실천은 주입식의 교수행위와 정답 가르치기로 축소되고(이혜영 외, 2001: 211 참조), 교사와 학생 간의 교육적 관계를 유지하기 어렵다.

학력·학벌은 곧 능력의 증명이자 인재인물임의 증명이다. 교육은 '성적 – 진학 – 성공적 사회진출'이라는 학력·학벌사회의 주류 경로를 따르는 활동이 된다. 한마디로 교육은 학력·학벌의 추구를 위한 도구적 활동이다. 교육은 곧 인재인물을 양성하는 활동이며, 높은 학력·학벌을 가진 이들이 지도자로서 국가사회의 발전을 이끈다는 생각이 문화적 패턴을 이룬다.

5. 중앙중심의 이분법

학력·학벌주의에는 우리 사회를 관통하는 또 하나의 사회적 인식패턴인 중앙주의가 밀접하게 연관되어 있다. 지역으로 사람과 세계를 분별하는 중앙중심의 인식패턴을 중앙주의라 하겠다. 중앙주의적 사고에서 중앙은 조건을 갖춘 표준이자 지향점이다. 중앙 이외의 지역은 '지방'으로 표현되고 변방을 의미하는 것이다. 중앙을 중심에 두는 인식체계는 중앙집권적 통치체제를 구성하고 지배해온 우리 사회의 오랜 역사적 과정을 통해 형성된 산물이라 해야 할 것이다. 봉건사회는 물론이고 일제시대와 근대에 이르기까지 유지되어 온 중앙집권적 통치방식이 현재에도 한국인들의 인식체계 속에 자리 잡고 영향을 미치고 있는 것이다. 국가의 국민통치체제에 반영되어 지속되어 왔다는 점에서 국가주의와도 깊은 연관을 가지고 있다.

중앙주의는 행정체계가 갖고 있는 관료적 권위주의, 중앙중심의 엘리트주의와 서열주의 등이 연관되어 있다. 관료적 권위주의는 중앙정부로부터 지역의 행정기관에 이르는 의사소통체계에서 전형적으로 나타나는 것이며, 중앙의 유능한 엘리트로부터 비로소 모든 일이 시작될 수 있고, 중앙을 중심으로 대상을 간단히 서열화하는 인식이 우리 사회에 유력하게 기능하고 있다.

인식체계 분석에서 중앙주의는 학력·학벌을 능력으로 인식하는 데서, 학력·학벌을 추구하는 이유에서, 학력·학벌을 활용하는 방식 등에서 전면적으로 연관되어 나타나는 우리 사회의 또 다른 거대한 사회적 인식체계이다. 중앙주의적 인식은 학력·학벌을 지역에 따라 서열화하며 지역에 따라 능력이 다른 것으로 본다. 사람들은 중앙을 지향하며 학력·학벌 추구의 공간을 적극적으로 확대한다. 우리 사회에는 중앙중심의 대학서열체제가 존재하고, 나아가 이런 서열체제를 글로벌 위계로까지 확장시킨다.

중앙중심의 인식이 학력·학벌주의와 결합될 때 사람들은 중앙의 명문학벌을 찾아 떠나게 되어 있다. 그 결과는 대부분의 지역 소재 학교의 존립 기반을 허물고, 지역의 교육을 거의 불가능하게 한다. 학력·학벌에 따른 서열의식은 학벌 엘리트의 심리적 우월감과 엘리트주의, 그리고 이 외 사람들의 열등감과 패배주의를 수반하면서 사회적 공존과 연대를 저해한다. 중앙중심의 인식은 국내의 지리적·의식적 의미로만 국한되지 않는다. 한마디로 한국은 변방의 '우물'이고 선진 외국은 하나의 나라가 아닌 '세계'와 '중심' 그 자체인 것이다(김종영, 2008: 90-92 참조). 학력·학벌주의는 중앙주의적 인식과 결합되어 사회의 분열을 깊게 한다.

이상의 논의를 바탕으로 학력·학벌주의 인식체계의 심층 부분을 이루는 구조를 <그림 1>과 같이 그려 볼 수 있다. 이 그림은 '국가 – 교육체제 – 사회'의 삼각구조로 되어 있는데, 학력·학벌주의를 생산·유통·유지하는 인식체계의 구조를 살펴볼 수 있게 해 준다. 국가가 최고 권위체로서 교육체제와 (지역)사회를 중앙집권적으로 관리하는 가운데, 학교교육을 중심으로 하는 인재양성체제와 중앙중심의 사회편제를 유지하며, 능력주의가 사회구성의 이념적 기반이 되는 구조를 나타내고 있다. 그리고 국가의 민간부문에 대한 직접적인 통제가 어려운 상황에서 결과적으로 능력주의를 표명하면서도 비공식적으로 학연에 의한 사회구성을 묵인할 수밖에 없는 구조를 형성하고 있는 것이다.

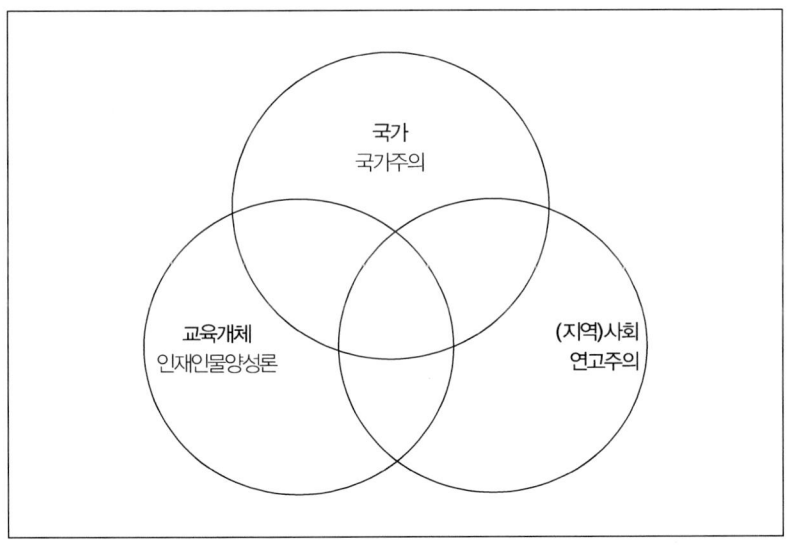

〈그림 1〉 학력·학벌주의 인식체계의 심층구조

Ⅴ. 학력·학벌: 사람과 세계를 분별하는 준거

　이 연구에서 학력·학벌주의의 인식체계를 분석하고 그 성격을 논의하였다. 학력·학벌주의 인식체계는 학력·학벌주의적 관행의 기반이 되는 것으로 학력·학벌사회 유지를 정당화하는 이면의 동인이라고 본다. 학력·학벌주의 인식체계의 분석을 위하여, 2000년도 이후 생산된 전국 규모의 학력·학벌에 관한 의식 및 인식을 조사한 12편의 선행연구 조사와 관련 자료들을 종합적으로 재분석하였다.

　이 연구의 분석을 통해 나타난 학력·학벌주의 인식체계의 표층이 갖는 주요 내용은 다음과 같다. 첫째, 학력·학벌을 능력과 유사하거나 동일시 하려는 인식이 우세한 가운데 이를 부정하는 인식과 갈등적 구조로 공존하고 있다. 또한 지역 변인이 학력·학벌의 의미에 중첩되어 있다. 통념을 따르는 명문학교에 대한 인식과 함께 학력·학벌을 공정한 경쟁의 결과로 인식하는 경향이 있지만, 다수의 사람이 개인 능력 외적인 요인의 영향에 대해 인식하고 있으며, 기회의 개방을 희망하고 있다. 둘째, 학력·학벌은 성공과 출세의 필수요건이자 소극적으로는 차별로부터의 탈피를 위한 것이었다. 학력·학벌로 인한 차별인식에도 지역의 문제가 겹쳐져 있었다. 또한 학력·학벌의 추구는 교육에 대한 현실적이고 실용적인 기대의 실현을 희망하는 것이기도 했다. 셋째, 학력·학벌의 활용에서, 기업을 비롯한 조직인들은 학력·학벌을 업무능력을 나타내는 신호로 받아들이는 경향이 강하며, 학력·학벌과 능력의 관계를 친화적 관계로 인식하는 경향이 있다. 채용 및 승진, 조직 내부 평가 등에서 학연의 네트워크가 상당히 영향을 미칠 것이라는 인식을 가지고 있다. 넷째, 학력·학벌 문제에 대한 인식에는 학력·학벌을 중시하는 사회문화적 환경과 풍조, 학교교육의 비정상적 운영과 학력·학벌의 인과성, 정부 정책의 불충분성 등을 주요 문제로 인식하고 있다. 이러한 문제 인식은 개인으로서는 감당할 수 없는 사회의 구조적 조건과 국가의 책무성에 대한 비판적 인식을 담고 있다.

이러한 학력·학벌주의 인식의 주요 내용은 인식체계의 심층부가 다음과 같은 주요 사회적 인식패턴이 유기적으로 결합된 구조를 이루고 있음을 시사한다. 첫째, 능력주의가 갈등적 상황 속에서도 학력·학벌주의의 기반이 되고 있으며, 둘째, 국가가 공인의 권력체로 존재하는 가운데 국가주의적 인식은 학력·학벌 추구의 경쟁상황 속에서 인식주체들의 개인주의적 인식과 충돌하고 있다. 셋째, 학연주의적 인식패턴은 정서적 유대를 개인적 자산화함으로써 비공식적으로 파벌의 온존과 비합리적 관행의 기반이 될 수 있다. 넷째, 도구적이고 실용적인 현실주의적 교육관이 지배적으로 기능한다. 다섯째, 중앙중심의 인식패턴이 결합되면서 학력·학벌에 의한 사람의 분별과 사회의 분열을 깊게 한다. 이 외에도 학력·학벌주의는 관료적 권위주의, 학교교육중심주의, 엘리트주의, 서열주의 등이 방조하는 사회적 인식체계로 결합되어 있다.

우리 사회의 성원들은 학력·학벌주의로 인한 현실적 문제가 있음을 인식하지만 적응을 선택하는 삶을 살고 있다. 적응을 선택함으로써 학력·학벌주의에 자발적으로 편입된다. 한국인들의 학력·학벌주의 인식체계가 학력·학벌주의적 관행을 정당화하는 특징적 패턴을 다음과 같은 몇 가지 명제로 진술해 볼 수 있겠다.

① 학력·학벌은 충분하지는 않지만 능력과 업적을 나타내는 가장 중요한 지표이다.
② 능력 외적 요인에 의한 차이는 불가피한 것이다.
③ 환경은 개척할 수 있고 극복할 수 있는 것이다.
④ 국가는 개인의 욕구를 제한하지만 따를 수밖에 없는 표준이다.

⑤ 성과의 동인과 책임은 개인 귀속적 경향이 강하다.

⑥ 학력·학벌을 얻은 자가 능력 있는 인재인물이고 그들이 지도자로서 사회발전을 선도한다.

⑦ 교육은 인간의 내재적 발달과 성숙보다는 인재인물을 양성하는 활동이다.

학력·학벌주의 인식체계에서 학력·학벌은 사람을 분별하는 준거로서, 능력자 − 비능력자, 인재 − 비인재를 가려내는 이분법적 척도로 기능한다. 이분법은 특히 중앙중심의 인식패턴과 결합되어 학력·학벌주의 사회풍조를 강화한다.

이 글의 분석 결과는 학력·학벌사회의 변화를 위해 다음과 같은 점을 시사한다. 학력·학벌사회의 변화는 곧 그 신념체계 혹은 인식체계의 변화를 필요로 하는 것이며, 불리한 처지에 있는 사람들을 고려할 수 있는 보다 민주적이고 합리적인 능력주의적 사회 시스템의 확립이 필요하다는 것이다. 인식체계는 사회 역사적 형성과정을 통한 문화적 토대를 가지고 있는 것이므로 그 자체가 독립적으로 변화하기는 어렵다. 변화는 오랜 시간을 필요로 할 것이며, 사회문화적 조건을 변화시키려는 정책적·제도적 노력과 함께 학력·학벌주의 인식체계 자체에 대한 보다 심층적인 연구와 직접적인 변화의 노력이 지속적으로 가해져야 할 것이다.

제2장 전투적 교육가족: 학벌전쟁을 이끄는 가족

이경숙

"광장은 헐벗고 밀실은 푸짐하다(최인훈, 『광장』)."

I. 전투적 교육가족의 형성

자본이 지배하는 한국사회에서 상속전략을 교육에다 거는 새로운 가족 형태를 '전투적 교육가족'이라 부르려고 한다. '전투적 교육가족'의 선구자라 할 사람들, 또는 그 행태를 일러 '치맛바람'이니 하는 식으로, 이전에는 유별난 엄마들을 꼬집어 부르기도 했다. 그러나 한국사회는 1990년대 이래 극심한 경쟁과 폐해를 겪는 '교육선생' 상황이며(박님기, 2003), 학벌성취는 장기 전략에 따라 온 가족이 혼신의 힘을 기울여 수행하는 특별한 기획 작업이 되었다. 그런 까닭에 새로운 가족형태를 더 이상 엄마들만의 문제로 부르는 것은 온당치 않다. 그리고 유별난 몇 사람의 문제가 아니라 영향력 있는 집단세력의 문제라는 점에서도 그렇다.

학벌성취는 흔한 말로 '할아버지의 재력, 엄마의 정보력, 아이의 의지'가 총결집된 가족공동의 기획활동이 되었다. '전투적 교육가족'은 적어도 재력과 정보력을 갖춘 중산층 이상[1])에 속하는 가족이 교육을 계급상속전쟁의 대리전으로 인식하고, 전투적 자세로 더 좋은 학벌을 성취하려는 삶의 형태를 말한다. 1990년대 이래, 특히 1997년 IMF 사태 이래 사회 전체가 교육전쟁 상황에 있으나, 전투적 교육가족은 다른 가족들보다 훨씬 적극적으로 전쟁을 기획하고 만들며, 또 승리를 쟁취하는 세력이다. 그들은 신자유주의 정책과 함께 새로운 교육논리 유포로 전선을 다시 만들거나 이동시키면서 유리한 고지를 점하고 있다.

이들 '전투적 교육가족'은 혈연가족이면서, 상당기간 교육이 가족의 의식과 행위를 통제하는 가족이다. 가족의례, 문화활동 같은 행위가 교육보다 우위를 점하지 못하며, 혹 교육에 기여한다고 판단되면 경력('스펙')용 또는 교육용으로 무엇이든 활용한다. 이때 '교육'이라 말하지만, 실제로는 학벌이다. 엄밀히 말하자면 '학벌가족'인 셈이다. 그래서 한가족일지라도, 유사한 정도의 학벌을 갖추지 못한다면, 가족 테두리 안에서도 잔혹하게 소외시키기도 한다.

이들 가족은 학벌에 임하는 자세가 가히 '전투적'이라 할 만큼 강력하다. '전투적'인 이유는 한국교육이 전쟁 상황이라는 인식에서 기인한다. 승자와 패자가 있는, 전쟁 상황이라는 인식을 적극적으로 내면화하고, 이 전쟁에 기꺼이 참여하고 마침내 승리를 쟁취하고자 하는 삶이다. 전투가 달갑다기보다 성장기 십여 년이 오륙십 년의 나머지 긴 인생을 결정하기 때문이다. 오륙십 년 인생을 걸고 십여 년 전쟁을 하는 것이며, 승패는 전사 한 사람이 아니라 그를 둘러싼 인간관계, 사회관계 전체에 두고두고 영향을 미친다. '전투적 교육가족'은 교육전쟁에 이기기 위해

---

1) 여기에는 의사, 변호사, 대학교수와 같은 전문직업군과 고위공무원이나 기업 고위직과 같은 사회 고위 직업군에 속하는 사람들이 주요 층을 형성한다. 이들보다 엄청난 자본을 소유한 자본가들은 사회 일반의 경쟁체제에서는 벗어나 그들의 자본과 직위를 상속하기 때문에, 이런 학적경쟁에 굳이 뛰어들 이유가 없다.

동원할 수 있는 모든 사회·경제·문화·자본을 무기로 내 아이에게 최고의 교육환경을 조성함으로써, 교육전쟁에 유리한 상황을 구축한다. 일찍부터 각종 체험학습, 예술교육, 해외어학연수, 사교육 따위로 그들의 교육공간을 푸짐하게 채워 놓는다. 그러면 부모가 제공하는 최첨단 무기를 들고 아이들은 전사가 되어 '명문'학벌을 얻고자 싸운다.

Ⅱ. 가족공동의 기획, 교육이라 불리는 학벌

한국 사람들은 A대학[2]이라 쓰고 누구도 알려 주지 않은 고등학교 성적과 대학입학 성적을 귀신같이 읽어 낸다. 지적 능력과 태도, 장래 직업, 사회적 지위와 보수까지도 미리 파악할 수 있다. A대학이라 쓰고 인적 관계도 읽을 수 있다. A대학은 고유명사가 아니라, 한국사회에서 어떤 특혜와 차별을 받고 어떤 집단과 인맥을 형성하며 살아갈지를 결정하는 학벌의 표식이다. A대학이라 표기된 누군가의 학벌은 그만큼 많은 것을 결정한다. 한 사람의 생애에서 학벌의 영향력은 매우 결정적이기 때문에, 사람들은 기표를 기표대로만 읽을 수 없다. 한국사회는 교육이라 쓰고 학벌이라 읽는다.

A대학이 개인 인생에서 결정적인 만큼, A대학에 갔다는 것은 승리와 패배 중 하나이다. 그리고 그것은 인생에서 하나의 승리이거나 하나의 패배일 수 없다. 입학의 승리는 이후 인생의 승리이고, 입학의 패배는 모든 것의 상실이다. 학벌이 작동하는 영역이 정계, 재계, 학계는 물론

---

2) 요즘은 대학만이 아니다. 현재는 외양상 다양한 형태의 고등학교가 존재하게 되면서 A고등학교도 이런 의미를 가지게 되었다. 외국어고등학교, 과학고등학교, 자율형 사립학교 등이 다른 고등학교들과 구분이 되면서 이런 유형의 특수학교들, 인문계 학교, 실업계 학교로 크게 서열화되는 경향이 있다.

일상에까지 이르렀고, 누구나 학벌의 힘을 실감하고 있다. 학벌의 힘은 한국인들이 한국에서 가장 빈번한 차별적 행위로 체험하고 있다. 2011년 차별실태 조사에서 가장 심한 차별이 학력·학벌 차별이라고 답한 응답자가 87.2%에 이르렀다. 이 수치는 2004년 80.6%보다 더 증가한 수치이다(김태홍, 2011: 20). 학벌사회를 체험해 온 부모세대는 자녀에게 학벌의 중요성을 각인시키고, 학벌전쟁을 진두지휘한다. 이 전쟁의 승자는 학벌이 국가가 공인한 실력이라는 점을 과시하며, 사회 각 분야에서 특혜를 정당화한다. 이 전쟁에서 패배자의 미덕은 '좋은 학벌 = 실력 = 높은 사회적 지위'라는 공식을 기꺼이 내면화하고 순응하는 것에 있다. 패자들이 이 미덕을 지켜 줘야 승자가 더 많은 전리품을 챙길 수 있고, 학벌사회는 공고해진다.

무엇이 학벌에다 한 인간의 과거, 현재, 미래를 다 쓸어 넣게 만들었는가. 학벌이 어떻게 학교교육을 황폐화하고, 사교육을 만연시키며, 한 인간의 생애를 결정하는 괴물이 되었는가. 다수 사람이 학벌사회의 패배자가 될 수밖에 없음에도, 학벌사회는 왜 더욱 공고해지는가. '해고는 살인이다'는 글자가 박힌 조끼를 입은 사내들, 결국 경찰 감시 아래 굴비처럼 줄줄이 엮여 전쟁터 같은 공장을 빠져나온다. 2009년을 뜨겁게 달구었던 사건, 바로 경기도 평택 쌍용자동차 대규모 해고에 저항한 노동자들이었다. 그들을 가장 애타게 지켜본 이들은 가족이었을 것이다. '해고는 살인'이라는 표어에서 예견하였듯이, 사회도 국가도 그들의 해고 이후 삶을 돌보지 않았다. 해고 순간부터 가족이 모든 책임을 고스란히 져야 했다.[3] 그들에게 사회안전망은 허술한 게 아니라 아예

---

3) 쌍용자동차 해고 1년 후 해고자 144명 중 106명의 생활실태를 조사한 결과, 60% 이상이 생계활동을 하지 않고, 일하는 사람 중 대다수는 일용직이고 정규직은 5% 남짓이며, 해고자 절반 정도가 공황장애와 우울증을 앓고 있었다(『한겨레신문』, 2010.5.22.). 2011년 4월 3일 나온 '쌍용차 구조조정 노동자 3차 정신건강 실태조사 보고서'에 따르면, 응답자의 80% 이상이 중증도 이상의 우울증을 앓고 있었다. 구조조정 이후 평균임금은 약 82만 원가량으로 해고 전 임금보다 74%가 줄었다(『한겨레신문』,

없었다. 1997년 IMF 사태 이후 비정규직이 증가하고, 양극화 현상도 극심해져 가고 있다. 이런 구조에서 사회의 질을 말해 주는 지표 중 하나, 즉 '개인을 지원해 주는 네트워크(안정옥, 2009)'는 거의 없고, 가족이 온전히 모든 부담을 떠맡고 있는 사회, 한국사회의 모습이다. 이 점에서 이득재(2009: 17)는 대한민국에는 사회와 국가가 없다고 말한다. 사회안전망이 없는 사회에서 가족은 생존을 위한 최후의 보루가 되었던 것이다. 허약한 사회체제 속에서 가족이 기댈 곳은 많지 않다. 그나마 경제성장기에 교육을 통해 성공 경험을 했던 기억, 즉 '의식의 흔적(바렛과 매킨토시 지음, 김혜경 옮김, 1994: 61)'으로 남아 있는 교육에 과잉기대를 걸게 된다. 2010년 교육여론조사 결과, 사회적 성공요인 중 학벌과 연줄이 가장 중요하다는 사람이 48.1%나 되며, 이 수치는 매년 높아지는 추세이다.

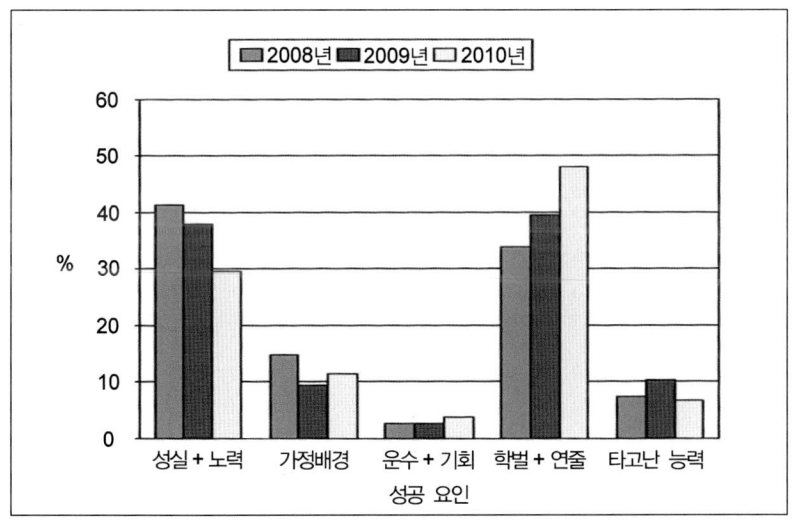

〈그림 1〉 개인의 성공과 출세 요인

2011.4.4., 쌍용차 해고 노동자 짙어진 '죽음의 그늘'). 그리고 2012년 현재 해고자와 가족 23명이 자살을 하거나 목숨을 잃었다.

허약한 사회구조가 아니어도, 사회경제문화자본을 갖춘 중산층 이상 가족은 어느 사회에서나 현 상태에서 상승하기 위해, 또는 추락하지 않기 위해 계급재생산을 위한 전략적 삶을 산다. 결혼전략, 출생전략, 투자전략, 상속전략 따위에 예민하게 반응하며 삶을 기획한다(피에르 부르디외, 김용권 옮김, 2005: 41-42). 그런데 IMF 사태 이후 극심해지는 양극화로 중산층의 추락을 목도한 이후, 더욱 자녀세대의 추락을 방지하려는 욕망이 높아지고, 삶의 불안을 관리하는 적극적 전략을 구사하기 시작했다. 그중 특히 교육전략은 고도로 주목받고 있다. 가족차원에서 가장 공들여 장기간 지속적으로 많은 자본을 투자하는 기획실천이 자식교육이다.

게다가 자본이 교육상품을 개발하여 판매하기 시작하면서, 고가의 교육상품 소비층에서는 특별한 교육전투력을 갖추게 되었다. 동시에 학생만의 의지와 능력에 따라 교육결과가 만들어지는 시대는 끝났다. 전투적 교육가족의 부모는 최대한 효과적으로 투자하면 부모가 원하는 대로, 또는 가능한 부모의 희망에 가깝게 자식을 만들 수 있다고 생각한다. 그들에게 자식교육이란 자식이 밟아야 할 십수 년 교육경로이며 자식을 지원하는 프로젝트이다. 그래서 자식을 '번듯하게' 키우려면, 초등학교에 들 무렵부터 부단한 노력을 한다. 때맞춰 학원 보내고 과외시키고 학군 좋은 곳으로 이사하고 성적 관리하고, 온 가족이 입학시험 준비생에 맞춰 일상을 산다.

> 딸은 유치원도 집에서 멀리 떨어진 해바라기 유치원을 보냈다. 비율이 12:1이었는데 들어갔기 때문에, 사대부속초등학교를 들어가는 것이 그 당시로서는 당연했다. 아이가 6년간 학급회장, 전교학생회장을 했고, 엄마인 내가 6년간 학교 어머니회 회장을 하면서 학교 행사, 대회, 환경정리, 청소 등을 적극적으로 했다. 거의 학교에서 살았다. 내가 학교 행사에 봉사하는 만큼 상장이 쌓였다. 선생님들이 ○○이는 못 하는

게 뭐냐고 말씀하셨다. 사교육은 수영, 미술, 피아노, 성악, 서예, 발레, 4학년 말부터 영어, 5학년부터 수학 과외를 본인이 원해서 시작했다. 경대 영재반에 다녔다. 대구 시내의 과학상은 다 끌었다. 그 준비를 내가 다 했다.
                              -김○○, 대학 1학년 딸, 중학교 3학년 아들, 수성구 거주[4]

　이 부모는 자식교육에 자기 삶 전부를 걸었다. 그렇게 해서, 아이에게 더 많은 경력을 축적해 주고, 앞길을 인도해 주었다. 그런데 단순히 자기 삶을 거는 것에만 그치지 않는다. 학교와 사교육시장의 교육프로그램을 관리하며, 사회적으로는 여론을 통해 교육논리를 전환하고 새로운 논리를 유포한다.

　학벌을 추구하려는 욕망은 사회 전체에 퍼져 있지만, 실제로 학벌을 위한 기획 사업은 특정가족에 해당된다. 사람들은 '개천에서 용 난다'는 속담이 더 이상 통용되지 않는다고 안타까워한다. 기실 '개천의 용'이란 말은 가난한 집안 아이 대부분은 '용'이 아니고 또 될 수 없다는 전제가 깔린 매우 차별적 용어이다. 그런데도 '개천의 용'이 사라지는 걸 안타까워하는 까닭은 가난한 이들에게 열려 있던 바늘구멍만 한 기회마저 막혀 버렸다는 탄식이다. 기본적인 조건의 평등은 고사하고, 기회마저 이제 사라질 위기라는 탄식이다. 다시 말해 특정계급자녀의 성공가능성이 지배적인 구조, 전투적 교육가족만이 성공할 수 있는 닫힌 구조가 사회적으로 완성됐다는 의미이다.

Ⅲ. 국가는 어떻게 교육을 가족실천으로 만드는가?

　가족은 자녀교육을 스스로 책임지기 원했던가. 일제시대부터 해방

---

4) 『수성구 학부모 면담』, 면담일시: 2010. 4. 면담자: 윤선진.

이후까지 민간인들이 학교 증설을 요구하고 또 땅과 품과 돈을 내서 학교를 설립했다는 사실은 교육을 공적 활동으로 여겼다는 뜻이다. 더구나 막대한 사교육비, 높은 대학등록금, 가족관계 파괴 등을 해결하라는 사회적 목소리가 높다는 점으로 봐도,[5] 가족이 자발적으로 자녀교육을 온전히 떠맡았다고 보기 어렵다. 그럼에도 자녀교육을 위해 희생하는 가족의 자발성이 분명 있다. 이 자발성은 학벌사회라는 개인이 통제할 수 없는 구조 아래에서, 개인이 '합리적'으로 선택할 수 있는 행위이기 때문에 발생한 것이다. 중요한 것은 이 사회구조가, 특히 국가가 가족들에게 자발적 희생, 희생적 자발성을 강제한다는 점이다.

국가는 어떻게 교육을 가족의 기획물로 만들었는가. 국가가 교육을 가족의 기획물로 전환할 수 있었던 중요한 토대가 있다. 그것은 바로 교육을 학벌로 치환해 왔던 국가의 교육사이다. 교육은 모래성 뺏기 놀이가 아니다. 누가 먼저 많이 가져가면 남은 사람은 가져갈 게 없는 제로섬게임이 아니다. '가르치고 배움'은 인간의 본성이고, 가르치고 배울수록 가르침과 배움은 풍요로워지고, 사회 전체의 교육총량이 증가된다. 그런데 교육이 모래성 뺏기 놀이가 된 까닭은 학교교육이 사회지위를 보장하는 강력한 선발제도가 되었기 때문이다. 학교교육사가 사회적 지위배분을 앞당겨 실시하는 선발의 역사가 되었기 때문이다. 교육과 달리 높은 사회적 지위는 누가 선점하면 남은 사람은 가져갈 게 적거나 없다. 신분이 모래성을 갈라 주던 시대는 지났고, 신분 대신 학교교육이 지위배분의 증명서가 되었다. 그러나 범위가 명확하지 않은 전인이나 자아의 실현과 같은, 어디까지가 교육인지 불분명한 증명서로는 선점의 순서를 정하기 어렵다. 증명서가 누구도 이의를 제기 못 할 만큼 선명해야 하므로 명백

---

5) 통계청 사회조사(2011)에 따르면 자녀교육비가 소득에 비하여 부담이 된다고 응답한 가구주는 78.4%이고, 40대와 50대 가구주는 10명 중 8명이 부담스럽다고 대답하였다.

히 가시적인 것, 즉 학교교육 받은 경력, 점수와 등수, 최종적으로 졸업한 학교이름이 필요했다. 그것이 모래성을 선점할 수 있는 수단이었다.[6]

역사적으로 근대화와 함께 학교졸업이 직업자격을 보장하는 학력주의 사회가 되었다. 특히 일본처럼 근대화가 늦은 사회일수록 학교이력의 직업 자격화는 국가차원에서 강력히 추진하였다(天野郁夫, 1995: 184). 일본의 이 정책은 식민지 조선에도 그대로 식민되었다. 더욱이 해방 후 일본이 물러간 자리에 학력이 지위결정의 절대적 기준이 되었다(강준만, 2009). 대학진학률이 80%에 이를 만큼 대학졸업자가 보편화되면서부터는 출신대학이 사회진출의 절대기준이 되었다. 같은 대학 출신자들은 파벌을 형성하여 서로를 끌어주고 동시에 타인을 배제하였다. 이 역사를 통해 교육은 학벌로 치환되었다. '교육'이 '학벌을 성취하기 위한 일련의 과정'으로 바뀌었다. 국가는 학벌에 따라 고위직을 기용하고 더 많은 기회와 보상을 줌으로써 학벌이 실력이라는 인식을 공고하게 만들었다.

또 가족이 교육의 책임을 떠맡게 된 배경에는 교육경쟁력 중심의 정책추진과 승자독식 사회체제 구축이 있다. 집단의 경쟁력이 협력에서 올 수 있다는 생각(알피 콘, 이영노 옮김, 2009)은 애초에 배제되었다. 현재, 학교 간, 학생 간, 교사 간 경쟁을 더 심화하는 방향으로 국가 교육정책이 실시되고 있다. 교육경쟁력의 궁극적 목적은 국가경쟁력을 높이기 위함이고, 이를 위해 단위학교, 개별교사, 개별학생들의 경쟁력을 높여야 하며, 그 책임은 단위학교와 개인에게 돌렸다. 국가가 애초 교육경쟁력이 국가경쟁력을 위한 것이라 내세웠다면, 교육도 국가차원에서 책임져야 한다. 그런데 국가경쟁력을 위해, 단위학교와 개인이 교육경쟁

---

6) 교육을 가시적 성취물로 전환하는 실체화하는 오류는 의도된 것이다. 교육자격을 직업자격으로 거래하기 위해 의도된 것이다.

을 해야 하는 실정이다. 단위학교도 따지고 보면, 학생 개인의 성취도 높이기 경쟁으로 귀결되는데, 학생 개인은 경쟁할 물적・인적 자원을 스스로 갖추지 못하기 때문에, 그 책임은 가족에게 전가된다. 국가를 위해 싸우면서, 무기는 각자 자기 집에서 동원하라는 꼴이다. 그러니 부잣집 출신은 최첨단 무기로 무장하고, 가난한 집 자녀는 맨손으로 전장으로 내몰린다.

국가는 가족에 교육책임을 떠맡기면서도 교육 전반을 여전히 통치하고 있다. 국가가 원하는 것을 얻으면서도 가장 쉽게 통제할 수 있는 방법, 그것은 길목을 통제하는 일이다. 길목으로 이어지는 광장은 '자율'이라는 명목으로 개별주체에 맡기되 결정적인 길목은 국가가 제어하는 것이다. 이른바 입구전략이다. 전 단계의 마당은 넓은데 새로운 단계로 진입하는 입구는 좁게 만든다. 입구를 통과하지 않으면 안 되는, 그 입구를 통과하면 사회적 성공이 보장되는 구조를 만들고 국가는 길목을 지키고 있다. 그럼으로써 '자율' 영역을 국민이 자발적으로 입구에 맞추도록 구조화하는 것이다. 국가는 '자율'을 허용하였기에 '자율'을 누리지 못했다면, 그건 개별 학교나 학생의 선택이자 선택에 따른 책임일 뿐이라고 도리어 국가가 비판한다.

그 입구를 관리하는 방법이 평가와 서열, 재정분배이다. 국가는 평가, 특히 대학입학시험을 통제한다. 어느 사회에서나 대학입학시험은 평가 이전 과정, 즉 중등교육의 목적, 내용, 방법을 시험이 결정해 버리는 평가의 역류현상(엘레나 저, 신동일 옮김, 2010)을 일으킨다. 학벌사회라면 더욱. 그러니 국가는 대학입학시험 관리로 전국의 학교, 교사, 학생, 학부모들을 한꺼번에 통제해왔다. 서열화 또한 좋은 관리방법이다. 서열은 구성원 모두를 하나의 서열을 가진 자로서 자기 위치를 자각하고 행위하게 만드는 분할장치이다. 서열이 생기면 각자 자기 서열에 순종하게 된다.[7] 서열은 또다시 재정분배의 잣대로 사용된다.

여기에 자본이 가세한다. 자본의 입장에서는 가족을 계속 교육소비 자로 호출한다. 2010년 한 해 사교육비 총액이 약 20조 9천억 원에 이르렀다. 자본은 신자유주의 경제체제 이래 국가가 돌보지 않는 일상생활 영역을 급격히 상품화하여 불안한 가족을 불러내는 데 성공했다(김현미, 2011: 40-43). 소비단위는 개인이 아니라, 한 가정이 소유한 경제적 능력에 따라 자녀와 부모들의 소비 정도가 가늠되기 때문이다. 자본은 가족들에게 다양한 사교육과 교육 지원품들로 유혹하고, 전투적 교육가족은 개별화된 상품을 지속적이면서도 기민하게 소비하면서 차별화를 시도한다. 국가와 자본이 결합하여 교육을 가족실천으로 만드는 이상, 이 체제에서 생존 가능한 집단은 결정된다.

학력·학벌 차별이 날로 심각해지고 있다고 사람들은 체감한다. 그럼에도 국가는 불균형을 적극적으로 조정하는 정책을 실시하지도 장기적 대안을 실행하지도 않음으로써 학벌사회를 방치하거나 방조한다. 전혀 대안제시가 없었던 것은 아니다. 공공기관에서 지역인재할당제, 졸업학교 블라인드제, 학력차별 금지법안 발의 등이 있었지만, 대체로 일회적이었다. 학력 학벌에 따른 임금격차와 사회지위차별이 심화됨에도, 국가가 방조해 왔다. 때로는 '고소영'이라는 비난에도 정부가 앞장서서 특정 학교인맥을 중심으로 고위직을 기용하고 특권을 분배하면서, 학벌사회의 진실을 확증해 주었다. 때문에 개별가족으로서는 합리적 선택으로 전투적 교육가족이 되거나 그와 유사해지려 한다.

---

7) 일찍이 서구사회의 예수회 학교들, 일본의 학교들에서도 서열을 통해 학교의 모든 것을 통제하였음을 확인할 수 있다(미셸 푸코 지음, 오생근 옮김, 2003; 天野郁夫, 1995).

Ⅳ. 전투적 교육가족은 어떤 교육논리와 경로를 개발하였는가

1. 교육논리의 개발과 사회적 압력

전투적 교육가족이 아니어도, 한국인 전체의 교육열과 학업성취가 높다는 것은 잘 알려져 있다. 높은 사교육비, 긴 공부시간, 높은 PISA 결과와 대학진학률이 그 증거이다. 한국사회 전체의 이런 공통성에도 불구하고, 전투적 교육가족에게는 차별화된 특징이 있다. 쉽사리 모방할 수 없는 그들의 영향력과 적극적인 교육경로개발에 특징이 있다.

전투적 교육가족은 새로운 교육논리를 개발하여 학교와 정부에 영향력을 발휘함으로써, 교육전쟁의 전선을 새로 만들거나 이동시켜 그들에게 유리하게 만든다. 가령, 평준화 해체 논리는 단순히 정책효율성과 교육적 타당성에 근거한 논리가 아니다. 특정집단의 교육욕구가 충족되지 않자 벌이는 계층 간 이해갈등의 표시이다. 고교평준화에 대한 "사회보수집단의 반격"은 학교 다양화, 선택권의 논리로 이어졌다(박남기, 2003). 평준화 정책은 학력을 저하하고 선택권을 억압한다고 문제제기하였다. 평준화가 학력저하를 유발하는 것은 아니라는 연구결과가 있지만(김기식, 2010), 그 결과가 중요하지는 않다. 이 논리를 수면 위로 끄집어냄으로써, 평준화 정책은 사회적 논란의 대상이 될 수밖에 없다. 세계화 정책과 신자유주의의 유입과 함께 평준화 해체 논리는 다양화와 선택권 보장이라는 점에서 설득력을 키워 왔다. 학교 다양화와 선택권 보장 정책은 결국 전투적 교육가족들이 그들만의 리그를 펼칠 수 있는 기반이 되었다. 차별화된 학교에서 자녀를 차별화된 방법으로 교육하며, 명문대학으로 가는 지름길을 만드는 기반이 되었다.

또 하나 중요한 논리는 변별력 강화이다. 교육부가 쉬운 대학수학능력시험 정책을 유지하였을 때, 주요 언론과 일부 교육학자, 일부 학부모들의 반발이 격심했다(이경숙, 2010). 유능한 학생들을 변별해 주지 못한다면, 그것은 시험으로서 기능을 상실했다는 반박이었다. 이 주장은 대학이 어려운 논술시험, 구술시험 따위의 변별력 보완재를 만들도록 작용했다. 내 아이가 더 빨리 더 많이 더 어려운 것을 학습하였음에도 그것을 평가하지 않는다면 전투적 교육가족의 교육적 차별성이 드러나지 않기 때문이다. 대학은 여기에 편승해 더 빨리 더 어렵게 학습한 내용들을 입학단계에서 평가해서 선발함으로써, '명문대학'이라는 이름을 유지하거나 획득하고자 한다.

전투적 교육가족은 학교에 직접 압박을 가한다. 결국 승패가 결정되는 전장은 학교이기 때문이다. 이 전투에서 궁극적으로 얻어야 할 것은 학교 성적(내신)과 명문대학 입학이기 때문이다. 전쟁터로서 치열함을 갖추라고, 더 많은 승리를 입증해 보이라고 전투적 교육가족은 학교에다가 압박을 가한다. 때로 외국어고등학교 사태 때처럼 자녀들을 집단 자퇴시키는 압력을 행사하기도 한다. 그래서 학교는 대학별 진학자 수를 공개하고, 교문 앞에 승리자의 이름을 드높이 게양하고, 학교교육은 수능성적의 영웅들을 중심으로 하는 체제로 전환한다.

모두를 위한 교육 논리에서, 개별화, 다양화, 선택, 변별 등이 교육의 주요논리로 등장하였다. 이 논리는 기득권 세력인 주요언론과 경쟁력을 중시하는 정부, 시장만능주의적 재계에서 동시에 제기되면서 힘을 얻게 되었다. 그러나 이 논리는 전투적 교육 가족의 교육은 풍성하게 하지만, 사회 전체로는 서열과 낙인, 치열한 경쟁과 승자독식의 고통을 남겼다.

2. 교육경로의 개발과 실행

전투적 교육가족은 공교육과 사교육, 두 영역 모두에서 차별화된 교육경로를 개발하였다. 경로의 이점은 경로의 목표와 분위기가 사람을 지배하며, 경로에 들어간 사람은 경로를 수용한다는 사실이다. 경로는 그 길에 들어서면, 계속 그 길을 따라갈 수 있는 관성이 작용하는 곳이다. 다른 통로를 통해 명문대학에 진학하기는 어렵지만, 일단 이 경로에 들어서기만 하면 분위기와 각종 물적 환경이 경로를 따르도록 만들어 준다. 지난 20여 년 전투적 교육가족이 개발한 교육경로는 이제 학부모 모두가 희망하는 바이지만, 결코 누구도 선뜻 모방할 수 없는 경지의 것이다. 전투적 교육가족의 성공사례를 언론들은 유포한다. 그리고 그 영향력은 일반 가족에도 미쳐, 가능하면 그들이 개발한 경로를 모방하려 안간힘을 쓴다. 영향력 면에서 전투적 교육가족의 교육경로가 한국인의 비공식적 교육과정이 되었다고 할 만하다.

가. 글로벌 인재

전투적 교육가족이 희망하는 자녀는 '글로벌 인재(김현미, 2011)'이다. 영어실력을 갖추고, 세계에서 유명세를 얻거나 세계를 배경으로 활동할 능력을 갖추는 것이 중요 목표이다. 그렇기 때문에, 어릴 때부터 글로벌한 인재로 자녀를 키우기 위해, 영어유치원, 영어 과외, 영어연수 및 해외유학, 다양한 해외체험을 강조한다. 글로벌 인재 만들기 프로젝트가 학교교육으로 가능하다고 생각하는 부모는 아무도 없다. 이 프로젝트는 철저히 사교육과 학부모의 지원에 의해 완성 가능한 프로그램이다. 게다가 능숙한 영어 사용과 해외문화체험은 외국어고등학교 진학이나 대학 진학에도 유리한 요소가 된다는 실용적 전략까지도 포함되어 있다.

이 욕구가 조기유학과 기러기가족을 만들었다. 글로벌 인재로 키우기 위해서는 가족의 초국가적 이산을 감내해야 한다. 2010년도에 30세 이상 학부모들의 58.9%가 자녀의 해외유학을 희망할 만큼 전반적으로 해외유학 욕구가 높지만, 가계소득이 높을수록 자녀 해외유학 욕구는 더 높다. 월 600만 원 이상인 가정의 73.6% 학부모가 자녀유학을 희망하였다. 지역적으로는 강남지역 조기유학률은 다른 지역에 비해 매우 높아서, 조기유학생 수가 금천구의 15배에 달할 정도이다(MBN 방송, 2009.04.22; 『서울신문』, 2009.10.5.).

나. 학교교육과 사교육의 경로, 그리고 우회로 개발

전투적 교육가족은 초등학교부터 대학교까지 체계적으로 학교교육 경로를 개발하였다. 사립초등학교 또는 대학부속초등학교 – 외국어고, 과학고, 자율형사립고, 이른바 명문고 – 명문대학이 그 경로이다. 이 경로를 따라 학생들은 진학하고 졸업한다. 이 경로는 한국사회 엘리트 코스이며, 사회진출에 유리한 인맥을 다질 기회이다.

사교육 또한 경로가 구축되어 있다. 그러나 사교육은 학교교육보다 훨씬 기민하게 움직인다. 새로운 입학정책에 따라, 사교육규제정책에 따라, 사교육 경로는 변화한다. 그러나 대체적인 사교육의 경로는 결정되어 있다. 초등학교 무렵에는 영어회화와 예체능 사교육을 시작하며, 영재교육도 이때 시작한다. 중학교 때는 주로 외국어고, 과학고를 목표로 사교육을 한다. 고등학교에서는 대학수학능력시험에 필요한 족집게식 과외를 시킨다. 그리고 최근에는 입학사정관제에 대비하여, 학생 개인의 스펙을 관리하기 위한 자격증과 다양한 활동이력도 꾸준히 관리한다. 이 모든 과정은 사교육에 절대적으로 의존한다.[8] 특히 경제력 있는 가구의 사교육 참여율은 89.1%로 매우 높고, 사교육비도 높다.

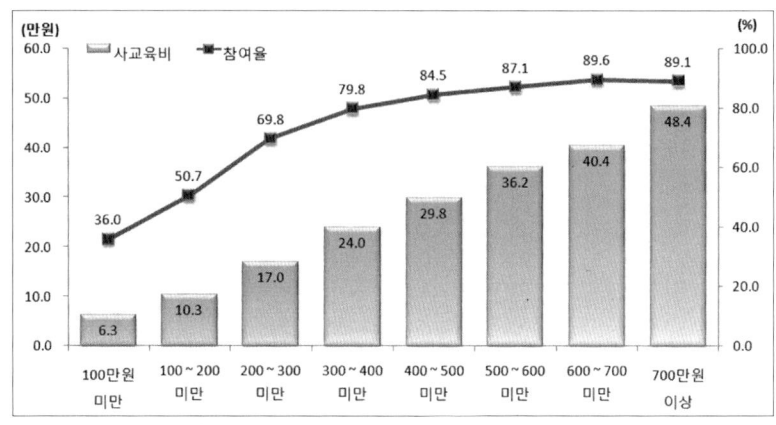

자료: 통계청 발표, 2010년 사교육비 조사결과.

〈그림 2〉 2010년 가구소득수준별 사교육비 및 참여율

　　교육학자들이 사교육은 학업성취에 효과가 없다고 밝혀도 사람들은 믿지 않는다. 전투적 교육가족이 쌓아 올린 체험사례들이 논문집의 연구들을 손쉽게 제압한다. 전투적 교육가족들의 성공사례는 학부모들에게 쓸모 있는 정보로 거래되고 모방하게 만드는 실질적인 힘을 가지고 있다. 물론 실패자가 많지만 누구도 실패에는 주목하지 않는다. 실패에서 배울 만큼 한가롭지 않다. 성공사례가 갈 길을 적시해 준다. 전투적 교육가족의 사교육 순례기는 시시때때로 기민하고 유연하게 형태를 변형하며 사교육 불패신화를 쓴다. 사교육에 대한 견해가 다르다 해도, 전투적 교육가족이 구축해 놓은 사교육신화를 넘어서기란 사실상 어렵다. 결과적으로 더 나은 성적과 학교를 희망한다면 사교육 시작 시기가 언제냐, 얼마만큼 사교육을 하느냐 따위의 차이는 있을지언정 결국 사

---

8) '사교육 걱정 없는 세상'은 민주당 김춘진 국회의원실과 함께 지난달 15일부터 이달 10일까지 18개 자율고, 5개 자사고, 19개 과학고・영재고, 35개 외고・국제고, 96개 일반고의 1학년생 1만 1천774명을 설문 조사해 분석한 결과를 21일 내놨다. 이 결과를 보면 고교 입학을 위해 사교육을 받았다는 학생은 과학・영재고 94.3%, 일반고 87.2%, 외고 82.8%, 자율고(비평준) 81.6%, 자사고 78.3%, 자율고(평준) 77.8%, 국제고 73.2%였다(『연합뉴스』, 2010.4.21., "고입 사교육비 과고〉외고〉자사고〉자율고").

교육시장에 의탁하기 마련이다(『한겨레신문』, 2011.5.4.; 2011.5.27.).

무엇보다 전투적 교육가족의 결정적 차이는 우회로 확보능력이다. 그들이 개발한 대로 아이가 교육경로를 따라가면 좋지만, 경로를 이탈할 경우 우회로를 만든다. 대안학교, 국제학교, 해외유학, 치밀한 입시 전략을 통한 대학 진학 등 여러 길을 모색하고 아이에게 제공한다. 그럼으로써 다소 시간차나 노력차가 있어도 마침내 사회적 성공의 길에 안착하도록 만든다. 이 우회로 개발은 여간해서 보통사람들이 모방하기 어려운 일이다.

V. 전투적 교육가족은 어떻게 삶을 전략화하는가?

> 그는 밀실에만은 한 떨기 백합을 마련하기를 원합니다. 그의 마지막 숨을 쉴 구멍이기 때문이지요. 저희들에겐 좋은 아버지였어요. 국고금을 덜컥한 정치인을 아버지로 가진 인텔리 따님의 말이 풍기는 수수께끼는 여기 있는 겁니다. 오, 좋은 아버지. 인민의 나쁜 심부름꾼. 개인만 있고 국민은 없습니다. 밀실만 푸짐하고 광장은 죽었습니다. 각기의 밀실은 신분에 맞춰서 그런대로 푸짐합니다. 개미처럼 물어다 가꾸니깐요.
>
> -최인훈, 『광장』-

인간은 자신을 돌아보고 쉴 수 있는 공간이자 긴밀한 정서를 나누는 밀실을 필요로 한다. 또한 사회적 소통을 할 수 있는 광장도 필요하다. 그래서 최인훈은 사람이 밀실이 없어도 살 수 없지만, 광장이 없어도 살 수 없다고 하지 않았는가. 그런데 이미 1960년대에 최인훈은 광장은 헐벗고 밀실은 푸짐해지고 있다고 탄식하였다. 지금 교육광장과 교육의 밀실이 그렇다.

전투적 교육가족은 학벌전쟁에서 승리하기 위해 그들의 밀실에다 모든 것을 축적했다. 전투적 교육가족의 부모들은 당대의 보통사람들보다 학력이 높다. 그래서 학벌전쟁에 유리한 길을 미리 알거나, 쉽게 정보에 접근한다. 규칙을 변경할 수 있는 사회적 힘도 갖추고 있다. 그리고 자본과 결합하여 다른 가족들이 접근 불가능한 학벌전쟁의 토대를 갖춘다. 이 토대 위에서 전투 승리를 위한 전략이 구사된다.[9]

그들은 승리를 예약할 수 있는 전략을 실천한다. 적극적으로 시간과 공간을 관리한다. 어떻게 시간을 배분하여 사용하며, 어떤 공간 전략을 펼치는 것이 유리한가를 선경험자에게서, 자기 삶의 경험에서, 사교육 시장에서 습득한다. 그리고 학벌성취에 가장 적합한 형태로 가족 구성원들이 역할 분담한다. 미세하게 시간을 조직하며, 공간을 넘나들고, 가족 사이에 협력을 도모한다.

이 전략의 기획과 실천을 보통 가족들이 그대로 실천할 수 없다. 보통 가족들은 자녀교육을 위해 시간과 공간을 자유자재로 사용하고 처분할 수 있는 사회경제 문화적 능력이 없다. 전투적 교육가족의 전략을 부분적으로 모방할 수는 있어도, 한두 가지 선택적 모방으로는 결코 차이가 극복되지 못한다.

---

9) 이 전략은 부르디외의 표현을 빌자면, 개인들이 상징자본을 획득하기 위해 몰두하는 방식, 즉 사회적 전략이다. "사회적 전략은 자신의 신념을 실현하기 위해 채택하는 의식적이고 '합리적' 선택이면서, 다만 행위자들이 실제로 행하는 것이 그들이 알고 있는 것보다 더 많은 의미를 가지고 있다(팔머 편저, 조현철·박혜숙 공역, 2009: 447-456)." 실제로 전투적 교육행위가 나 혼자 이기는 데 그치는 게 아니라, 공교육과 사교육을 움직이며, 나아가서는 교육에서 다수의 배제를 더욱 부추기는 행위에 이른다.

1. 시간전략: '남들보다 더 빨리'

먼저 시간전략이다. 전투적 교육가족은 '남들보다 더 빨리'라는 시간
전략을 구사한다. '조기학습', '선행학습'의 유행도 이 때문이다. '남들
보다 더 빨리', 이를 위해서는 시간에 기민하게 대응할 수 있는 대응력
을 갖추어야 한다. 모든 자본을 동원하여 최대한 짧은 시간에 여러 사
교육을 받아 결과만 전취한다. 과정을 밟아 학습한다는 생각은 어리석
다. 최대한 빠른 시간 안에 결과만 얻으면 된다. 주입식 교육, 요점정리
식 학습도 전통적 학습법의 선호가 아니라, 결과를 전취할 수 있는 대
응에서 나온 것이다. 그리고 부모들은 일상에서 자녀의 시간을 줄여
주기 위해, 식사시간까지도 조정한다. 시간 관리도 철저하게 계획을 세
워 치밀하게 해 준다. 그들에게 시간은 욕망하는 미래를 위해 얼마든지
조정할 수 있는 기획물이다. 실제로 2011년 대구 A중학교 3학년 411명
을 대상으로 한 설문조사결과에 따르면, 소득이 높을수록 선행학습을
하는 정도가 훨씬 빨랐다.

'남들보다 더 빨리' 학습하기 위해서는, 오늘을 살아서 내일에 이르
는 일상적 삶의 방식을 포기해야 한다. 욕망하는 내일을 오늘에 당겨
놓고, 오늘을 욕망하는 내일에 맞추어서 살아야 한다. 현재의 모든 시
간을 미래의 승리에 복속시키는 전략을 사용하는 것이다. 여기에서 현
재라는 시간은 미래의 불확실성을 제거하는 방법으로서 통제 가능한
시간일 뿐이다. 모든 현재는 미래에 특정 학벌을 성취하기 위해 존재할
뿐이다.

<표 1> 대구 A중학교 3학년, 사교육 - 선행학습 - 성적에 관한 설문조사

월 가계소득	사교육비		선행 정도		성적	
1,000만 원 이상: 65명	월 70만 원 이상	50.8%	1년 이상	29.2%	상	32.3%
	50~70만 원 미만	16.9%	1학기~1년 미만	26.2%	중상	29.2%
	30~50만 원 미만	16.9%	1학기 정도	15.4%	중	18.5%
	10~30만 원 미만	6.2%	3달 이하	24.6%	중하	15.4%
	10만 원 미만	6.2%	기타	4.6%	하	4.6%
	기타	3.1%	합계	100%	합계	100%
	합계	100.%				
300만 원 미만: 51명	월 70만 원 이상	13.7%	1년 이상	13.7%	상	2.0%
	50~70만 원 미만	7.8%	1학기~1년 미만	13.7%	중상	17.6%
	30~50만 원 미만	25.5%	1학기 정도	13.7%	중	17.6%
300만 원 미만: 51명	10~30만 원 미만	33.3%	3달 이하	45.1%	중하	41.2%
	10만 원 미만	17.6%	기타	13.7%	하	21.6%
	기타	2.0%	합계	100%	합계	100%
	합계	100%				

자료: MBC 다큐멘터리 〈교육을 말한다〉 제작팀. 2012.1. 방영.

그런데 '남들보다 더 빨리'의 진짜 문제는 끊임없이 '남들보다 더 빨리'를 불러내는 악순환에 있다. 총량이 정해져 있는 사물의 경우, 선점하면 다른 이들보다 우위에 서게 된다. 그런데 비록 점수, 등수, 더 좋은 학벌로 물질화된 학업성취라 해도, 그것이 학습을 거쳐서 얻는 것인 이상은 학습의 기본 속성이 선점되지 않는다는 데 문제가 있다. 즉, 학습은 제로섬게임이 아니다. 내가 더 빨리 학습해 버렸다고 해서, 가령 선행학습 해 버렸다고 해서, 타인들이 그 학습결과를 갖지 못하게 할 수는 없다. 타인들도 학교교육보다 더 일찍 선행학습을 할 수 있다. 그러므로 '남들보다 더 빨리' 학습하는 것은 '남들보다 더 빨리'의 대열에 같이 뛰어든 타인들에 비교해 더 우위에 서는 방법이 아니다. '남들보다 더 빨리' 전략에서 유일한 차별화 방법은 결국 빨리하는 남들보다 더욱더 빨리하는 것이다.

그래서 '더 빨리, 더 빨리'를 강요하게 되고, '더 빨리' 학습해서 '더 많이' 축적한다. '남들보다 더 빨리'는 '남들보다 더 많이'와 동반하는 현상이다. 최근 '남들보다 더 많이'는 입시에 유리한 다양한 스펙 갖추기 전략으로서 유용성이 더 높아지고 있다. 남들보다 일찍 시작함으로써, 남들보다 더 많이 갖출 수 있게 된다.[10]

2. 공간전략: 중앙으로 전진배치

공간적으로는 학벌전쟁에 유리한 중앙으로 전진 배치하는 전략, 또는 중앙에 진지를 구축하는 전략(이경숙 외, 2010)을 사용한다. 거주이전의 자유가 있다고 하나, 실제 이주의 자유를 가로막는 무수한 장애가 존재한다. 더 나은 공간이라고 인식되는 곳, 즉 중앙으로 이주하는 데 막대한 비용이 들고, 어쩌다가 사회적 빈자의 거주지가 도심 공간의 확대로 중심지에 속하게 되면 재개발 명목으로 그들의 공간은 흔히 약탈된다. 자본과 권력에 의해 거주지는 분할된다. 전투적 교육가족은 경제적 능력도 있고, 거주지 이전을 중요한 경제투자 행위로 인식하기 때문에 설령 막대한 비용이 들어도 입시전쟁에 유리한 중앙지역으로 전진배치하거나 중앙에 진지를 구축하는 경향이 있다.

학벌전쟁을 위한 공간은 위계화되어 있다. 거주지에 따른 학업성취도 격차는 이미 여러 연구에서 알려진 대로이다. 공간의 위계에서 가장 정점에는 미국, 그다음으로 미국 이외의 선진국 또는 영어사용권 국가, 그

---

10) 존 듀이(2007: 111-113)는 이처럼 '남들보다 더 빨리'하는 교육을 '준비로서 교육'이라고 비판한다. 듀이가 보면, 오늘날 대한민국 교육은 준비설에 완전히 점령당했다고 비판할 것이다. 듀이는 미래에 무엇이 되어야 한다는 기대치로 아이의 현재를 위협하지 말고, 현재의 관심사와 경험을 통해 미래에 이르도록 해 주라고 요청한다. 그러나 듀이의 염려와는 반대로, '준비로서 교육'은 전투적 교육가족에게만 아니라, 현재 학부모들에게 가장 강력한 교육론이다.

아래는 서울 강남, 대도시, 지방중소도시, 농어촌 지역이 서열화되어 있다. 땅값에서도, 문화공간 보유 정도에서도, 재정자립도에서도, 무엇보다도 대학입학결과에서도 서열화되어 있다. 서열화된 공간이 있기에, '기러기가족', '교육특구로 이사', '위장전입', '중앙 사수행위' 등이 발생한다. 이 중 기러기가족은 자녀교육을 위한 가족의 초국가적 이산현상이며, '중앙 사수행위'는 학벌성취에 좋은 중앙을 가족의 근거지로 삼고, 가족 이산이 결정되는 현상이다.[11]

전투적 교육가족은 공간이동이 자유롭다고 생각한다. 그들에게 사는 공간은 더 나은 삶을 위한 조건일 뿐이다. 그래서 지역경계, 때로는 국가 경계까지도 횡단하며 학벌을 성취한다. 그런 이들에게 대학은 '글로벌리더'라는 가산점까지 준다. 그리고 현재 최고 중앙에 살지 못해도 기회가 되면 최대한 중앙으로 가서 교육소비를 한다. 대구에 살지만, 기꺼이 해외어학연수를 다녀오고, 방학 때면 서울에 가서 사교육을 받는다. 자녀교육을 위해서는 공간을 횡단할 용의와 경제력을 갖추고 있다.

공간의 독자성을 유지하는 것도 중요하다. 거주하는 공간에 유사한 계급의 가족들이 모여야 하지, 이질적인 가족들이 끼어들면 곤란하다. 그래서 빗장을 치게 된다. 첫 번째 빗장은 높은 경제적 비용이다. 비용을 지불할 능력이 없다면 접근이 차단된다. 두 번째 빗장은 전투적 교육가족이 만들어 내는 문화로의 동화이다. 전투적 교육가족은 교육특구에서 그들의 문화를 만들고 학벌에 대한 투지를 세우며 인맥을 형성한다.

'자유로이 공간을 옮길 수 있다'는 생각, '그곳에 가면 공부하는 게 달라진다'는 생각은 중앙을 향한 탈출현상을 낳았다. 손준종(2008)은

---

11) 이런 현상을 가장 흔하게 볼 수 있는 직업군 중 하나가 대학교수이다. 집은 서울에 있고, 가족 중 대학교수만 지역에 근무하다가 목요일 즈음 되면 다 서울로 간다. 목요일 오후부터 월요일 오전까지 텅 비어 버리는 학교 공동화 현상을 막고자 일부 지역 대학들은 교수들에게 거주지 이전을 요구하고 단속하기도 한다.

역사적으로 '탈농촌', '탈지역', '탈한국' 현상으로 이어져 왔다고 말한다. 이 같은 탈출현상은 동시에 잔류현상을 낳게 된다. 떠나는 자가 있으면 자연적 남는 자가 생기게 된다. 탈출자가 더 많을 수도 있지만, 탈출자가 더 적어도 그 효과는 두드러진다. 탈출자들의 적극적 움직임이 포착되고, 그 움직임은 사회의 변화를 보여 준다. 그러면 남는 자들은 사실 가만히 있었을 뿐인데, 떠나는 자들로 인해 남은/남겨진 자가 되고, 떠나는 자들이 중앙을 향하는 만큼, 그들이 남은 공간은 지속적으로 변두리가 되어 간다. 지역 대학들이 20여 년 새 익명의 '지방대학'으로만 거론되는 것도 모자라서, '지잡대'라는 공격적이고 모욕적인 이름으로 불리는 것도 이런 현상이다.

3. 역할전략: '경제 - 관리 - 교육'의 역할 분담

세 번째 전략은 가족구성원들의 역할전략이다. 가족구성원들은 각각 '교육(공부기계 子) - 관리(지원체제구축자 母) - 경제(경제담당자 父)'로 나눠 역할을 담당한다. 어머니는 가족 전체 생활을 조정하고 관리하는 역할을 맡는다. 입시정보 수집과 관리, 사교육 프로그램 입안, 문화 프로그램 지원, 건강 지원 등 모든 부문을 책임진다. 대개 아버지는 모든 비용을 담당한다. 그리고 자녀는 오로지 더 좋은 점수, 등수, 스펙, 학벌 올리기에만 몰입한다. 대신 공부 이외의 자유는 저당 잡혀야 하고, 간혹의 자유는 이후 공부에 유리하기 때문에 허용되거나 공부에 대한 보상으로 성립할 뿐이다. 모든 자유는 공부로 수렴된다.

공동의 목표를 위해 가족구성원은 현실욕망은 유예하고, 전투적으로 산다. 이 중 어느 한 축이라도 어긋나면 승리가 어렵다. 결국 성적을 내야 하는 주체는 자녀이기 때문에 자녀의 의지와 노력이 결여되면 절대 성공할 수 없다. 학벌의 중요성을 어린 시절부터 각인한 자녀들은 스스로 학벌경쟁에 적극적 자세를 취한다. 부모의 지원도 매우 결정적인 조건이다. 어릴 때부터 체계화된 지원체계를 통해 아이들을 조형한다. 지원 없이 승리는 어렵다. 자녀는 설계된 삶을 따라 살면 된다. 전투적 교육가족의 지원은 충분히 풍족해서 다양한 문화활동을 겸비하고 있다. 이 문화활동을 잘 기록해 놓으면 이 역시 입학자원으로 효용성이 높다. 그러다가 결정적인 순간이 오면 오직 공부만 하면 된다. 그 전에 영양보충을 잘해 놨으니, 닭장 속의 닭처럼 알만 낳으면 된다. 그래야 효과가 최고가 된다.

이 체제는 핵가족화된 근대가족 체제의 한 형태이다(조형근, 1998: 47). 아버지가 경제, 어머니가 양육과 가사노동을 담당하고, 아이는 부모에게 의존하는 대신 부모에게 일정한 구속을 당한다. 전투적 교육가족은 근대가족 체제에 속하되, 체제 속에서 교육을 핵심 내용으로 역할분담이 이뤄지는 것이다. 이런 체제는 가족구성원끼리 단단한 공조를 형성하며, 더 높은 정서적 교감을 형성하게 된다. 자녀로서는 자신에게 집중한 부모의 희생이 안타깝고, 부모로서는 오직 공부에만 집중할 수밖에 없는 자녀가 애처롭게 여겨진다. 자녀는 부모를 위해서, 부모는 자녀를 위해서 이 모든 일은 이루어진다. 가족은 학벌사회에서 학벌을 쟁취하기 위해 싸우는 전사이자 동시에 학벌사회로 인해 일상을 저당 잡힌 희생자로 서로 공고한 관계를 유지한다.

그러나 사실 이 체제 이면에는 부모와 자식 사이의 거래관계가 들어 있다. 전투적 교육지원 행위를 통해 부모는 자녀를 투자대상으로 만든다. 투자대비 결과가 좋지 못하면, 자녀는 부모의 희생과 계획을 '배반'한 것이다. 이로 인한 부모와 자녀의 갈등이 심각해진다. 자녀로서도 부모의 행동이 심각한 구속이 될 수 있다. 조형근(1998: 51)이 가족을

'냉혹한 세상의 피난처가 됨과 동시에 기대의 감옥'되었다고 하였듯이, 부모의 과도한 기대가 자녀들의 삶을 억압하게 된다.

우리 사회는 아직 가족에 흡수된 개인이 있지, 개인이 가족을 구성하는 것이 아니다. 학벌을 위해 각자 제 역할을 떠맡아 남들보다 더 빨리 시간을 살고 적극적으로 삶의 공간을 옮기는 전투 전략, 이는 한국사회에서 살 만한 계층이 취할 수 있는 '합리적' 가족주의 전략이겠지만, 이 전략은 사회의 다수를 패배자로 만들고, 학교교육을 위협하는 구조가 되었다.

Ⅵ. 교육평화를 소망하며

존 듀이는 민주주의라는 가치에서 보건대, 교육여건이 좋은 가정이란 다음과 같다고 하였다.

> 첫째로, 모든 가족이 물질적·지적·심리적 관심에 참여하고 있고 가족 한 사람의 진보는 다른 가족에게도 가치 있는 경험을 주며, 둘째로 가정은 고립되어 있는 전체가 아니라, 기업체, 학교, 모든 문화기관이나 그 밖의 유사한 집단들과 긴밀한 관련을 맺고 있고, 정치적 조직에서 응분의 역할을 하면서 그것으로부터 지원을 받는 것, 요컨대, 많은 수의 관심이 의식적으로 공유되고 전달되며, 다른 공동생활과 다양하고 자유로운 상호 교섭을 벌이고 있는 것(존 듀이 지음, 이홍우 옮김, 2007).

다양한 관심사가 공유되며, 다른 집단과 상호 교류하는 가정. 이 가정과 비교해 봤을 때, 전투적 교육가족들에게 다양한 관심사란 차별화를 위한 액세서리, 또는 학벌전쟁에 유리한 고지를 차지하기 위한 스펙용에 불과하다. 가족들을 지배하는 관심사는 자녀의 학벌, 성적에 집중된다.

"얼마나 다양하고 많은 관심사가 공유되는가"라고 하면, 현재 가족은 학벌전쟁이라는 비상상황에서 모든 관심사가 유예되거나 억압될 수밖에 없다. 그리고 "얼마나 다른 집단과 상호 교섭하는가"라고 물을 양이면, 때로 전투를 위한 연합전선은 있을지언정 진정한 상호 교섭이란 없다. 기본적으로 동년배의 전투적 교육가족들은 적들에 불과하다. 각자 비법을 숨기고 남들보다 더 빨리 더 많이 성취하는 것이 우선한다.

전투적 교육가족은 행복한가. 그들의 삶은 학벌의 식민지가 되어 버렸다. 가족구성에서 일정 정도의 학벌을 중요지표로 삼고, 그 학벌을 성취하지 못했을 때는 가족으로서 인정받지 못하는 고통을 받게 된다. 그리고 삶의 주체로서 개인이 존재하지 못한다. 자녀는 공부 기계로 일상을 유예해야 하고, 가치문제를 고민할 겨를이 없다. 한 인간으로서 성장경험을 박탈당하고 학벌사회에 알맞게 조형된 삶을 살아간다. 그리고 가치문제를 고민하지 않았던 그들이 사회의 전문가나 고위직이 되면, 사회정의 문제에 무감각하게 되기 쉽다. 그들의 삶을 공유할 수 있는 자들끼리 패거리 짓고, 그들의 사회적 성공으로 그들의 부정부패, 비리를 덮어 버린다. 부모들 역시 고통이 따른다. 무엇보다 경제적 비용이 너무나 크다. 그리고 일상을 온전히 자녀에게 쏟아붓는 삶 역시 부모의 삶을 구속한다.

학벌전쟁, 이 전쟁의 가장 큰 피해자는 전투를 진두지휘하는 이들이 아니다. 교육영역의 약자이다. 약자들은 교육전쟁으로 인해 교육을 상실하는 치명적 희생을 치르고 있다. 약자들은 학교에서 학습을 통한 성장 경험을 꿈꿀 수 없다. 성장은커녕 줄곧 낙인만 찍히고, 학교에서 일상적 차별을 당하며(『한겨레신문』, 2011.5.6.),[12] 값싼 노동은 낮은

---

12) 고등학교들이 학생들의 등수에 따라, 제공하는 기숙사, 도서관, 학급선택을 차별적으로 행하고 있는 실태를 고발하는 기사이다. 이런 일들은 비일비재하다. 심지어는 성적순에 따라 급식 받는 순서도 다른 학교가 있을 만큼, 성적에 따라 아이들을 차별하는 일은 매우 일상적이다.

공부실력 때문이라는 정당화를 내면화하도록 배운다. 교육을 통해 자아정체감 이전에 자기부정과 모멸을 습득한다.

완전한 약자가 아니어도, 교육전쟁은 자녀를 둔 다른 모든 가족을 전쟁터로 휩쓸고 들어가 버린다. 전투적 교육가족의 전쟁이 치열한 만큼, 그 여파는 다른 학부모들의 불안을 끝없이 재생산한다. 그 불안에 부모들은 최선을 다해 이 전투의 끝자락에 참가한다.

그러나 시간이 지날수록 얻을 것이 많지 않다. 그럼에도 '개천의 용'을 말한다. 이 중에는 애초 개천의 용 따위는 없다고 생각하는 부류가 있다. 그들은 '개천의 용'을 개인의 불성실과 무능력을 나무라는 수사로 사용할 뿐이다. 간혹 '개천의 용'이 날 기회가 막혔다는 걸 진심으로 안타까워하는 전문가들도 있다. 이들은 엘리트주의를 버려서가 아니라, 현재 양극화 사회의 위기관리시스템을 걱정하는 이들이다.

전투적 교육가족 문제는 교육을 통한 소수 승리자와 다수 패배자를 양산하는 체제이며, 배제를 통한 소수 승리자의 이야기이다. 그러나 전투적 교육가족을 특정 가족들의 이기주의라고 치부하고 말 일이 아니다. 결국 교육전쟁으로 한국사회가 잃는 것은 학교교육이며, 자라나는 세대들의 학습력이며, 서로에 대한 공감과 연대이다. 치열한 교육전쟁은 사회 전체를 헐벗게 만든다.

개인을 지원하는 다양한 사회제도가 존재해야 한다. 한 번 실패하고 방황해도 새로운 삶의 기회가 주어져야 한다. 대한민국에서 '학점세탁', '학벌세탁'하느라 들이는 사회경제 문화적 비용은 말할 것도 없고, 죽을힘을 다해 인간 삶을 정답 외우는 데 갖다 바치는 짓은 사회적 고통이고 낭비이다. 이것은 한 번의 대학입학이 인생을 결정하기 때문이다. 언제 어디서든 열심히 인생을 산다면, 또 다른 기회가 열리는 체계가 필요하다. 그런 개인들을 지원해 줄 수 있는 체계가 필요하다.

그리고 국가가 학벌차별을 폐지해야 한다. 국가가 학벌을 이용하여 손쉽게 국가를 경영해 온 적이 많다. 대통령이 대학동문들을 불러 국가경영을 하니, 학벌사회가 해체될 수 없었다. 서로의 학연을 고리로 오히려 부정부패와 특권이 번성해 왔다. 때문에 국가가 이제부터라도 속죄하듯 학벌로 인한 차별을 최소화하는 법적 제도를 만들어야 한다. 또한 양극화된 사회체계를 바꾸어야 한다. 국가의 불안한 복지체계 속에서 다들 할 수 있는 최선의 행위로 교육전쟁에 가담한다는 점을 염두에 둔다면, 국가는 양극화된 사회체제를 개선하는 노동정책과 복지정책을 실현해야 한다.

참고문헌

강준만(2009). 『입시전쟁 잔혹사』, 서울: 인물과 사상사.

_____. 『어머니 수난사』, 서울: 인물과 사상사.

김기식(2010). 「자유와 평등: 고교평준화 다음에 무엇을」, 『한국교육, 어디로 가
    야 하나』, 서울: 푸른역사.

김동춘(2001). 『독립된 지성은 존재하는가』, 서울: 삼인.

김동훈(2002). 『서울대가 없어야 나라가 산다』, 서울: 더북.

김민남·손종현(1997). 「교사의 인식체계와 사회적 고통」, 『중등교육연구』 39,
    pp.1-41.

_____(2006). 『한국교육론』, 대구: 경북대학교출판부.

김부태(1995). 『한국학력사회론』, 서울: 내일을 여는 책.

김상봉(2004). 『학벌사회』, 서울: 한길사.

김종영(2008). 「글로벌 문화자본의 추구: 미국 유학 동기에 대한 심층 면접 분석」,
    『한국사회학』 42(6), pp.68-105.

김종혁·이상원(2010). 「교육특구의 특성과 자식교육을 위한 삶의 형태」, 『중등교
    육연구』 58(1), pp.39-70.

김태홍(2011). 「우리나라 차별실태와 과제」, 『국격 제고를 위한 차별 없는 사회
    기반 구축』 세미나, 한국여성정책연구원, pp.1-38.

김현미(2011). 「중산층의 욕망과 커지는 불안들」, 『창작과 비평』 153, pp.38-54.

남궁지영·우명숙(2010). 『한국교육개발원 교육여론조사』, 한국교육개발원 연구
    보고서.

미셸 푸코 지음, 오생근 옮김(2003). 『감시와 처벌』, 경기도: 나남.

박남기(2003). 『교육전쟁론』, 장미출판사.

박병영·김미숙·김수연(2008). 『고교-대학 연계를 위한 대입전형연구(Ⅴ)-편입
    학 원인과 이동구조 분석-』, 한국교육개발원 연구보고서.

손종현(2003). '학벌과 연고주의 문화: 광주전남지방의 경우'에 대한 토론, 『교육

문화연구회 심포지움 자료집』, pp.81-100.

손준종(2008). 「교육적 공간 전략으로서 '탈'한국: 특징과 영향」, 『한국교육학연구』 14(2), pp.107-130.

안정옥(2009). 「사회적 역능성 지표와 사회의 질」, 『사회와 역사』 81, pp.196-211.

알피 콘 지음, 이영노 옮김(2009). 『경쟁에 반대한다』, 경기도: 산눈.

오욱환(2008). 「교육격차의 원인에 대한 직시: 학교를 넘어서 가족과 사회로」, 『교육사회학연구』 18(3), pp.111-133.

오호영·김승보·정재호(2006). 『대학서열화와 기업』, 한국직업능력개발원 경제·인문사회연구회 협동연구총서.

윤양배 외(2008). 『능력과 학벌에 대한 일반 국민과 기업 인사담당자의 인식 경향』, 한국직업능력개발원 연구보고서.

이경숙 외(2010). 「자녀교육과 구속적 가족의 삶」, 『교원교육연구』 27(4), pp.267-292.

_____. 「교육과 이주에 대한 학부모의 인식: 대구경북 학부모 면담 분석」, 『한국교육』 37(2), pp.5-30.

이경숙(2010). 「시험모순, 변별력 담론」, 『최초의 교육개혁』, 대구: 경북대학교출판부.

이동원(1996). 『대학입시와 한국가족: 입시전쟁에 휘청거리는 가족』, 서울: 다산.

이두휴 외(2007). 『학부모 문화 연구: 자녀교육지원활동을 중심으로』, 한국교육개발원 연구보고서.

이득재(2009). 『가족주의는 야만이다』, 서울: 소나무.

이정규·홍영란(2002). 『한국사회에서의 학력의 가치 변화 연구』, 한국교육개발원 연구보고서.

이정표(2001). 「국민의 학력관에 나타나는 학력의 사회적 함의에 관한 연구」, 『교육사회학연구』 11(1), pp.55-75.

이필남 외(2010). 『국립대학 법인화 정책 연구』, 한국교육개발원 연구보고서.

이혜영·류방란·윤여각(2002). 『중등학교 교사의 생활과 문화』, 한국교육개발원 연구보고서.

이황직(2002). 「한국사회의 가족주의: 개념설정 및 개념사 연구」, 『사회이론』 22, pp.331-360.

정영섭·이공훈(2006). 『교육, 시장과 정부에서 길을 찾다』, 서울: 건국대학교 출판부.

정진상(2004). 『국립대 통합네트워크』, 서울: 책세상.

정태화 외(2003). 『학벌주의 극복을 위한 종합 대책 연구』, 교육인적자원부 연구보고서.

조형근(1998). 「근대의 가족 - '냉혹한 세상의 피난처'인가, '기대의 감옥'인가?」, 『오늘의 문예비평』 29, pp.39-56.

존 듀이 지음, 이홍우 옮김(2007). 『민주주의와 교육』, 서울: 교육과학사.

최돈민 외(2001). 『학부모 학력주의 교육관 타파 방안 연구』, 교육인적자원부 연구
　　　　보고서.

최상근 외(2009). 『고등학생의 학업생활과 문화 연구』, 한국교육개발원 연구보고서.

최인훈(2007). 『광장, 광장/구운몽』, 서울: 문학과 지성사.

팔머 편저, 조현철·박혜숙 공역(2009). 「피에르 부르디외」, 『50인의 현대 교육
　　　　사상가』, 서울: 학지사, pp.447-456.

프레이리 지음, 사람대사람 옮김(2007). 『자유의 교육학』, 서울: 아침이슬.

　　　　　　　, 교육문화연구회 옮김(2000). 『프레이리 교사론』, 서울: 아침이슬.

피에르 부르디외 저, 김용권 옮김(2005). 『실천이성』, 서울: 동문선.

필립 아리에스 엮음, 전수연 역(2002). 『사생활의 역사 4』, 서울: 새물결.

한준상(2002). 「대입제도와 학벌문화」, 『사학』 봄호(99), pp.26-33.

홍영란·이남철·신범석(2002). 『기업의 직원 채용 및 승진 등에 학벌이 미치는
　　　　영향 연구』, 한국교육개발원 연구보고서.

엘러나 저, 신동일 옮김(2010). 『시험의 권력』, 서울: 아카데미프레스.

http://www.news.naver.com.

교육과학기술부. 2011년 업무보고, 교육과학기술부 업무보고

전국교직원노동조합 참교육연구소(2006). 입시교육의 실태 및 입시 제도에 대한
　　　　고등학생 의식 조사보고서, http://www.antihakbul.org.

『매일경제』. 2008.12.23, "능력주의의 함정", http://news.mk.co.kr.

『서울경제』. 2011.5.20, "경제부처 1급 이상 78%가 SKY."

『서울신문』. 2009.10.5, "강남구 조기유학생 금천구 15배."

『세계일보』. 2005.7.11, "새내기 대학생 사이 번지는 '반수열풍'의 실태와 문제점."

『세계일보』. 2009.2.26, "초등생 90% '대학에 꼭 입학해야 출세'" http://www.segye. com.

『시사인』[146호]. 2010.7.2, "총리실이라 쓰고 흥신소라 읽는다."

『연합뉴스』. 2010.4.21, "고입 사교육비 과고＞외고＞자사고＞자율고"

『조선일보』. 2011.6.30, "SKY 출신 CEO 확 줄었다."

『중앙일보』. 2011.09.7, "고위공무원 절반이 SKY……."

『한겨레21』. 제332호. 2000.11.1, "63.4% 학벌 없으면 성공 없다." http://www.hani.co.kr.

『한겨레신문』. 2010.5.22.

『한겨레신문』. 2011.4.4.

『한겨레신문』. 2011.5.27, "(왜냐면) 경쟁과 효율의 교육, 강남·시골 어디든 서열화."

『한겨레신문』. 2011.5.4, "(왜냐면) 나의 학원교육 분패기."

『한겨레신문』. 2011.5.6, "기숙사도 상위권 한정, 성적순 알짜-예비-잉여."

『한겨레신문』. 2011.9.22.

『헤럴드경제』. 2011.9.8, "국가경쟁력 4년 연속 추락⋯⋯'정치 후진성' 뼈아픈 성적표", http://biz.heraldm.com.

한국여성정책연구원(2011). KWDI Brief, No.15. pp.1-3.

국정홍보처(2003). 학벌주의에 대한 국민인식조사. http://www.allim.go.kr.

통계청(2011). 2010년 사교육비 조사결과, 통계청.

통계청(2011). 2010년 사회조사, 통계청.

MBC스페셜 518회. "개천에서 용 찾기", MBC, 2011.4.22. 방영.

MBN. 2009.4.22, "강남권 25명 중 1명 조기유학."

天野郁夫(1995). 『試驗の社會史』, 東京: 東京大學出版會.

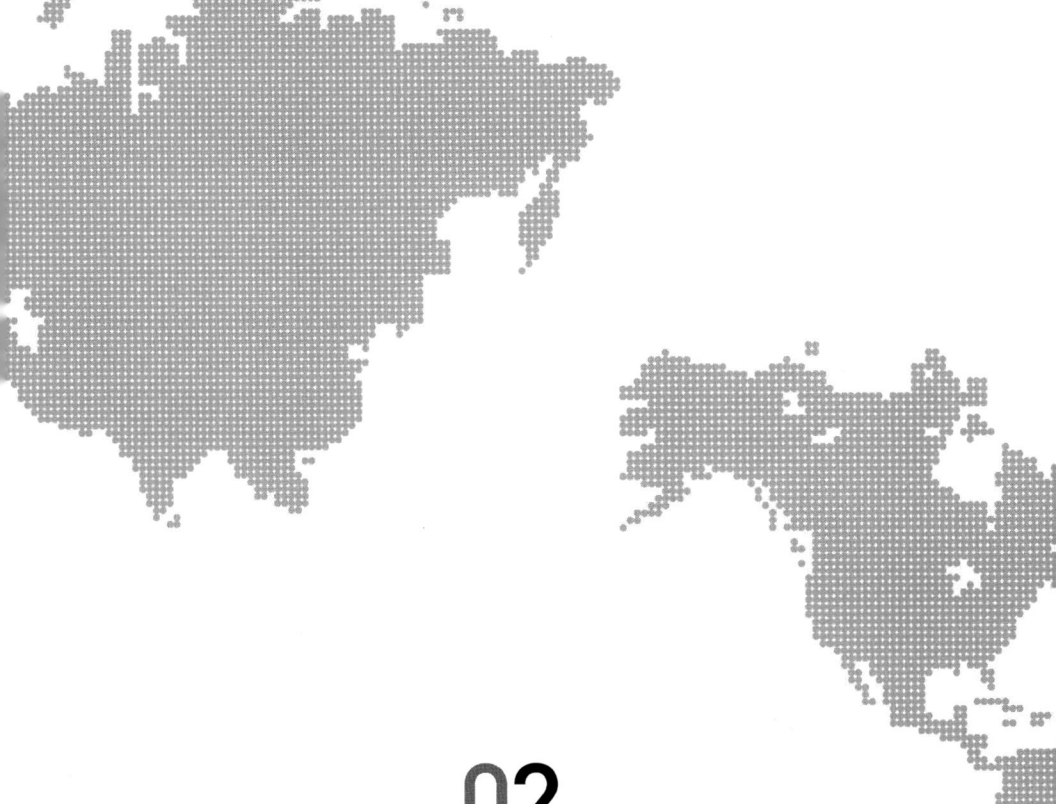

02

숫자로 보는
지역의 삶과 교육

KOREA
EDUCATION

제3장 교육인식과 불평등 재생산

김종혁, 이경숙, 추헌택, 안상헌, 조정봉, 정해일, 주재술

Ⅰ. 부모와 아이에게 묻다

교사, 학생, 학부모를 교육의 삼 주체라고 이야기한다. 이상적 모델로서 교사를 규정할 때도, 교육문제 상황에서 역할을 강요할 때도, 가르치고 배우는 현장에서의 역할을 이야기할 때도 교사는 항상 교육의 전문가로 인정받아 왔다. 학생과 학부모는 어떤가. 학생은 배우는 주체로서가 아니라 관리와 교육의 대상으로, 학부모는 '내 자식 이기주의'의 극치로 수많은 교육문제를 만들어 내는 집단으로 인식되어 왔다. 그러나 학생이 있기에 교육행위가 가능하며, 학부모가 있기에 학생은 삶과 배움을 지속할 수 있다.

이 글은 거주지가 다른 학생들의 꿈 이야기, 사회와 교육에 대한 인식에 따라 실천을 달리하는 학부모들의 교육 이야기에 귀 기울이고 있다. 학생과 학부모들은 대구지역에 사는 이들이다. 대구라는 지역의 학부모와 학생들이야기이면서, 동시에 대한민국의 일반적 교육이야기이기도 하다.

이 글은 세 가지 자료를 기반으로 하고 있다. 첫째, 지역 간 교육격차와 계층 간 교육 불평등을 조사하기 위해 대구지역 8개 구·군의 학력수준, 직업분포, 아파트 매매가, 수능등급별 분포, SKY대학 합격자 수 등의 통계자료를 수집하였다. 둘째, 대구지역 8개 구·군의 중학생 학부모 1,000명을 대상으로 설문조사한 자료이다. 2010년 현재 대구지역 구·군별 중학생 수 현황[1])을 기준으로 설문대상 학부모 표집인원을 구·군별 비율에 따라 할당하는 비례유층표집방식을 사용하였다.[2]) 셋째, 2011년 10월, 삶의 조건이 아이들의 꿈에도 영향을 미치는가라는 물음을 가지고 대구MBC와 공동으로 대구 수성구 A초등학교 6학년(설문응답자 484명), 서구지역 초등학교 6학년(110명)을 대상으로 아이들이 꿈꾸는 미래를 조사한 설문조사와 면담을 자료로 삼았다.

Ⅱ. 숫자로 보는 대구 교육 현실

우리 교육의 현실을 살펴보는 다양한 방법 중 한 가지는 교육 관련 숫자, 즉 통계자료를 활용하는 것이다. 교육 관련 통계는 단순한 숫자를 넘어 우리 교육 상황을 반영하고, 교육현실을 진단하며, 교육문제의 변화와 해결을 예측할 수 있는 잣대이다.

---

1) 대구광역시 교육청 교육통계(2010). http://www.dge.go.kr/
2) 비례유층표집방식은 유층으로 나뉜 각 집단 내의 표집의 크기를 전집의 구성비율과 동일하게 표집하는 방식이다(김정환, 2008). 2010년 9월 27일부터 10월 22일에 걸쳐 설문조사를 실시하였다. 회수된 설문지 중 무응답, 복수응답, 기타 부적절한 응답 등의 설문지를 제외하였다. 이를 통해 최종 대구지역 1,000명의 학부모 응답을 분석하였다.

1. 도시 내 학력 격차의 확대: 구(군)별 학력수준의 격차 확대

대구지역 구(군)별 2010년 학력분포를 살펴보면(15세 이상, 외국인 제외), 거주지별 고학력자의 격차는 2005년에 비해 2010년에 더 확대되고 있는 것을 알 수 있다. 대학교 졸업 이상 고학력자(대학교, 대학원 석·박사 포함)가 가장 많이 분포한 지역은 수성구(111,917명), 그다음으로 달서구(95,923명)인 것으로 나타났다. 특히, <그림 2>에서 볼 수 있듯이 대구광역시 박사 학력 거주자 2명 중 1명(54%)이 수성구에 거주하고 있었다. 달서구는 대학교 졸업 이상(대학교, 대학원 석·박사 포함)의 거주자가 수성구 다음으로 많은 반면, 고등학교 졸업 미만(초졸, 중졸, 미취학 포함)의 거주자가 가장 많은 것으로 나타나 8개 구·군 중 거주자 학력의 편차가 가장 큰 지역으로 나타났다.

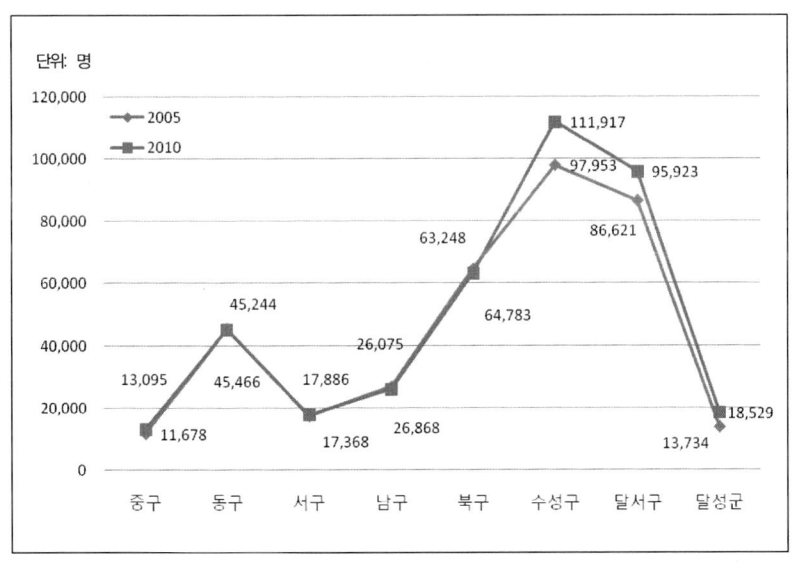

〈그림 1〉 대구광역시 구(군)별 대학원 이상 학력 소지자

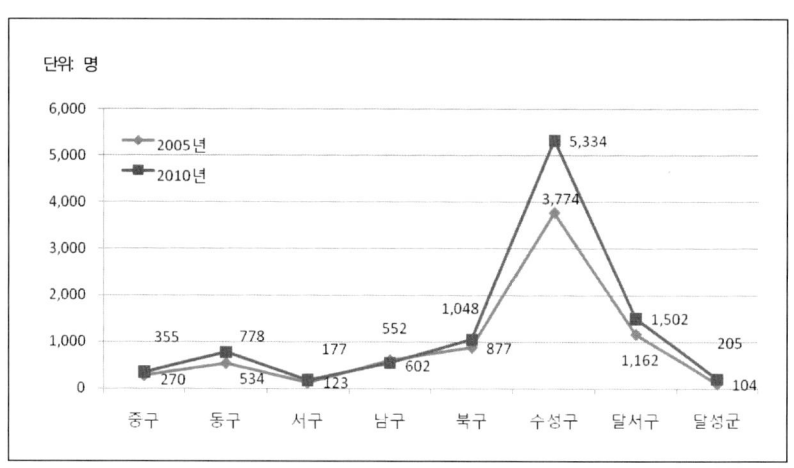

〈그림 2〉 대구광역시 구(군)별 박사학위 소지자

2. 구(군)별 직업 분포의 격차

직업에 따른 공간의 분리는 곧 교육의 분리와 직결된다. 일반적으로 사회적 상류층은 교육과 관련하여 차별적인 투자전략과 정보 등의 능력을 갖추고 있을 가능성이 크다. 이들은 상대적으로 높은 교육적 관심을 가지고 있으며, 학교교육뿐만 아니라 과외 등의 교육활동에 보다 적극적으로 투자하고 개입하는 특성을 갖는다(이주호·홍성찬, 2001; 류방란·김성식, 2006).

<그림 3>의 대구지역 구(군)별 직업분포를 분석해 보면, 지역별로 양극화된 현상을 확인할 수 있다. 상위층의 직업에 속하는 고위임직원 및 관리자, 전문직의 절반 이상이 수성구와 달서구에 집중되어 있으며, 대구내 중구, 서구, 남구, 달성군에 최고 12배 이상(고위임원직 및 관리자는 달서구 24%로 가장 높고, 중구 2%로 가장 낮다) 높은 수준이다. 특히 대구지역 고위임직원 및 관리자의 비율이 평균 11%인데 수성구 거주자는 23%, 전문가의 비율은 평균 10.6%로 대구의 타 구에 비해 높다.

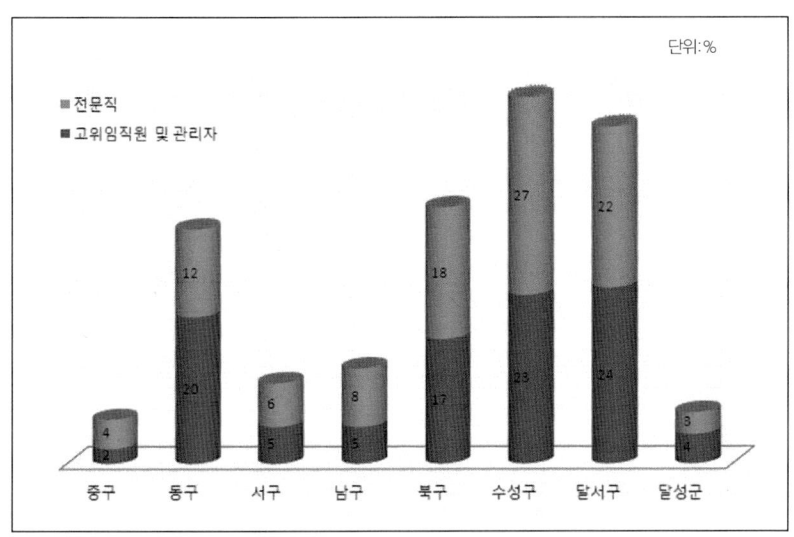

〈그림 3〉 구(군)별 거주자 직업 분포 비율
(고위임직원 및 관리자, 전문직)

3. 교육결과의 격차

<그림 4>는 1985～2004년에 걸친 약 20년 동안의 대구지역 인문계 고등학교의 모의고사 학업성적 변화를 비교한 결과이다. 수성구와 대구지역 다른 구와의 격차가 심각한 상황임을 보여 주고 있다. 백분율 점수를 기준하여 1985년에는 최상위인 서구와 최하위인 동구의 지역 간 학력격차가 3.7점으로 크게 나타나지 않았지만, 1991년부터 최상의 성적을 수성구에서 차지하기 시작하여 최하인 지역과의 격차가 5.2점, 1995년에는 6.1점, 2004년에는 16점으로 구(군)별 격차가 점차 심화되는 추세이다.

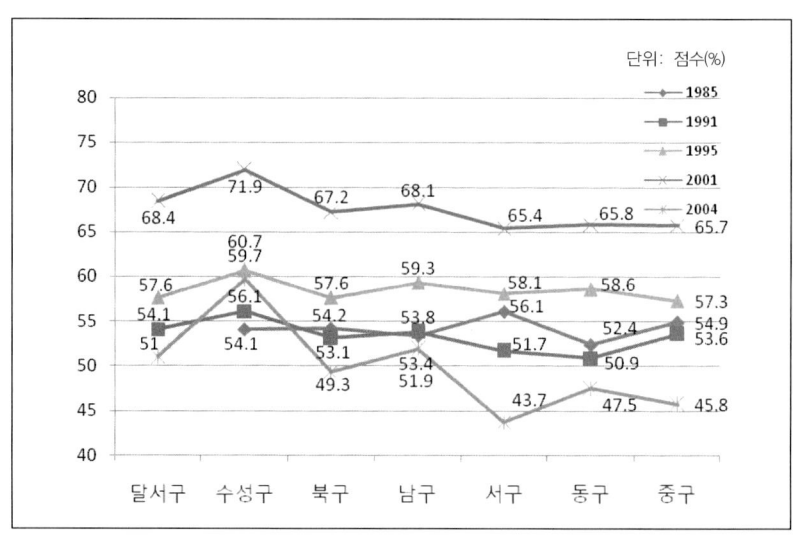

자료: 대성학력개발연구소, 중앙교육진흥연구소 모의고사 성적결과, 1985, 1991, 1995, 2001, 2004년도
　　　자료[이희석(2007, 79)에서 재인용].

〈그림 4〉 대구지역 인문계 고등학교 학업성적 격차

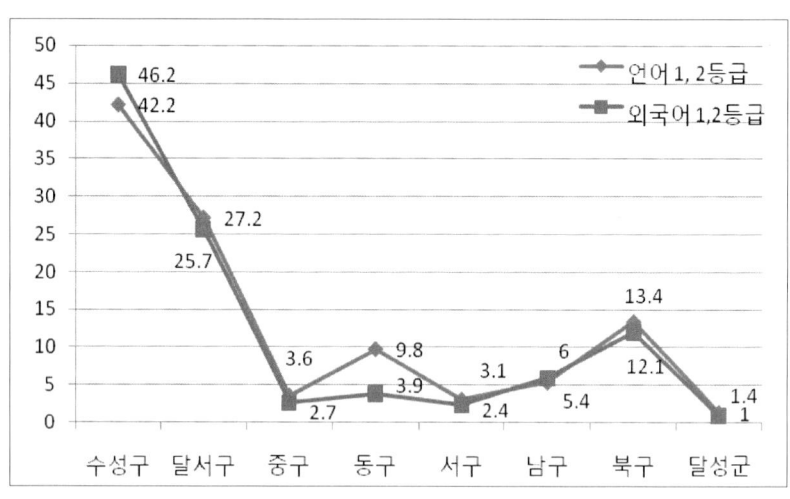

〈그림 5〉 수학능력시험 언어, 외국어 1, 2등급 비율(전체 빈도 비율)

<그림 5>는 대구지역 구(군)별 수능시험 언어, 외국어 영역 1, 2등급 비율에 대해 비교한 결과이다. 언어 영역의 경우 대구지역 전체 1~2등급 학생 수 3,737명 중, 수성구가 1,576명(20.3%)으로 1~2등급 학생 수가 가장 많은 것으로 나타났으며, 외국어 영역의 경우 또한 대구지역 전체 1~2등급 학생 수 3,604명 중, 1,664명(21.5%)이 수성구 학생이다. 언어 영역과 외국어 영역 모두에 있어 대구광역시 8개 구·군 중, 수성구지역 학생의 1~2등급 비율이 기타 지역에 비해 상대적으로 높은 것으로 나타났다. 언어 영역이 높은 지역은 외국어 영역도 높게 나타나며, 이러한 성적의 양극화 현상은 <그림 6>의 서울대 진학률을 통해서도 확인할 수 있다.

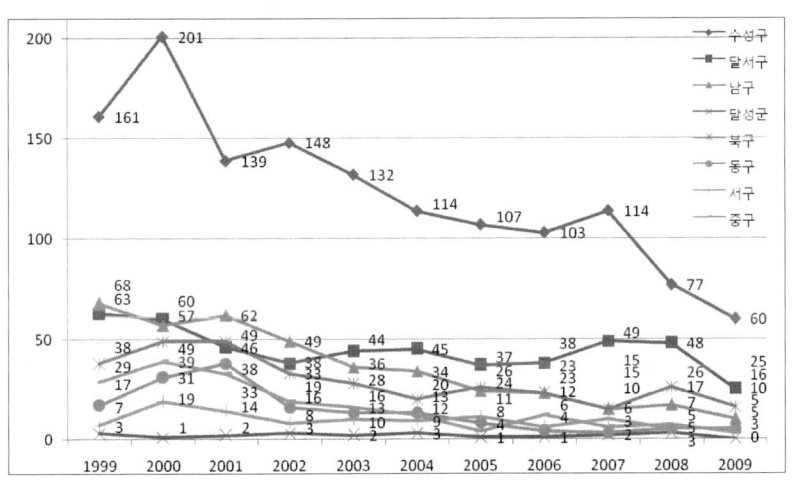

자료: 고교별 서울대 합격자 수, http://blog.naver.com/zmundori

〈그림 6〉 1999~2009년 구(군)별 서울대 합격자 수

지난 11년간(1999~2009) 대구지역 구별 서울대 합격자를 살펴보면 수성구가 1,356명으로 대구 내 다른 7개 구(군)의 서울대 합격자 수를

압도하고 있다. 수성구 출신 학생의 비율은 대구지역 합격자들의 50%에 가깝다. 특히 최하위인 달성군과 비교하면 64.6배에 이르며, 서구지역과 비교해도 무려 13배의 진학률 격차가 난다.

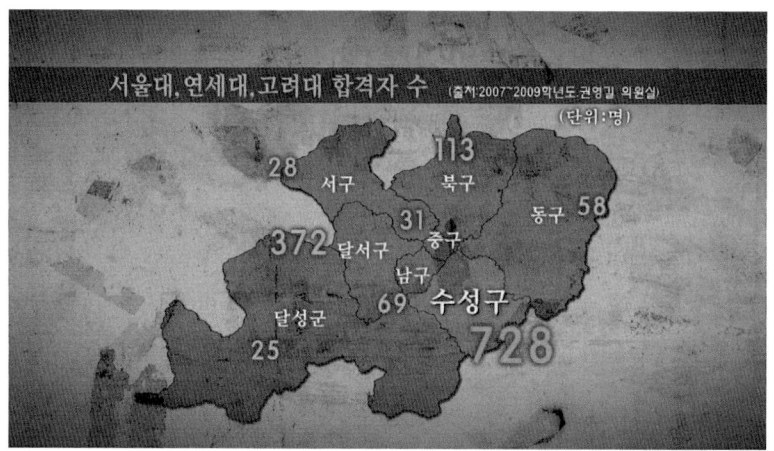

자료: 대구 MBC 〈교육을 말한다〉, 2012.1.25. 방영.

〈그림 7〉 대구지역 SKY대학 합격자 수(2007~2009)

대구광역시 8개 구(군)의 서울대, 고려대, 연세대 합격자 수(2007~2009년 합산 기준)를 살펴본 결과 역시 양극화 현상은 뚜렷하게 나타난다. 수성구(782명), 달서구(372명), 북구(113명) 순으로 나타났으며, 달성군(25명), 서구(28명), 중구(31명)는 상대적으로 서울대, 고려대, 연세대 합격자 수가 적은 것으로 나타났다.

4. 학원의 수

<그림 7>은 대구시 구(군)별 진학과 관련된 입시, 보습, 교과, 입시종합 등의 학원상황을 나타낸 것이다. 지난 3년간(2008~2010) 대구시

구(군)별 사설학원 수는 2008년에 비해 2009년 11.3%, 2009년에 비해 2010년에는 35.7%로 꾸준히 증가하고 있음을 확인할 수 있다. 특히 수성구는 대구의 '강남 대치동'이라 불릴 정도로 학원이 집중되어 있다. 2010년 수성구의 학원 수는 1,619개로 학원 수가 가장 적은 중구의 97개의 16.7배에 이른다.

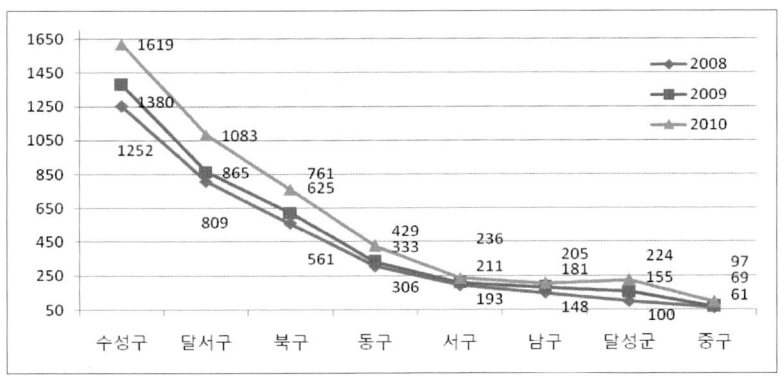

자료: 대구광역시 교육청 교육통계 사설학원현황 http://www.dge.go.kr/

〈그림 8〉 대구광역시 구(군)별 입시·보습, 보통교과, 입시종합 학원분포 현황

5. 집값

거주지에 해당되는 주택의 가치(매맷값 기준)를 살펴본 결과, 2012년 기준 대구광역시 8개 구(군) 중, 매맷값이 비싼 지역은 수성구로 나타난 반면(매매-676만 원/3.3㎡), 매맷값이 가장 싼 지역은 달성군(461만 원/3.3㎡)으로 나타났다. 거주지에 따른 (가장 비싼 지역 수성구와 가장 싼 지역 달성군) 매매 기준 집값의 차이는 점차 줄어들고 있지만 215만 원/3.3㎡으로 여전히 큰 격차를 보이고 있다.

이상에서 살펴보았듯이 학력분포, 소득이 높은 고위직 및 전문직 직업

분포, 학력격차의 구별 순위 그리고 구별 아파트 매매가를 비교해 보면 구(군)별로 동일한 분포로 나타나는 것을 확인할 수 있다.

학력격차→소득격차→학력격차의 재생산 구조가 더욱 심화되고 있는 것이다.

과거에는 거주지가 단지 '사는 집이 있는 곳' 혹은 '도시 기능 지역 중 하나'의 차원을 넘지 않았으나(김경근·장희진, 2005), 오늘날은 그 사람의 재력, 직업, 문화적 수준을 가늠할 수 있는 잣대 구실을 하고 있다. 거주지로서 수성구는 대구지역 8개 구·군 중 하나의 구가 아니다. 수성구는 대구·경북 지역의 경제, 문화, 사회, 교육, 의료 등의 소 중앙으로서 다양한 상징적 의미를 가지고 있다. 그리고 누구나 살고 싶어 하는 곳이며, 학력수준이 높을수록, 월 소득이 높을수록, 돈이 많으면 많을수록 더욱 살고 싶어 하는 곳이 되었다.

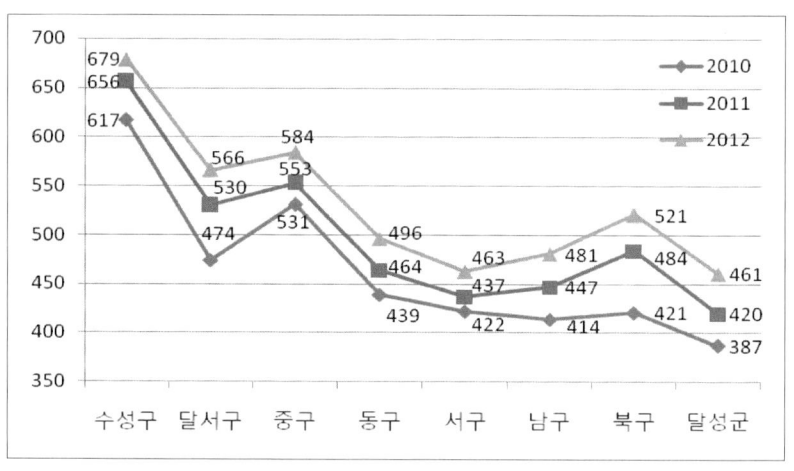

자료: 부동산뱅크, 2010, 2011, 2012년.

〈그림 9〉 대구광역시 지역 구(군)별 매매가(3.3㎡, 구 평) 격차

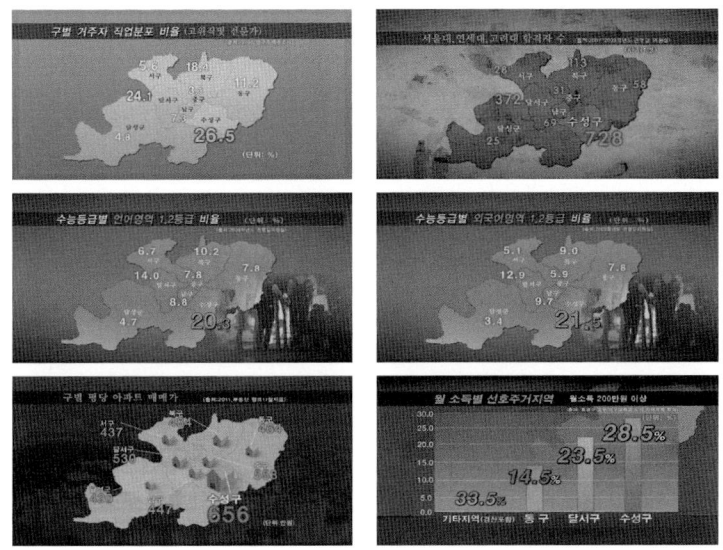

자료: 대구 MBC 〈교육을 말한다〉, 2012.1.25. 방영.

〈그림 10〉 대구광역시 구(군)별 거주자 직업분포 비율과 교육결과

또한 수성구는 자녀교육을 통해 자신들의 경제, 사회, 문화적 자본을 재생산하는 비율이 더욱 높게 나타나고 있는 곳이기도 하다.

이러한 수성구는 누구나 살기를 원하지만 원한다고 살 수 있는 곳은 아니다. 일상적 삶과 관련하여 수성구로의 이주는 모두에게 형식적으로는 개방되어 있지만 교육적 공간으로서의 수성구는 형식적으로도 실제적으로도 개방되어 있지 않다. 대구의 모든 길은 수성구로 통한다. 수성구로 통하는 그 길, 수성구를 수성구답게 만들어 주는 그 길은 교육이다. 그리고 교육을 다른 구·군과 다르게 만들어 주는 것이 수성구 학부모들의 사회, 문화, 경제적 자본이다.

Ⅲ. 학부모, 자녀교육을 말하다

　우리는 학부모를 과도한 입시열풍의 원흉, 교육열의 진원지, '소비자 권력자'로 부르며 교육문제를 일으키는 당사자로 여기고 학교를 위한 지원활동의 수준에 머물기를 바라는 시선이 있으며, 한편으로는 교사의 교육활동지원, 민주적 학교운영의 적극적 참여를 바라기도 한다.
　교육의 공공성을 살릴 수도 있고 파괴할 수도 있는 학부모, 그들은 우리 사회 문화와 교육을 어떻게 인식하고 있을까? 대구지역 1,000명의 학부모들이 교육을 통해 기대하는 것과 그 기대를 이루기 위해 자녀교육에 어떤 노력을 기울이는지 살펴보았다.

1. 누가 성공한 사람일까?

　우리 사회에서 어떤 사람이 성공한 사람이라고 생각하는가? 이 질문에 학부모들은 거주지와 상관없이 성공한 사람으로 '무슨 일이든 자기가 하고 싶은 일을 하는 사람'을 가장 많이 꼽았으며, 다음으로는 '전문직(의사, 교수, 판사 등)', '돈을 많이 버는 사람'의 순으로 응답하였다. 특히, 1순위로 응답한 '무슨 일이든 자기가 하고 싶은 일을 하는 사람'에 대한 응답비율은 중구 거주자가 대구 내 타 거주자보다 높은 것으로 나타났다. 한편, 중구는 '자기가 하고 싶은 일을 하는 사람>돈 많이 버는 사람>남들이 알아주는 사람>전문직>기타' 순으로 다른 지역의 응답 2순위인 '전문직(의사, 교수, 판사 등)'이라는 응답과 달리, '돈을 많이 버는 사람'이 2순위인 것으로 나타났다.

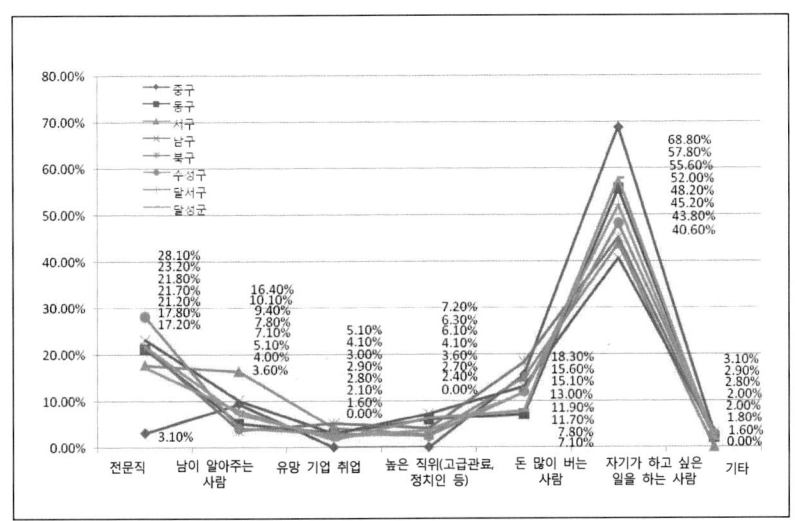

〈그림 11〉 대구지역 학부모들의 성공한 사람에 대한 인식

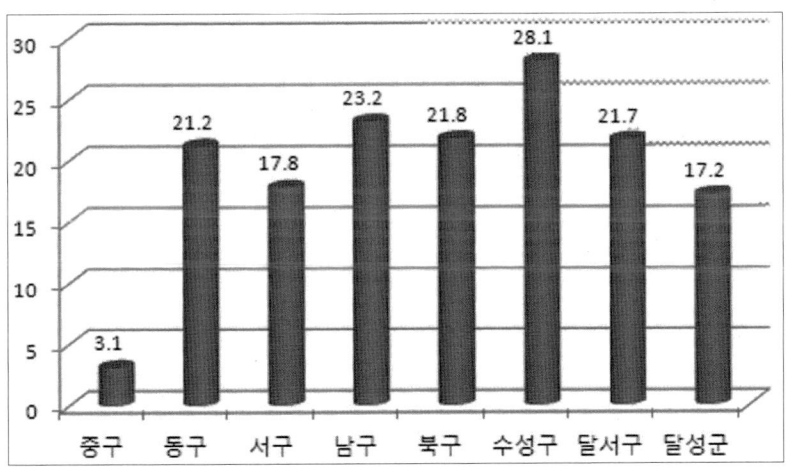

〈그림 12〉 전문직이라고 답한 비율(%)

2. 성공한 삶을 위해 필요한 것은 무엇일까?

'성공한 삶을 살기 위해서 중요하게 생각하는 것이 무엇인가?'라는 질문에 8개 구(군)의 학부모들은 '개인의 능력>사교성>학벌>집안의 배경>기타>출신지역' 순으로 답하였다. 거주지별로 살펴보면 가장 중요한 것은 모든 구(군)에서 '개인의 능력'이며, 다음으로는 '사교성'인 것으로 나타났다. 다만 중구에서는 사교성보다 '학벌'이 중요한 것으로 나타났다.

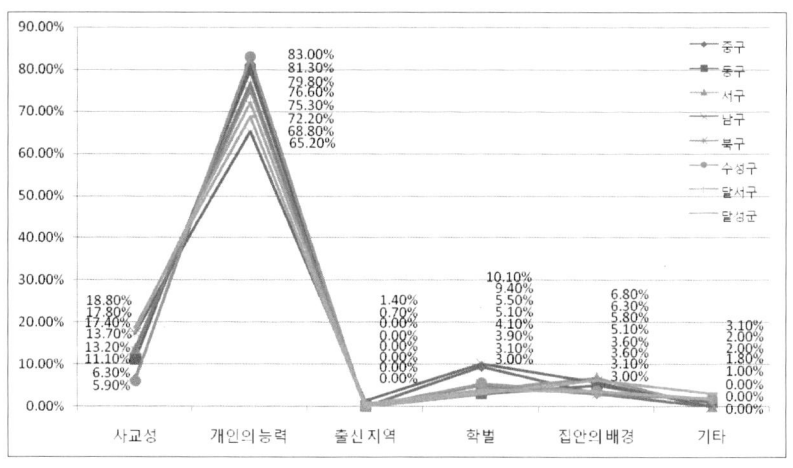

〈그림 13〉 성공한 삶을 위한 요소

아버지의 학력, 어머니의 학력으로 살펴본 모든 학력수준에서 개인의 능력>사교성>학벌(=집안 배경, 고졸 미만/전문대 졸/대학원 졸 이상) 순으로 응답하였으며, 소득수준별로도 학력수준과 유사한 응답 경향을 보였으나 1,000만 원 이상 수입의 가정에서는 개인의 능력>학벌=집안의 배경이 중요하다고 응답해 기타 소득 수준의 응답자와 다소 차이를 보였다. 또한 직업별로도 생산/노무직을 제외한 모든 직종에서 개인의 능력>사교성>학벌 순으로 응답하였으며, 생산/노무직에서는 개인의 능력>사교성>집안의 배경 순으로 응답하였다. 따라서 부모의 학력과 소득, 직업에 관계없이 성공한 삶을 살기 위한 요소로 '개인의 능력'을 1순위로 꼽았으며, 대부분의 배경변인 수준에서 '사교성'을 2순위로 꼽아, 성공한 삶을 살기 위한 요소 중 가장 중요한 것은 개인의 능력과 사교성인 것으로 나타났다.

3. 채용·승진에 중요한 것은 무엇일까?

성공에 필요한 것은 개인의 능력이지만, 취직과 승진에 중요한 것은 개인의 능력 못지않게 중요한 것이 있다고 인식하고 있다.
직장생활에서 '직원을 채용하고, 보수나 승진을 결정하는 데 중요한

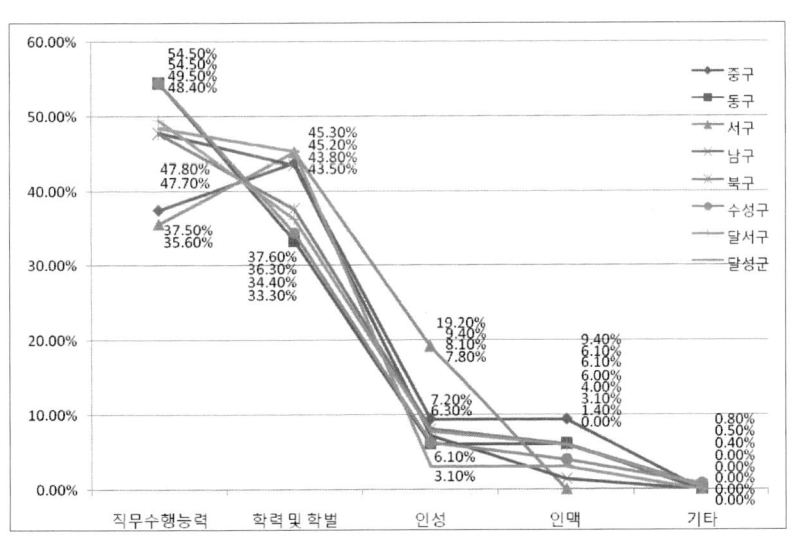

〈그림 14〉 채용·승진에 필요한 요인

요소는 무엇인가?'에 대한 질문에 동구, 남구, 북구, 수성구, 달서구, 달성군은 '직무수행능력>학력 및 학벌>인성>인맥>기타' 순으로 나타났고, 중구는 '학력 및 학벌>직무수행능력>인성=인맥' 순으로, 서구는 '학력 및 학벌>직무수행능력>인성 세 가지로만 답했다.

가정 배경 변인별 응답비율을 살펴본 결과, [직업]에 따라 이러한 인식은 통계적으로 유의한 차이가 있는 것으로 나타났다. 응답의 경향은 '직무수행능력>학력 및 학벌>인성' 등의 순으로 높은 응답비율을 보였다. 직무수행능력이 중요하다고 응답한 비율에 있어 전문직과 사무직일수록 높은 응답률을 보였으며, '학력 및 학벌'에 대한 응답은 서비스직과 기타 직업에서 높은 응답을 보인 것으로 나타났다.

4. 왜 대학에 보내야 하는가?

부모에게 '자녀가 왜 대학에 가야 하는지?'에 대해 물었다. 학부모는 자녀들이 대학에 가야 하는 1순위 이유(중복응답)를 중구와 동구를 제외하고 '좋은 직업을 얻는 데 유리하기 때문'으로 응답했다. 서구, 남구, 북구, 수성구, 달서구는 '좋은 직업을 얻는 데 유리하기 때문>전문지식과 기술을 얻기 위해>폭넓게 교양을 쌓기 위해>보수나 승진에 유리하기 때문에>결혼조건에 유리하기 때문에' 순이며, 달성군은 '좋은 직업을 얻는 데 유리하기 때문>전문지식과 기술을 얻기 위해>보수나 승진에 유리하기 때문에>폭넓게 교양을 쌓기 위해>결혼조건에 유리하기 때문에' 순이다. 반면 중구와 동구는 '전문지식과 기술을 얻기 위해>좋은 직업을 얻는 데 유리하기 때문>폭넓게 교양을 쌓기 위해>보수나 승진에 유리하기 때문에>결혼조건에 유리하기 때문에' 순으로 최우선 순위가 타 구와는 다르게 나타났다.

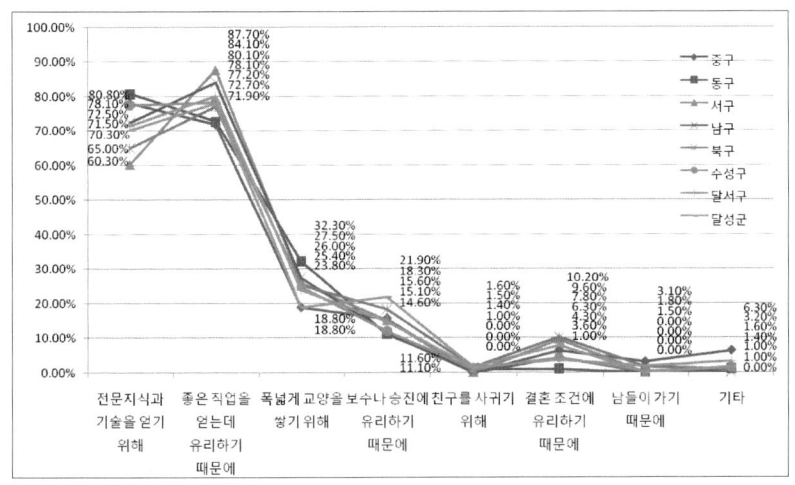

〈그림 15〉 자녀를 대학에 보내는 이유

가정 배경 변인별 응답비율을 살펴본 결과(중복응답), 아버지의 학력이 높을수록 좋은 직업을 얻는 데 유리하기 때문에 자녀를 대학에 보낸다고 응답하였다. 한편, '전문지식과 기술을 얻기 위해'를 1순위로 꼽은 응답자는 아버지의 학력이 전문대 졸인 경우, 어머니의 학력이 대학원 이상인 경우, 소득이 1,000만 원 이상인 경우, 직업이 전문직인 경우, 자녀의 성적이 '하'인 경우였다.

5. 자녀교육에 실패했다는 것은?

부모에게 '어떤 경우에 자녀교육을 실패했다고 생각하는지'에 대해 구(군)별 응답비율을 살펴본 결과, '부모에게 의존하려고 하는 것'을 1순위로 꼽았으며, '부모의 권위에 도전하고 반항하며 맘대로 행동하는 것'을 2순위로 꼽았다. '부모에게 의존하려고 하는 것'과 '부모의 권위에 도전하고 맘대로 행동하는 것'이라고 답한 학부모가 80% 이상이었다. 구별로 살펴보면 서구를 제외한 7개의 구(군)에서 '부모에게 의존하려고 하는 것>부모의 권위에 도전하고 맘대로 행동하는 것'이라고 응답했고, 서구만이 '부모의 권위에 도전하고 맘대로 행동하는 것>부모에게 의존하려고 하는 것'으로 답했다. 반면, '자녀가 (일류)대학에 들어가지 못하는 것'에 대한 응답은 가장 낮게 나타났다.

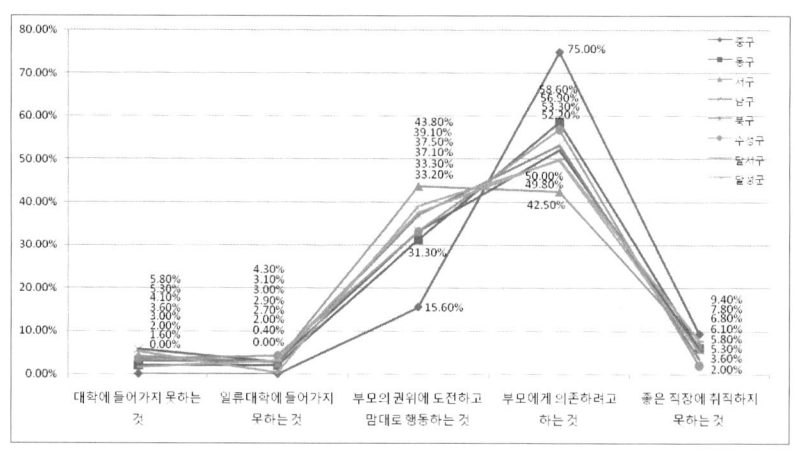

〈그림 16〉 자녀교육 실패에 대한 인식

공통적으로 자녀교육에 실패했다는 1순위 응답항목에 따른 배경변인의 차이를 살펴보면, '부모에게 의존하려고 하는 것'에 대한 응답은 아버지의 학력이 전문대졸 및 대학원 이상인 경우, 어머니의 학력이 대학원 이상인 경우, 소득수준이 400~600만 원인 경우, 자녀의 성적이 '중'이라고 인식하는 경우 응답비율이 높게 나타났다. 반면, 2순위 응답항목인 '부모의 권위에 도전하고 맘대로 행동하는 것'에 대한 응답은 부모의 학력이 고졸인 경우, 소득수준이 200만 원 미만인 경우, 자녀의 성적이 '하'라고 인식하는 경우 높게 나타났다.

6. 자녀교육활동지원, 이렇게 한다

부모의 자녀교육지원활동(학습태도형성, 교우·건강관리, 인성관리, 시간관리, 정보수집, 사교육활동, 학교 관련 활동, 특별활동)에 대한 실상을 살펴본 결과, 부모의 자녀성적 인식에 따른 교우·건강관리를 제외한 가정의 모든 배경변인(부모의 학력, 소득, 직업, 거주지, 성적)에 따라 자녀교육지원활동에 차이가 있는 것으로 나타났다.

영역 대부분에 있어 부모의 지원활동은 부모의 학력이 높을수록, 소득이 600만 원 이상인 경우, 직업이 전문직 종사자거나 사무직 종사자인 경우, 거주지가 수성구인 경우, 자녀성적이 '상'이라고 인식하는 경우에 지원활동이 높게 나타나는 경향을 보였으나, 사교육에 대한 지원은 자녀성적이 '중'이라고 인식하는 부모에게 높게 나타났으며, 아버지의 학력이 전문대졸인 경우 높게 나타났다.

8개의 구(군)별로는 수성구가 가장 높은 지원활동을 보였던 반면 인성과 학교 관련 활동에 대한 지원활동은 동구가 높은 것으로 나타났다. 학습태도, 시간관리, 특별활동에 대한 지원은 부모의 직업이 사무직인 경우 높게 나타나는 경향을 보였으며, 그 외의 영역에서는 전문직 종사자가 높은 지원활동을 보였다. [학습태도형성]을 위한 부모의 지원활동 정도를 살펴보면, 아버지의 학력이 대학원 이상인 경우, 어머니의 학력이 대졸인 경우, 소득이 600~1,000만 원인 경우, 사무직 종사자인 경우, 거주지가 수성구인 경우, 자녀의 성적을 '상'으로 인식하는 경우 높은 것으로 나타났다. [교우·건강관리]에 대한 부모의 지원활동 정도는 부모의 학력이 대학원 이상인 경우, 소득이 1,000만 원 이상인 경우, 전문직 종사자인 경우, 거주지가 수성구인 경우 높은 것으로 나타났다. [인성관리]에 대한 부모의 지원활동 정도는 아버지의 학력이 대학원 이상인 경우, 어머니의 학력이 전문대졸인 경우, 소득이 600~1,000만 원인 경우, 전문직 종사자인 경우, 거주지가 동구인 경우, 자녀성적을 '상'으로 인식하는 경우 높은 것으로 나타났다. [시간관리]에 대한 부모의 지원활동 정도는 부모의 학력이 대학원 이상인 경우, 소득이 600~1,000만 원인 경우, 사무직 종사자인 경우, 거주지가 수성구인 경우, 자녀성적을 '상'으로 인식하는 경우 높은 것으로 나타났다. [정보수집]에 대한 부모의 지원활동 정도는 아버지의 학력이 대학원 이상인 경우, 어머니의 학력이 대졸인 경우, 소득이 1,000만 원 이상인 경우, 전문직 종사자인 경우, 거주지가 수성구인 경우, 자녀의 성적을 '상'으로 인식하는 경우 높은 것으로 나타났다. [사교육활동]에 대한 지원활동 정도는 아버지의 학력이 전문대졸인 경우, 어머니의 학력이 대졸인 경우, 소득이 1,000만 원 이상인 경우, 전문직 종사자인 경우, 거주지가 수성구인 경우, 자녀의 성적을 '중'으로 인식하는 경우 높은 것으로 나타났다. [학교관련활동]에 대한 부모의 지원활동 정도는 부모의 학력이 대학원 이상인 경우, 소득이 1,000만 원 이상인 경우, 전문직 종사자인 경우, 거주지가 동구인 경우, 자녀의 성적을 '상'으로 인식하는 경우 높은 것으로 나타났다. 끝으로 [특별활동]에 대한 부모의 지원활동 정도는 부모의 학력이 대학원 이상인 경우, 소득이 600~1,000만 원 이상인 경우, 사무직 종사자인 경우, 거주지가 서구인 경우, 자녀의 성적을 '상'으로 인식하는 경우 높게 나타났다.

Ⅳ. 아이들, 꿈의 재생산을 보여 주다[3]

2011년 10월 대구의 두 초등학교 6학년을 대상으로 설문조사를 했다. 두 학교는 대구의 빈부격차를 고스란히 반영하는 지역에 있다. A학교는 대구의 부자동네, 수성구에 있다. B학교는 대구의 변두리 지역에 있으며, 주변에 임대아파트가 있다. 복지대상자 아이들이 많아서 복지우선투자대상학교이다.

A초등학교(2011년 10월 현재 전교생 484명)는 대구에서도 전입이 많기로 유명한 학교다. 2010학년도에 전출학생이 48명인데, 전입학생은 406명이었다. 전입학생이 전출학생의 무려 8배가 넘는다. 반면 B초등학교(2011.10월 현재 전교생 110명)의 전출학생은 64명, 전입학생은 40명으로, 아이들이 떠나는 학교이다.

A학교 학생의 아버지들은 대학 졸업자가 58.3%, 대학원 졸업자가 27.7%, 그래서 대학 졸업 이상자가 86%이다. B학교 학생 아버지들은 고등학교 졸업자가 52.7%, 대학 졸업자가 28.2%, 대학원 졸업자가 4.5%이다. 대학 졸업 이상자가 약 33%이다. 그리고 A학교 학생 아버지 직업 중 고위직 공무원이 12.4%, 의사 등 전문직이 22.5%, 기술직 10.1%, 사무직이 32.0%이다. B학교 아버지 직업 중 고위직 공무원과 전문직은 각각 1.8%이고, 기술직이 18.2%, 사무직이 25.5%이다.

---

3) 설문은 대구 MBC 특별기획 3부작, 〈교육을 말한다〉 팀과 공동으로 조사(방영: 2012년 1월 25~27일) 한 것이다. 이 글은 『오마이뉴스』에 실었던 것(2012.2.15.)을 수정하였다.

자료: 대구 MBC 〈교육을 말한다〉, 2012.1.25. 방영.

〈그림 17〉 초등학생들의 희망대학(해외대학)

　두 학교 아이들의 꿈을 알기 위해, 희망하는 학교와 직업을 물었다. 아이들의 꿈을 장래 희망하는 학교와 직업으로 묻는 건 한계가 있다. 그럼에도 미래의 꿈은 학교와 직업으로 바꿔 물었다. 두 요소가 한국사회에서 꿈을 이루는 중요한 기회이거나 꿈 자체이기 때문이다. 두 학교 아이들에게 혹시 희망하는 대학이 있다면 이름을 적어 달라고 했다. 결과는 놀라웠다. A학교에는 미국 예일대학, 하버드대학, UCLA, MIT, 스탠퍼드대학, 영국 옥스퍼드대학이라고 적은 아이들이 있었다. B학교에는 외국대학을 적은 아이들이 한 명도 없었다.

　A학교 아이 중 희망대학을 적은 아이들이 53.5%인데, B학교 아이들은 24.5%였다. A학교 아이들 대부분은 해외대학과 서울지역 대학을 희망학교라고 적었다. 그러나 B학교 아이들은 대구지역 대학을 적은 아이들이 많았다. 서울대학을 희망한다는 아이들도 A학교는 세 명 중 한 명꼴인데, B학교는 전체 학생 중 세 명뿐이었다.

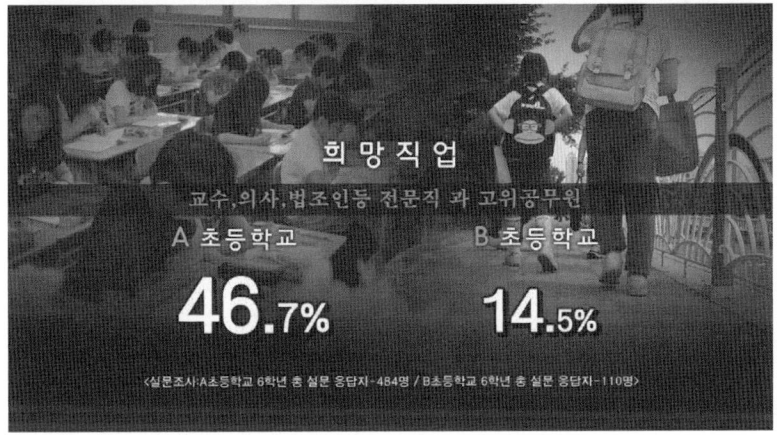

자료: 대구 MBC 〈교육을 말한다〉, 2012.1.25. 방영

〈그림 18〉 초등학생들의 희망직업

학생들은 내일의 꿈을 꾼다. 브라질의 교육학자이자 세계적인 교육
자로 알려진 파울로 프레이리가 한 가난한 동네에 간 적 있다. 가서
한 아이에게 물었다. "네 꿈이 무엇이냐?" 날마다 노동에 시달리는 아
이는 대답한다.

"꿈요, 저는 악몽밖에 안 꾸는데요."

악몽밖에 꾸지 못하는 아이처럼, 두 학교 아이들은 꿈 이전에 현실을 너무 잘 알고 있었다. A학교 아이들은 저녁 먹을 시간도 없이 학원 뺑 뺑이를 돌면서 힘들지 않느냐는 물음에 이렇게 대답했다.

"힘들지만, 그렇게 해야 성적 잘 받고, 앞으로 좋은 대학도 가잖아요."

B학교 아이들도 "여기서 1등 해도, 그쪽 동네 가면, 중간도 못 할 걸요" 라고 말한다. 그 아이들은 꿈도 달랐다. 어른이 되면 어떤 직업을 갖고 싶으냐고 물었다. A학교 학생들의 47%가 의사, 교수, 외교관, 판사, 검사, 변호사와 같은 전문직, 고위공무원을 적었다. 이 직업을 희망하는 B학교 학생들은 15%였다. B학교 학생들은 교사, 사회복지사 또는 연예인과 스포츠 선수를 희망하는 학생들이 훨씬 많았다.

단일 직업으로 가장 인기 있는 직업은 A학교에서는 의사(101명), B학교에서는 교사(22명)였다. A학교 학생들에게는 있되 B학교 학생들에게는 없는 희망직업! UN사무총장, 로봇 공학자, 외교관, 변호사, 경영컨설턴트, 자동차 디자이너, 대기업 CEO 등이었다. B학교에는 있되 A학교 학생들에게는 없는 희망직업! 제빵사, 요리사, 네일아티스트, 킥복싱 선수, 동물조련사, 사육사, 태권도 사범 등이다.

아이들은 어른들이 보여 주는 세계만큼 꿈꾸고 있었다. 이 아이들이 장차 무엇이 될지는 누구도 모르지만, 오늘의 현실에서 볼 때 아이들은 두 개의 세상에서 살고 있고, 두 개의 세상을 각기 희망하고 있었다.

아이들이 제빵사가 되건 의사가 되건, 자신이 행복하면 된다. 그리고 하버드대학을 나왔건 다른 대학을 나왔건 의미 있는 삶을 살면 된다. 그러나 현재 사회구조에서 동네 작은 빵가게 제빵사가 되어서는, 어느 '명문'대학을 나오지 않고서는, 기본적인 생존이 힘들다. 늘 벼랑 끝에 서서 하루하루를 살아야 한다. 기성세대는 그 차이를 직시하고 있다. 그래서 한쪽에서는 현재 자리를 어떻게든 대물림하려고 안간힘을 쓰고, 다른 한쪽에서는 대물림하지 않으려 안간힘을 쓴다.

인간이 80여 년을 산다는데, 고작 십 년을 조금 더 산 아이들이 자신의 장래를 다 안다는 듯이 말하는 세상. 어른이 설계해 준 길을 따라 걸어가면 편안한 삶이 기다리고 있다고 말하는 아이들. 그리고 우리는 그쪽 아이들과 비교가 안 된다고 말하는 아이들. 이 아이들에게 어른들이 나서서 교육을 서열로 규정하는 짓은 그만두어야 한다.

모든 아이가 성장하도록 도와주기는커녕 수많은 패배자만 양산하는 체제를 교육이라고 말해서는 안 된다. 이 아이들에게 제빵사건 의사건 넉넉히 살 수 있는 사회구조, 경쟁이라는 이름에 뺏겨 버린 아이들의 자존감을 키우는 교육을 돌려줘야 한다.

V. 교육, 그리고 불평등 재생산

학부모들은 성공이 자기가 하고 싶은 일을 하는 것이고, 개인의 노력과 능력으로 성공에 도달할 수 있다고 대답했다. 그러면서도 취직과 승진이라는 현실 앞에서 실제 중요한 것은 '학력 및 학벌'이라고 인식하고 있다. 학부모들은 이러한 문제에 한편으로 대응하고, 한편으로 순응하는 방식을 택한다. 대구지역 8개 구(군) 지역 학부모들의 교육과 사회에 대한 인식은 같지만, 대응과 순응의 방법에 있어 사회·경제·문화적 환경에 따라 차이를 보인다. 특히, 자녀교육지원활동에 부모의 학력수준, 소득수준, 직업, 거주지역, 자녀의 성적 등에 따라 학습태도 형성, 자녀의 시간관리, 정보수집, 사교육활동, 학교 관련 활동, 특별활동에 이르기까지 차이가 두드러지게 나타난다. 우리 사회의 모든 길이 교육으로 통하면서 직업과 부, 인맥, 출세, 성공에 이르는 사회적·경제적·문화적 자본의 격차가 교육현장에 고스란히 반영되고 있다. 교육특구＝주거특구＝부동산특구＝고위직특구(신규섭 외, 2009)가 되고, 경제적 차이에 의한 교육 불평등은 더욱 심화되고 있다. 교육이 개인의 노력과 능력보다 가정의 사회·경제적 배경에 따라 영향을 받게 되면서 초등학교 아이들의 꿈조차도 일찍이 양극화 현상을 재현한다. 가정 배경과 소득계층별, 지역적 격차가 교육의 불평등을 심화시키고, 교육의 불평등이 다시 학력과 직업, 소득의 불균형을 확대 재생산시키고 있는 것이다.

교육으로 인해 심화되고 있는 불평등의 재생산 고리를 끊기 위한 방안을 마련하는 것은 결코 쉬운 일이 아니다. 그러나 명확한 것은 교육의 불평등과 양극화를 해소하기 위한 계층별 출발점이 다름을 인정하고, 저소득층과 소외계층, 지역을 위한 국가정책을 수립해야 한다. 균형선발과 같은 입시정책으로 소외받는 이들의 교육받을 기회를 확장하고, 직업에서 학력 간, 학벌 간 임금차이를 줄이는 사회정책을 마련해야 한다. 이와 동시에 불평등 해소를 위한 국가정책이 일회성 이벤트로 끝나지 않게 하는 사회·문화적 뒷받침이 필요하다.

제4장 자녀교육지원활동의 $f(x)^*$

김종혁 · 추헌택

I. 자녀교육지원활동은 어떻게 이루어질까?

우리 사회에서 교육성취는 직업·소득·사회계층의 획득에 많은 영향을 미치거나 지배와 권력에 접근할 수 있는 더 많은 기회를 제공한다 (신명호, 2011; 장상수, 2000). 교육성취가 삶에 미치는 영향이 클수록 교육행위는 아이들의 흥미와 적성에 따라 자연스럽게 이루어지는 것이 아니라 특별한 삶의 행위가 된다(김종혁·이상원, 2010). 우리 사회에 서 교육이 특별한 삶의 행위가 되면서 학부모들은 가정의 안과 밖, 제 도권과 비제도권, 공적 영역과 사적 영역을 가리지 않고, 다양한 가치 와 전략을 가지고 '모든 것을 쏟아부으며' 자녀교육지원활동에 적극적 으로 참여하고 있다(이두휴 외, 2001).

왜 학부모들은 모든 것을 쏟아부으며 자녀교육지원활동에 전념하는

* 이 글은 경북대학교 중등교육연구소 『중등교육연구』(2011) 59(4)에 게재된 논문 『대구지역 학부모의 교육인식, 교육기대와 자녀교육지원활동의 구조적 관계』를 일부 수정한 것임.
이 글은 2008년 정부(교육과학기술부)의 재원으로 한국연구재단의 지원을 받아 연구되었음 (KRF-2008-32-B00147).

것일까? 많은 교육학자들은 부모들이 학벌사회의 병폐를 인식하면서도 교육현실에 대한 순응을 택하여 경쟁적인 자녀교육지원활동에 편승하고 있기(오욱환, 2008) 때문이라고 주장한다.

여기에서 또 하나의 물음이 생겨난다. 그렇다면 학부모들은 학벌사회 경쟁에서 살아남기 위해 자녀교육에 대한 지원활동을 할 때 '자녀교육지원활동'에 영향을 주는 요인은 무엇일까? 어떤 요인이 얼마나 영향을 주는 것일까?

자녀교육지원활동에 영향을 주는 요인은 어느 한두 가지를 주된 변수로 지목할 수 없을 만큼 다양하고 복합적이다. 기존의 논의들은 자녀교육지원활동에 유의한 영향을 미치는 변인으로 첫째, 가정의 SES, 문화자본 등의 가정배경과 교육(김영화, 1990; 김현진, 2007; 변수용·김경근, 2008; 김희윤·백학영, 2010), 둘째, 학부모의 자녀교육지원행위의 유형과 교육(이경숙 외, 2010b; 김종혁·이상원, 2010; 이두휴 외, 2007; 오경희, 2008; 이정화, 1994; 이지연, 1994; 김희복, 1992), 셋째, 학부모들의 교육인식과 교육열(이경숙 외, 2010a; 오경희·한대동, 2009; 오욱환, 2008; 이민경, 2007; 현주, 2003; 조은, 2003; 강지연, 2001; Brown, 1990)을 중심에 두고 전개되고 있다.[1]

이 글에서는 기존 논의들의 한계를 극복하기 위해 자녀교육지원활동에 영향을 미치는 변인을 각각 학부모의 교육인식(교육열), 교육에 대한 기대(공교육기대, 사교육기대)로 구분하고, 이들과 자녀교육지원활

---

1) 이제까지 자녀교육지원활동에 관한 대다수의 연구는 자녀교육지원활동에 영향을 주는 요인을 살피기 위해 학부모들의 교육인식, 사교육에 대한 기대, 공교육(학교교육)에 대한 기대, 자녀교육을 위한 지원활동에 관한 개별적인 연구들이 주를 이루었다. 최근에서야 김일혁(2005), 곽수란(2006), 백병부·김경근(2007), 임현정(2009), 김희윤·백학영(2010) 등이 학부모의 사회경제적 배경과 학업성취의 관계, 거주지 효과와 학부모의 교육관여, 학업성취 등을 구조적으로 파악하고자 하는 연구들이 늘어나고 있다. 특히 임현정(2009)의 연구는 종단적 연구로 개인의 능력이나 가정 배경뿐만 아니라 학교수준(여건, 풍토, 진로지도)을 포함하여 고교진학계열에 영향력을 분석하였다. 그러나 수능과 내신이라는 결과에 치중한 점, 거주지 효과에 대한 부모의 교육적 관여, 고교진학 등에 집중되어 있으며 학부모들의 교육에 대한 인식과 학업성취의 구조적 관계에 대한 논의가 거의 이루어지지 않고 있다.

동 사이의 구조적 관계를 설명하고자 한다. 이를 통해 각각의 변인이 어떠한 경로를 통해서 자녀교육지원활동에 어느 정도의 영향력을 미치고 있는지를 설명할 수 있을 것이다. 이를 위해 첫째, 기초 작업으로서 SES에 따른 자녀교육지원활동 차이를 살펴 대구 8개 구·군 지역 학부모의 교육인식과 교육기대의 차이를 밝히고, 둘째, 학부모의 교육인식, 교육기대(공교육기대, 사교육기대)가 자녀교육지원활동과 어떠한 구조적 관계를 갖는지를 설명하고자 한다. 또한 이를 통해 잠정적으로는 각 변인이 미치는 상대적 영향력을 파악하여 학부모의 교육인식과 자녀교육지원활동에 관한 문제 해소에 대한 시사점을 제시하고자 한다.

Ⅱ. SES · 성적 · 교육인식 · 기대와 자녀교육지원활동의 관계

이 글에서는 자녀교육지원활동에 영향을 끼치는 요인을 학부모의 SES와 자녀성적, 그리고 학부모들의 교육에 대한 인식과 기대로 구분하고, 이들과 자녀교육지원 사이의 구조적 경로를 밝히고, 각 변인이 미치는 상대적 영향력을 파악하여 학부모들의 교육인식, 기대, 지원활동의 문제에 대한 시사점을 제시하고자 수행되었다.

먼저 가정의 SES와 자녀성적에 따라 학부모들의 교육에 대한 인식과 기대, 자녀교육지원활동에 차이가 있는지를 살펴보고자 한다. 다음으로 교육인식, 교육기대가 자녀교육지원활동과 어떠한 구조적 관계를 갖는지를 밝히고자 한다.

1. 학부모의 SES, 교육인식, 교육기대와 교육지원활동

자녀교육지원활동에 영향을 끼치는 여러 요인 중에서 학부모와 관련하여 중요하게 논의되고 있는 것은 학부모의 SES와 그들의 교육에 대한 인식, 교육에 대한 기대이다. 여기에서는 학부모의 SES, 교육인식, 교육기대의 의미와 관련 선행연구들을 살펴보면서 각 변인이 자녀교육지원활동과 어떤 연관성을 갖고 있는지를 이론적으로 고찰하고자 한다.

사회경제적 배경이 학부모의 자녀교육활동에 얼마나 큰 영향을 미치는지는 Bourdiue(1998)와 Coleman(1997), 이경숙 외(2010), 김희윤·백학영(2010), 오경희(2008), 이두휴 외(2001), 이정화(1994) 등을 통해서 많은 연구가 수행되었다. 연구들이 어느 계층의 학부모들이든 자녀교육을 위해 지원하고자 하고, 지원규모와 방식에는 차이가 있지만 나름의 전략과 활동을 구체화하고 있고, 이러한 지원은 거주지와 사회계층에 따라 차이가 있으며, 이 차이가 결국 교육격차를 초래한다고 밝히고 있다. 이경숙 외(2010b)에 따르면 가족의 일상생활의 구성방식이 사교육 전략, 자녀 공부를 조정하는 관리적 삶, 자녀교육지원 중심으로 짜여 있으며, 이것은 "더 많이" 지원하면 "더 많이" 얻게 된다는 학부모의 체험적 학습이론에서 나온 것이다. 오경희(2008)는 자녀의 성적과 계층에 따라 학부모의 교육에 대한 인식과 대응방식이 다르다는 사실을 분석하였다. 특히 중산층은 학교교육에 대한 불만이 적극적인 사교육소비행위로 이어지지만 저소득층은 학교교육이 불만스럽지만 다른 선택을 할 수 없어 학교교육에 기대를 건다고 밝히고 있다. 이두휴 외(2007)는 학부모들의 학력사회와 학벌사회에 대한 순응성과 지역, 계층 등에 따른 자녀교육지원활동의 차이를 분석하였다. 이정화(1994)는 학부모의 SES가 상층에 속할수록 자녀교육지원활동에 적극적이며, 사회적 인식과 위신에 대한 목적의식이 높을수록 교육지원활동에 적극적인 것으로 주장하고 있다.

학부모의 교육에 대한 인식은 교육에 대한 그들의 실천과 경험을 통해 형성된 가치를 의미하며, 이것은 교육환경·사회에 대한 인식, 자녀교육방식에 대한 인식, 자녀교육에 대한 학부모의 역할 인식을 포괄하는 것으로 볼 수 있다. 교육에 대한 기대는 공교육과 사교육에 대한 기대로 볼 수 있다. 따라서 이것을 분해하여 각각의 변인이 자녀교육지원활동에 미치는 영향을 고찰할 수 있다. 교육인식과 교육에 대한 기대에 관한 선행연구들은 우리 사회 학부모들의 교육인식과 교육열은 단순한 학부모의 욕망이 아니라 학력·학벌사회라는 구조적 맥락과 모든 교육이 입시로 점철되는 경쟁교육의 맥락 속에서 형성되었다고 밝히고 있다. 그중 강지연(2007)은 학부모의 교육열은 교육경쟁 과정에서 생성되는 현상이며, 교육경쟁을 유발하는 요인은 우리 사회의 학벌이라고 주장한다. 이민경(2007)은 어머니들의 자녀교육에 대한 의식은, 자신들이 체험한 학벌에 대한 개념이 자녀들에 대한 교육기대로 재현되고 있음을, 조은(2003)은 교육열은 불안정한 사회에서 안정되게 살아남기 위한 욕망과 사회이동을 향한 욕망과 연관되어 있음을 주장한다. 이경숙 외(2010a)에 따르면 학부모들은 '아이의 성적은 어차피 학교 이외에서 결정되기 때문에' 학교교육에는 인성교육을 사교육에는 지식교육을 가장 중요한 가치로 기대하고 있다.

2. 교육인식, 교육기대와 자녀교육지원활동의 관계

학부모의 교육에 대한 인식은 세상과 소통하는 과정에서 어떤 특정한 방식들에 의해 형성된 가치이며, 이것은 그들을 둘러싸고 있는 사회

문화적 영향력 속에서 발생된 것으로(오경희·한대동, 2009: 128) "학부모의 교육환경[2])·사회에 대한 인식, 학부모 역할에 대한 인식, 자녀교육방식에 대한 인식(현주 외, 2003)"을 포괄하는 것으로 볼 수 있다. 선행연구를 통해 교육인식과 자녀교육지원활동의 관계를 살펴보면, 김영화(1992), 이두휴 외(2007) 등은 학부모들이 학벌사회로 인식하고 있는 현실에서 학업성취와 계층상승에 대한 열망이 자녀교육지원활동에 영향을 끼치고 있다고 보고 있다. 조은(2003)은 계급화되고 있는 우리 사회에서 공적 교육을 통한 학업성취와 계층상승에 대한 열망이 약화되고 있으며, 사교육을 통해 그것을 확보하고자 자녀교육에 대한 지원을 아끼지 않는다고 보고 있다.

한편, 학부모들의 교육에 대한 기대는 사교육과 학교교육이라는 두 교육기관의 연결선상에서 나타난다. 자녀들의 학업성취와 관련된 교육행위가 중요행위로 나타나는 곳이 공교육 기관과 사교육 기관이다. 선행연구들에서는 학교교육에 대한 불신과 사교육에 대한 강한 믿음이 학부모들로 하여금 자녀교육지원활동에 적극적으로 참여하게 하는 것으로 나타나고 있다.

3. 선행연구 분석을 통한 인과모형 설정

이 글에서는 학부모의 교육에 대한 인식과 교육에 대한 기대(공교육·사교육에 대한 기대), 자녀교육지원활동의 구조적인 관계를 살펴보기 위해 구조방정식모형을 활용하였으며, 사교육과 공교육에 대한 기대의 차이로 인해 학부모들의 교육지원활동이 다른 현상을 보인다는 연구

---

2) 교육환경이란 자녀교육을 위한 물리적인 환경을 넘어서 학부모의 교육경험을 통한 사회현실에 대한 인식, 거주지 등을 의미한다.

(이지연, 1994; 이경숙 외, 2010a), 자녀교육지원활동과 학부모의 인식을 파악한 연구(오경희, 2008), 학부모들의 학교교육에 대한 인식을 재조명한 연구(오경희·한대동, 2009) 등에 기초하여 완전매개모형인 모형 1과 부분매개모형인 모형 2의 모형을 설정하고 검증하였다. 모형 1은 학부모의 교육에 대한 인식 정도가 학부모의 자녀교육지원활동에 직접적인 영향을 미치지 않고 공교육과 사교육에 대한 기대를 매개로 하여 교육지원활동에 영향을 미칠 것이라는 완전매개모형으로 가정하였으며, 모형 2는 교육의 인식 정도가 교육에 대한 기대(공교육·사교육)를 통해 교육지원활동에 영향을 미칠 뿐만 아니라 직접적으로 교육지원활동에 영향을 줄 것이라는 부분매개모형으로 설정하였다. 이러한 모형설정의 근거는 사교육과 공교육에 대한 기대의 차이로 인해 학부모들의 교육지원활동이 다른 현상을 보인다는 연구(이지연, 1994; 이경숙 외, 2010a), 자녀교육 지원활동과 학부모의 인식을 파악한 연구(오경희, 2008), 학부모들의 학교교육에 대한 인식을 재조명한 연구(오경희·한대동, 2009) 등에 기초하고 있다.

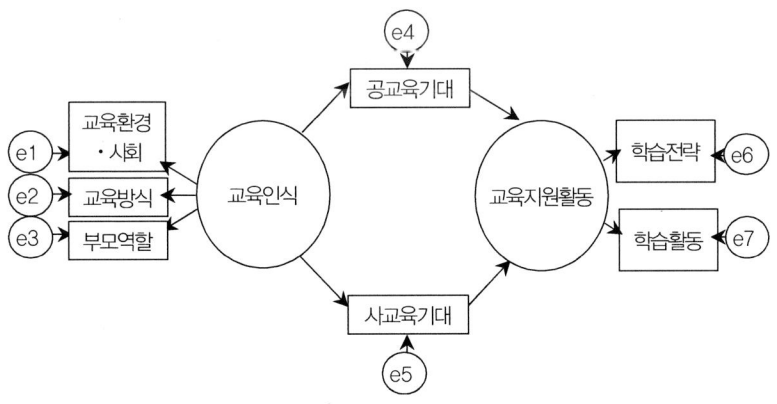

〈그림 1〉 자녀교육지원활동 관련 모형 1

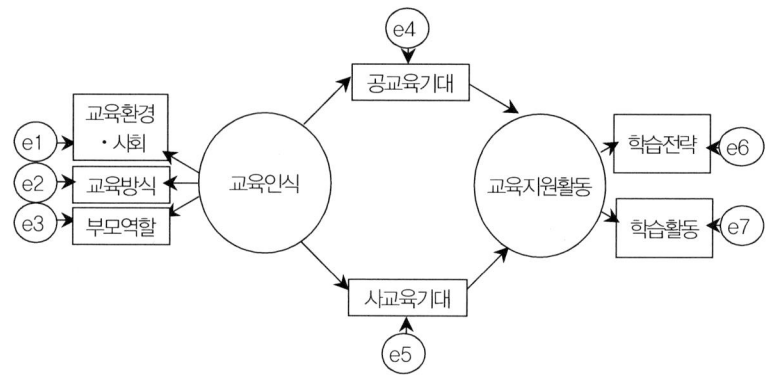

〈그림 2〉 자녀교육지원활동 관련 모형 2

Ⅲ. f(x); 교육기대, 교육인식, 자녀교육지원활동

1. 연구대상

대구지역 8개 구·군3)의 중학생 학부모 1,000명을 대상으로 하였다. 2010년 현재 대구지역 구·군별 중학생 수 현황4)을 기준으로 비율을 조사한 후, 아래의 <표 1>과 같이 설문대상 학부모 표집인원을 구·군별 비율에 따라 할당하는 비례유층표집방식을 사용하였다.5) 우리 사회에서 대학입시경쟁이 심화되면서 학부모들의 자녀교육에 대한 관여의 범위나 강도가 고등학교보다 중학교에서 더욱 심화되고 있다는 이두휴 외(2007)의 연

---

3) 이 글에서는 사회 문화적 현상으로서 '자녀교육지원활동'에 초점을 맞추고, 대구지역 학부모를 연구대상으로 선정하였다. 대구 지역을 선정한 것은 대구는 지역의 교육조건과 삶의 형태를 드러내는 한 사례이면서, 동시에 대한민국 각 지역에서 발생하는 '자녀교육지원활동'의 특성과 그 거주자들의 교육적 삶을 대변하기 때문이다.

4) 대구광역시 교육청 교육통계(2010). http://www.dge.go.kr/

5) 비례유층표집방식은 유층으로 나뉜 각 집단 내의 표집의 크기를 전집의 구성비율과 동일하게 표집하는 방식이다(김정환, 2008).

구를 참조하여 설문의 대상을 중학생 학부모로 한정하였다.[6] 본 연구의 설문조사는 대구광역시에 소재한 중학교에 재학 중인 중학생의 학부모를 대상으로 2010년 9월 27일부터 10월 22일에 걸쳐 실시되었다. 총 1,200매의 설문지를 배포하여[7] 그중 1,102매가 회수되었다. 회수된 설문지 중 무응답, 복수응답, 기타 부적절한 응답 등의 설문지를 제외하고, 구별 중학생 인원수의 비율을 맞추기 위해 무선적으로 제외하였다. 이를 통해 최종 1,000명의 응답을 분석하였다. 연구대상 응답자의 특성은 <표 2>와 같다.

〈표 1〉 대구광역시 구별 중학생 수에 따른 구별 학부모 표집인원

	중구	동구	서구	남구	북구	수성구[8]	달서구	달성군	총계
중학생 인원수	3,327	8,753	6,554	5,367	21,281	27,040	29,218	6,542	108,082
구별 비율(%)	3.078	8.098	6.064	4.966	19.690	25.018	27.033	6.053	100
구별 표집인원	31	81	61	50	197	250	270	61	1,000

자료: 대구광역시 교육청 교육통계(2010). http://www.dge.go.kr/에 따른 표집인원.

---

6) KEDI에서 실시한 '한국교육종단연구'에서 임현정(2009) 역시 학부모의 학업지원 수준과 문화활동이 중학교 2학년 때 가장 높게 나타난다고 밝히고 있다.

7) 한 학급을 기준으로 설문을 배포하였기에 필요한 만큼의 설문지를 배포할 수 없었다. 중구의 경우 31부의 설문이 필요했지만 한 반을 기준으로 했기에 38명의 설문을 배포하여 회수하였다.

8) 대구광역시 수성구는 대구지역의 중앙이다. 수성구에는 대구 직업인구 중 고위직 및 전문가 집단의 50%, 대구 내 박사학위자(35~49세)의 53.4%가 거주하고 있으며, 입시학원은 36%가 밀집해 있다. 대구 시내 서울대 합격자의 76.1%가 배출될 만큼 교육환경과 학업성취가 월등히 높은 거주지역이다(김종혁·이상원, 2010). '교육특구'라 불리는 차별적 거주지의 최정점에 서울의 강남이 있다(손준종, 2004). 지역에는 지역마다 강남과 유사한 '교육특구'가 탄생하였다. 대구의 수성구, 부산의 해운대구, 경기도의 분당과 일산, 인천의 연수구, 울산의 남구, 광주의 남구, 대전의 둔산과 노은지구 등이 변방의 중앙, 즉 지역의 '교육특구'라 할 수 있다.

9)   대구시 주민의 직업구성

단위: (%)

직업	0	1	2	3	4	5	6	7	8	9	10	11	합계
대구	6.2	10.5	9.5	13.8	10.3	11.5	3.6	11.4	14.9	7.4	0.2	0.7	100

자료: 2005년 인구주택 총조사, 국가통계포털 http://www.kosis.kr/
  * 직업분류: 0. 의회의원, 고위임직원 및 관리자, 1. 전문가, 2. 기술공 및 준전문가, 3. 사무종사자, 4. 서비스종사자, 5. 판매종사자, 6. 농업, 임업 및 어업숙련종사자, 7. 기능원 및 관련 기능 종사자, 8. 장치, 기계조작 및 조립종사자, 9. 단순노무종사자, 10. 기타, 11. 직업미상

〈표 2〉 응답자 특성[7)]

변수	구분		빈도(비율)	변수	구분	빈도(비율)
응답자	부		171(17.1)	자녀 성적	상	294(29.4)
	모		817(81.7)		중	510(51.0)
	기타		12(1.2)		하	196(19.6)
학력	부학력	초등학교 졸	13(1.3)	가장 직업	생산노무직	243(24.3)
		중학교 졸	29(2.9)		서비스·판매직	156(15.6)
		고등학교 졸	370(37.0)		사무직	252(25.2)
		전문대 졸	110(11.0)		반전문 기술직	74(7.4)
		대학 졸	400(40.0)		관리직	91(9.1)
		대학원 졸	78(7.8)		전문 기술직	78(7.8)
	모학력	초등학교 졸	15(1.5)		주택 및 상가 임대업	10(1.0)
		중학교 졸	39(3.9)		무직	12(1.2)
		고등학교 졸	490(49.0)		기타	84(8.4)
		전문대 졸	113(11.3)	거주지	중구	31(3.1)
		대학 졸	309(30.9)		동구	80(8.0)
		대학원 졸	34(3.4)		서구	61(6.1)
가계소득수준	200만 원 미만		194(19.4)		남구	50(5.0)
	200만 원~400만 원 미만		417(41.7)		북구	197(19.7)
	400만 원~600만 원 미만		268(26.8)		수성구	250(25.0)
	600만 원~1000만 원 미만		98(9.8)		달서구	270(27.0)
	1,000만 원 이상		23(2.3)		달성군	61(6.1)

대구광역시 연령별 학력수준

단위: 명, (%)

연령별	중학교 졸업	고등학교 졸업	대학교 졸업	대학원 (석사)졸업	대학원 (박사)졸업
35~49세	76,444 (14.3)	292,440 (54.8)	146,583 (27.5)	14,076 (2.6)	4,403 (0.8)

자료: 2005년 인구주택 총조사. 국가통계포탈 http://www.kosis.kr/

2. 측정도구

가. 교육인식

학부모의 교육에 대한 인식은 세상과 소통하는 과정에서 어떤 특정한 방식들에 의해 형성된 가치이다. 본 연구에서는 학부모의 교육인식을 측정하기 위해 현주 외(2003)의 척도를 수정하여 사용하였다. 이 척도는 학부모의 교육열 분석을 위해 개발한 것으로 학부모 교육열 형성배경, 학부모 교육열 실상, 교육열 영향, 부모 - 자녀관계의 4가지 하위영역으로 구성되었다. 본 연구에서는 교육인식에 대한 문항만을 사용하였다. 본 연구에서는 측정된 변수들이 동일한 구성개념을 갖고 있는지 확인하기 위하여 탐색적 요인분석을 실시하였다. 요인추출방법으로 주축요인추출을 적용하였으며, 프로맥스 회전을 실시하였다. 요인 수 결정을 위해 스크리 도표를 참조하고, 고유치 1.0 이상의 요인을 추출하였다. 그 결과, 교육인식은 세 가지의 요인(교육환경 · 사회, 부모역할, 교육방식)으로 나타났으며, 요인부하량이 낮거나 다른 요인으로 묶여진 문항들은 제거되었다. 본 척도의 전체 신뢰도는 .74이었으며, 하위 영역별 신뢰도는 교육환경 · 사회 .61, 부모역할 .72, 교육방식 .61로 각각 나타났다.

<표 3> 교육인식 요인분석 결과

문항	교육환경·사회	부모역할	교육방식	신뢰도
B3	.954	−.081	−.022	
B2	.598	.098	−.060	.61
B4	.493	.017	.121	
B10	−.057	.753	−.019	
B8	−.006	.477	−.039	.72
B12	.074	.467	−.063	
B11	.010	.375	.227	
B5	−.062	−.130	.857	
B6	.100	.099	.429	.61
B7	.080	.263	.332	
고윳값	1.856	1.838	1.708	
설명 분산	24.526	9.976	5.285	전체 신뢰도 .74
누적 분산	24.526	34.503	39.788	
문항 수	3	4	3	

나. 교육기대

교육기대는 교육기관을 통해 학부모들이 무엇을 얻고자 하는가이다. 이러한 교육기대를 측정하기 위한 척도는 임명숙(2005)이 공교육(학교교육)과 사교육(학원교육)에 대한 학부모의 기대의 차이를 알아보기 위해 사용한 것을 연구자들이 재구성하여 사용하였다. 본 설문을 참고하여 공교육기대와 사교육에 대한 기대 척도를 분리하여 별도로 제작하였으며, 동일한 방법으로 요인분석을 통해 각 척도가 단일요인임을 확인하였다. 요인부하량이 낮은 문항(.30 이하)은 제거하였으며, 공교육기대 척도에서는 1개의 문항(C1문항)이 제거되어 최종 4개의 문항이, 사교육기대 척도에서는 3개 문항(C11, C12, C13)이 제거되어 최종 6개 문항이 선정되었다. 각 척도의 신뢰도는 공교육기대가 .84이었으며, 사교육기대는 .69로 나타났다.

다. 자녀교육지원활동

이 글에서는 학부모의 자녀교육지원활동을 측정하기 위해 박현주 (2001)가 개발한 척도를 바탕으로 본 연구자들이 재구성하여 사용하였다. 이 척도는 김경희(1997), 최홍규(1999)의 질문지를 기초로 하여 두 가지 하위영역(부모의 교육적 지원, 청소년의 학업 도움 인식)으로 구성되어 있으며 각각의 신뢰도는 .86과 .88로 나타났다. 여기에서는 부모의 실질적인 교육적 지원 문항만을 사용하였으며, 동일한 방법으로 요인분석을 실시한 결과, 2개의 요인 수가 적합한 것으로 나타났다. 척도 전체의 신뢰도는 .91이었으며, 하위 영역별 척도의 신뢰도는 학습전략 .84이었으며, 학습활동은 .89로 나타났다.

〈표 4〉 교육지원 요인분석 결과

문항	학습전략	학습활동	신뢰도
D14	.893	−.170	
D13	.857	−.170	
D15	.747	−.066	
D16	.549	−.051	
D3	.542	−.013	
D2	.510	.070	.84
D9	.475	.114	
D4	.462	−.099	
D7	.385	.128	
D11	.378	.119	
D10	.374	.047	
D12	.360	.094	
D26	−.097	.702	
D17	.110	.700	
D25	.079	.679	.89
D30	−.158	.657	
D18	.168	.627	

D27	.052	.623	
D28	−.084	.617	
D31	−.121	.592	
D32	−.186	.556	
D22	.178	.541	
D29	−.064	.512	.89
D24	.141	.473	
D23	.244	.457	
D19	.218	.438	
D34	.211	.413	
D33	−.025	.411	
고윳값	5.930	6.681	
설명 분산	7.693	27.080	전체 신뢰도.91
누적 분산	34.773	27.080	
문항 수	12	16	

3. 자료 수집 절차

대구지역 구·군별 중학생 자녀를 둔 학부모를 대상으로 교육에 관한 인식과 공교육, 사교육기대, 자녀교육지원활동의 격차를 실증적으로 분석하기 위하여 설문지를 제작하였다. 설문지 제작은 학부모들과의 사전 면담, 예비설문조사, 본 설문조사의 세 단계로 이루어졌다.

첫 번째 단계에서는 대구지역 수성구와 서구 지역 학부모들과의 면담을 통해, 설문지 문항의 범주를 구성하기 위한 예비 연구를 하였다. 중학생 학부모 면담은 2010년 5월 24일부터 6월 3일까지 이루어졌으며, 면담에서는 주거지 관련 교육환경·사회에 대한 인식, 자녀교육방식에 대한 인식, 교육주체와 관여자(학교, 교사, 학생, 학부모, 사교육기관 등)에 대한 인식, 학교와 사회에 대한 바람, 자녀 공부를 위한 지원활동, 교육에 대한 책임소재 등에 대한 반구조화된 질문을 통해 이루어졌다.

두 번째 단계에서는 학부모들과의 면담결과 및 본 글과 관련된 학부모의 교육열과 교육지원에 대한 선행연구를 참고하여 연구자가 본 글을 위해 필요하다고 생각하는 항목을 추출하여 예비 설문지를 제작하였고, 이를 통해서 수성구, 달서구의 중학생 학부모 113명에게 2010년 7월 1일에서 7월 15일까지 예비 설문조사를 실시하여 타당도를 검증하였다.

〈표 5〉 교육에 대한 인식과 지원활동에 관한 질문지 문항분석

| | 문항내용 | 문항 수 | Cronbach's α | |
			개별	전체
학부모 배경변인	사회경제적 배경	5		
교육인식	교육환경·사회인식	3	.61	
	자녀교육방식	3	.61	.74
	부모 역할	4	.72	
교육기대	공교육기대	4	.84	
	사교육기대	6	.69	
교육지원	학습전략	12	.84	
	학습활동	16	.89	.91

세 번째 단계에서는 예비 설문결과를 바탕으로 설문지를 수정하여 최종 설문지를 제작하였다. 구성된 설문지는 '학부모배경변인', '학부모의 교육인식', '학부모의 교육기대', '자녀교육지원활동'에 관한 문항으로 구성되었다.

설문지의 세부적인 사항은 아래 <표 6>과 같다.

<표 6> 설문지 문항의 내용

분류		문항내용
교육인식	교육환경·사회	주거지 만족도, 성공의미 학벌사회
	자녀교육방식	강압적, 방임적 등
	부모 역할인식	부모로서의 성공, 부모의 도리, 자녀 미래설계 등
교육기대	공교육기대	학교교육 만족도, 교사인식, 학교공부 우선도 등
	사교육기대	사교육 우선도, 사교육비, 사교육 지원 등
교육지원활동	학습전략	학습태도, 교육·건강, 시간관리 등
	학습활동	정보수집, 사교육활동, 학교활동참여, 특별활동

4. 자료 분석

이 글에서는 지역별·계층별에 따른 교육인식, 공교육·사교육기대, 자녀교육지원활동의 격차와 이들의 구조적 관계를 살펴보기 위하여 SPSS 18.0 및 AMOS 18을 활용한 자료 분석을 실시하였다.

우선, 학부모배경변인과 자녀성적 인식에 따른 학부모의 교육인식, 교육기대, 자녀교육지원활동에 대한 차이 등을 분석하기 위해 일원변량분석(ANOVA)을 실시하였으며, 필요에 따라 Tukey 사후 분석을 실시하였다. 또한 학부모의 교육인식, 교육기대, 자녀교육지원활동이 어떠한 구조적 관계가 있는지 밝히기 위해 구조방정식모형을 활용하였다.

5. 각 변인의 기술 통계치 및 분산 분석

각 변인의 기술 통계치 및 분산 분석은 아래의 <표 7>은 본 연구에 변인들의 사례 수, 최솟값, 평균, 표준편차, 왜도, 첨도 등과 같은 기술 통계량을 정리한 것이다.

<표 7> 학부모의 교육인식, 교육기대, 자녀교육지원활동 기술통계량

		N	최솟값	최댓값	평균	표준편차	왜도	첨도
교육인식	교육방식	1000	3.00	15.00	7.3330	2.35280	.038	−.327
	부모역할	1000	4.00	20.00	12.3690	2.80191	−.252	−.045
	교육환경·사회	1000	3.00	15.00	8.4280	2.97686	−.007	−.654
교육기대	사교육	1000	6.00	30.00	17.5850	4.87817	−.491	−.141
	공교육	1000	4.00	20.00	13.1070	3.46895	−.032	−.493
교육지원	학습전략	1000	12.00	55.00	36.6660	7.44943	−.390	.102
	학습활동	1000	16.00	72.00	33.7930	10.45081	.257	−.631
유효 수(목록별)		1000						

가. 부모의 배경변인 및 부모가 지각하는 자녀성적에 따른 교육인식 차이

부모의 배경변인 및 부모가 지각하는 자녀성적에 따른 교육인식에 대한 차이는 <표 8>과 같다. 교육인식에 대한 하위영역별 결과를 살펴보면, 자녀교육방식 인식에 있어서는 부모의 배경변인과 부모가 지각하는 자녀성적에 따른 차이는 없었으며, 부모역할에 대한 인식에 있어서는 해당 가정의 아버지의 학력($F = 5.352$, $p < .001$), 소득($F = 5.233$, $p < .001$), 거주지($F = 3.837$, $p < .001$)에 따라 유의한 차이가 있는 것으로 나타났다. 이러한 차이에 대한 사후 분석 실시 결과, 아버지의 학력이 대졸인 가정은 고졸인 가정보다 부모의 역할인식에 대한 인식이 상대적으로 더 높은 것으로 나타났으며, 소득 수준에서도 600~1,000만 원의 가정이 200~400만 원 가정과 200만 원 미만 가정과 비교하여 더 높은 것으로 나타났다. 또한 수성구에 거주하는 부모가 달서구에 거주하는 부모에 비해 부모의 역할인식을 더 높게 지각하는 것으로 나타났다. 이는 즉, 자녀의 뒷바라지, 자녀에 대한 통제, 교육적 경험의 제공 등이 자녀교육 성패에 매우 중요한 부분으로 인식하고 있음을 의미한다.

교육환경·사회 인식에 있어서는 해당 가정의 아버지의 학력(F = 2.010, p<.05), 소득(F = 6.934, p<.001), 거주지(F = 5.408, p<.001), 부모가 지각하는 성적(F = 19.046, p<.01)에 따라 차이가 있는 것으로 나타났다. 이러한 차이에 대한 사후 분석 실시 결과, 아버지의 학력이 대졸인 가정은 교육환경·사회 인식에 대해 아버지의 학력이 중졸인 가정보다 그 인식 정도가 상대적으로 높은 것으로 나타났으며, 더불어 소득 수준에서도 200만 원 이상인 가정은 200만 원 미만의 가정과 비교하여 그 인식의 정도가 상대적으로 높은 것으로 나타났다. 또한 이러한 현상은 거주지에서도 유사하게 나타났는데 동구와 북구에 거주하는 부모들이 수성구에 거주하는 부모들보다 교육환경·사회에 대한 인식이 더 높은 것으로 나타났으며, 자녀의 성적을 상대적으로 높게 평가하는 부모 또한 그렇지 않은 부모보다 그 인식의 정도가 높았다. 이는 부모의 경제적인 배경이나 교육과 관련된 주변의 환경, 학군을 고려한 거주 등이 자녀교육에 있어 중요한 부분으로 인식되고 있음을 의미한다.

나. 부모의 배경변인 및 부모가 지각하는 자녀성적에 따른 교육기대 차이

부모의 배경변인 및 부모가 지각하는 자녀성적에 따른 교육기대에 대한 차이는 <표 9>와 같다. 우선, 공교육기대에 대한 차이는 해당 가정의 아버지 학력(F = 5.284, p<.001), 소득(F = 12.797, p<.001), 직업(F = 4.381, p<.001), 거주지(F = 4.170, p<.001), 부모가 지각한 자녀성적(F = 5.390, p<.01)에 따라 차이가 있는 것으로 나타났다. 이러한 차이에 대한 사후 분석 실시 결과, 아버지의 학력이 고졸인 가정이 대졸인 가정보다 공교육에 대한 기대가 더 높은 것으로 나타났으며, 소득수준이 200만 원 미만인 가정이 200만 원 이상의 가정과 비교하여 공교육에 대한 기대가 높은 것으로 나타났다. 더불어 소득이 200만 원 이상의 가

정 중에서 소득수준 200~400만 원인 가정은 소득수준 400~600만 원인 가정에 비해 공교육에 대한 기대가 더 높은 것으로 나타났다. 해당 가정 가장의 직업이 생산/노무직인 경우, 사무직이거나 관리직인 직업을 가진 가정보다 공교육에 대한 기대가 높은 것으로 나타났다. 또한 거주지에 따라서는 동구와 서구는 수성구보다 공교육에 대한 기대가 높은 것으로 나타났다. 끝으로 자녀의 성적을 낮다고 생각하는 부모가 자녀성적을 높게 인식한 부모에 비해 공교육에 대한 기대가 높은 것으로 나타났다. 이러한 공교육에 대한 높은 기대는 학교교육에 대한 만족도나 교사에 대한 믿음, 학교공부의 우선 정도가 높은 것을 의미한다.

반면, 사교육에 대한 기대에 차이는 해당 가정의 아버지 학력(F=7.352, p<.001), 소득(F=11.094, p<.01), 직업(F=4.851, p<.001), 거주지(F=8.199, p<.001), 부모가 지각한 자녀성적(F=5.487, p<.001)에 따라 차이가 있는 것으로 나타났다. 이러한 차이에 대한 사후 분석 실시 결과, 아버지의 학력이 중졸 및 고졸인 가정이 대졸인 가정보다 사교육에 대한 기대가 더 높은 것으로 나타났으며, 소득수준이 200만 원 미만인 가정이 200~1,000만 원 미만의 가정과 비교하여 사교육에 대한 기대가 높은 것으로 나타났다. 더불어 소득이 200만 원 이상의 가정 중에서 소득수준 400~600만 원인 가정은 소득수준 200만 원인 가정에 비해 사교육에 대한 기대가 더 높은 것으로 나타났다. 해당 가정 가장의 직업이 사무직인 경우, 생산/노무직인 직업을 가진 가정보다 사교육에 대한 기대가 높은 것으로 나타났다. 또한 거주지에 따라서는 남구와 수성구는 동구에 비해 사교육에 대한 기대가 높았으며, 더불어 수성구는 동구 이외에도 서구, 달서구에 비해서도 그 기대치가 높은 것으로 나타났다. 끝으로 자녀성적을 '상' 및 '중'으로 평가하는 부모가 자녀성적을 '하'로 평가하는 부모보다 사교육에 대한 기대가 높은 것으로 나타났다.

이러한 사교육에 대한 높은 기대는 사교육에 대한 지원, 사교육비 지출, 사교육에 대한 우선 정도가 높은 것을 의미한다.

〈표 8〉 부모의 학력·소득·직업·거주지 및 부모가 지각하는 자녀성적에 따른 교육인식

		자녀교육 방식 인식				
		N	M	SD	F	사후검증
아버지 학력	(1) 초졸	13	7.6154	2.84425	2.817	
	(2) 중졸	29	6.9310	2.60399		
	(3) 고졸	370	7.2027	2.29516		
	(4) 전문대졸	110	7.8273	2.31413		
	(5) 대학교졸	400	7.4300	2.30399		
	(6) 대학원졸	78	6.8590	2.64194		
	합계	1000	7.3330	2.35280		
소득	(1) 200만 원 미만	194	7.0515	2.40626	.960	
	(2) 200~400 미만	417	7.3909	2.19882		
	(3) 400~600 미만	268	7.3993	2.52796		
	(4) 600~1,000 미만	98	7.5000	2.32090		
	(5) 1,000만 원 이상	23	7.1739	2.62249		
	합계	1000	7.3330	2.35280		
직업	(1) 생산/노무	243	7.2881	2.33535	.661	
	(2) 서비스/판매	156	7.3333	2.30940		
	(3) 사무	252	7.5992	2.26221		
	(4) 반전문기술	74	7.1622	2.25150		
	(5) 관리	91	7.1429	2.39245		
	(6) 전문	78	7.0769	2.45356		
	(7) 임대	10	7.3000	2.54078		
	(8) 무직	12	7.3333	2.90245		
	(9) 기타	84	7.2619	2.62113		
	합계	1000	7.3330	2.35280		
거주지	(1) 중구	31	6.9032	2.84435	1.706	
	(2) 동구	80	7.1125	2.49046		
	(3) 서구	61	8.0492	2.61040		
	(4) 남구	50	7.8000	2.03038		
	(5) 북구	197	7.2437	2.10721		
	(6) 수성구	250	7.3720	2.30975		

거주지		N	M	SD		
거주지	(7) 달서구	270	7.1667	2.39540		
	(8) 달성군	61	7.6066	2.51183		
	합계	1000	7.3330	2.35280		
성적	(1) 상	294	7.2279	2.35264	2.202	
	(2) 중	510	7.4804	2.27712		
	(3) 하	196	7.1071	2.52653		
	합계	1000	7.3330	2.35280		

		부모역할 인식				
		N	M	SD	F	사후검증
아버지 학력	(1) 초졸	13	12.3846	2.29269	5.352***	(3)(5)
	(2) 중졸	29	11.8621	3.02046		
	(3) 고졸	370	11.8162	2.96113		
	(4) 전문대졸	110	12.7000	2.77786	5.352***	(3)(5)
	(5) 대학교졸	400	12.7875	2.67493		
	(6) 대학원졸	78	12.5641	2.24239		
	합계	1000	12.3690	2.80191		
소득	(1) 200만 원 미만	194	11.8299	3.13048	5.233***	(1)(3) (1)(4) (2)(4)
	(2) 200~400 미만	417	12.2158	2.70264		
	(3) 400~600 미만	268	12.7052	2.65473		
	(4) 600~1,000 미만	98	13.1837	2.76706		
	(5) 1,000만 원 이상	23	12.3043	2.40142		
	합계	1000	12.3690	2.80191		
직업	(1) 생산/노무	243	12.0370	2.95466	1.592	
	(2) 서비스/판매	156	12.2115	2.76151		
	(3) 사무	252	12.7302	2.52292		
	(4) 반전문기술	74	12.4865	2.93418		
	(5) 관리	91	12.6923	2.63182		
	(6) 전문	78	12.5513	2.73813		
	(7) 임대	10	12.9000	2.51440		
	(8) 무직	12	11.7500	3.72034		
	(9) 기타	84	11.9405	3.12915		
	합계	1000	12.3690	2.80191		

거주지		N	M	SD	F	사후검증
거 주 지	(1) 중구	31	12.1613	3.12086	3.837***	(6)>(7)
	(2) 동구	80	12.2500	3.07501		
	(3) 서구	61	12.2131	2.52398		
	(4) 남구	50	13.3600	2.54558		
	(5) 북구	197	12.4619	2.98377		
	(6) 수성구	250	12.8680	2.47935		
	(7) 달서구	270	11.8037	2.79311		
	(8) 달성군	61	12.1311	2.95226		
	합계	1000	12.3690	2.80191		
성 적	(1) 상	294	12.6122	2.85592	1.937	
	(2) 중	510	12.3235	2.70981		
	(3) 하	196	12.1224	2.93962		
	합계	1000	12.3690	2.80191		

		교육환경·사회 인식				
		N	M	SD	F	사후검증
아 버 지 학 력	(1) 초졸	13	7.3077	2.46254	3.010*	(2)<(5)
	(2) 중졸	29	6.5517	2.82320		
	(3) 고졸	370	8.3811	2.87087		
	(4) 전문대졸	110	8.5727	3.16071		
	(5) 대학교졸	400	8.5825	2.97242		
	(6) 대학원졸	78	8.5385	3.16101		
	합계	1000	8.4280	2.97686		
소 득	(1) 200만 원 미만	194	7.5206	2.83795	6.934***	(1)<(2) (1)<(3) (1)<(4)
	(2) 200~400 미만	417	8.4724	2.98954		
	(3) 400~600 미만	268	8.7910	2.93392		
	(4) 600~1,000 미만	98	9.0918	2.89360		
	(5) 1,000만 원 이상	23	8.2174	3.23274		
	합계	1000	8.4280	2.97686		
직 업	(1) 생산/노무	243	8.3210	3.00479		
	(2) 서비스/판매	156	8.3526	2.93984		
	(3) 사무	252	8.8492	2.90642		
	(4) 반전문기술	74	8.2162	2.97142		

		N	M	SD	F	사후검증
직업	(5) 관리	91	8.5385	3.17038	.292	
	(6) 전문	78	8.1923	3.05388		
	(7) 임대	10	7.7000	2.26323		
	(8) 무직	12	7.2500	2.95804		
	(9) 기타	84	8.1548	2.93091		
	합계	1000	8.4280	2.97686		
거주지	(1) 중구	31	7.6774	2.67566	5.408***	(2)>(6) (5)>(6)
	(2) 동구	80	9.3000	2.84805		
	(3) 서구	61	8.6557	2.49590		
	(4) 남구	50	9.3600	2.95379		
	(5) 북구	197	8.9492	3.06519		
	(6) 수성구	250	7.7400	3.06823		
	(7) 달서구	270	8.1852	2.81706		
	(8) 달성군	61	8.8852	3.02819		
	합계	1000	8.4280	2.97686		
성적	(1) 상	294	9.0714	2.99117	19.046***	(1)>(2) (1)>(3) (2)>(3)
	(2) 중	510	8.4490	2.89372		
	(3) 하	196	7.4082	2.90300		
	합계	1000	8.4280	2.97686		

〈표 9〉 부모의 배경변인 및 부모가 지각하는 자녀성적에 따른 교육기대

		공교육기대					사교육기대				
		N	M	SD	F	사후검증	N	M	SD	F	사후검증
아버지 학력	(1) 초졸	13	14.0000	2.51661	5.284***	(3)>(5)	13	19.0000	2.64575	7.352***	(2)<(5) (3)<(5)
	(2) 중졸	29	13.1379	4.16382			29	15.2759	6.19272		
	(3) 고졸	370	13.7946	3.38672			370	16.6297	4.81311		
	(4) 전문대졸	110	12.5636	3.73067			110	18.1091	4.82224		
	(5) 대학교졸	400	12.7125	3.49792	5.284***	(3)>(5)	400	18.4500	4.77855	7.352***	(2)<(5) (3)<(5)
	(6) 대학원졸	78	12.4744	2.59232			78	17.5641	4.52006		
	합계	1000	13.1070	3.46895			1000	17.5850	4.87817		

		N	Mean	SD	F	사후검증	N	Mean	SD	F	사후검증
소득	(1) 200만 원 미만	194	14.4381	3.34986	12.797***	(1)>(2) (1)>(3) (1)>(4) (1)>(5) (2)>(3)	194	15.8351	5.15497	11.094***	(1)<(2) (1)<(3) (1)<(4) (2)<(3)
	(2) 200~400 미만	417	13.2158	3.43293			417	17.4436	4.87510		
	(3) 400~600 미만	268	12.3209	3.35335			268	18.6119	4.29425		
	(4) 600~1,000 미만	98	12.4082	3.53433			98	18.5102	4.69974		
	(5) 1,000만 원 이상	23	12.0435	2.61948			23	19.0000	5.54322		
	합계	1000	13.1070	3.46895			1000	17.5850	4.87817		
직업	(1) 생산/노무	243	13.9918	3.34020	4.381***	(1)>(3) (1)>(5)	243	16.2593	4.92534	4.851***	(1)<(3)
	(2) 서비스/판매	156	13.0449	3.42164			156	17.9167	4.79914		
	(3) 사무	252	12.5000	3.47042			252	18.6706	4.59935		
	(4) 반전문기술	74	13.4189	3.55777			74	17.3108	4.83119		
	(5) 관리	91	12.3187	3.19332			91	18.5165	4.69127		
	(6) 전문	78	12.4615	3.33300			78	17.4744	5.21667		
	(7) 임대	10	12.9000	3.95671			10	16.2000	4.63801		
	(8) 무직	12	14.2500	3.76889			12	15.6667	6.34369		
	(9) 기타	84	13.5238	3.60547			84	17.3214	4.53941		
	합계	1000	13.1070	3.46895			1000	17.5850	4.87817		
거주지	(1) 중구	31	13.6452	4.37072	4.170***	(2)>(6) (3)>(6)	31	17.0323	5.07598	8.199***	(2)<(4) (2)<(6) (3)<(6) (6)>(7)
	(2) 동구	80	14.0000	3.20601			80	15.5125	4.77598		
	(3) 서구	61	14.1639	2.90505			61	16.1148	4.49481		
	(4) 남구	50	12.6000	3.01019	4.170***	(2)>(6) (3)>(6)	50	18.9000	4.50510	8.199***	(2)<(4) (2)<(6) (3)<(6) (6)>(7)
	(5) 북구	197	13.0457	3.50261			197	17.8325	4.77423		
	(6) 수성구	250	12.2960	3.41864			250	19.0760	4.30166		
	(7) 달서구	270	13.4037	3.46785			270	16.8148	5.13706		
	(8) 달성군	61	13.2295	3.63498			61	17.4754	5.02861		
	합계	1000	13.1070	3.46895			1000	17.5850	4.87817		
성적	(1) 상	294	12.6054	3.37742	5.390**	(1)<(3)	294	17.9456	5.04557	5.487**	(1)>(3) (2)>(3)
	(2) 중	510	13.2020	3.32703			510	17.7686	4.64933		
	(3) 하	196	13.6122	3.86737			196	16.5663	5.09003		
	합계	1000	13.1070	3.46895			1000	17.5850	4.87817		

* p<.05 ** p<.01 *** p<.001

다. 부모의 배경변인 및 부모가 지각하는 자녀성적에 따른
   교육지원활동의 차이

부모의 배경변인 및 부모가 지각하는 자녀성적에 따른 교육지원활동에 대한 차이는 <표 10>과 같다. 교육지원활동에 있어서는 학습전략과 학습활동 두 영역 모두에서 배경변인의 모든 하위영역과 자녀성적 지각에 따른 유의한 차이를 보였다. 학습전략 영역에 있어서는 해당 가정의 아버지 학력($F = 19.439$, $p<.001$), 소득($F = 21.066$, $p<.001$), 직업($F = 8.492$, $p<.001$), 거주지($F = 7.416$, $p<.001$), 부모가 지각한 자녀성적($F = 9.729$, $p<.001$)에 따라 유의한 차이가 있는 것으로 나타났다. 또한 학습활동 영역에 있어서도 해당 가정의 아버지 학력($F = 30.934$. $p<.001$), 소득($F = 37.333$, $p<.001$), 직업($F = 12.638$, $p<.001$), 거주지($F = 7.051$, $p<001$), 부모가 지각한 자녀성적($F = 50.315$, $p<.001$)에 따라 유의한 차이가 있는 것으로 나타났다. 사후분석 결과는 <표 10>에 나타나 있으며, 부모의 배경변인 특성과 자녀성적에 대한 평가에 따라 다양한 차이를 보이고 있다. 특히, 아버지의 학력, 가정의 소득, 가장의 직업에 따라 그 차이의 방향성은 다양하게 나타나고 있다.

〈표 10〉 부모의 배경변인 및 부모가 지각하는
자녀성적에 따른 자녀교육지원활동의 차이

		학습전략					학습활동				
		N	M	SD	F	사후검증	N	M	SD	F	사후검증
아버지 학력	(1) 초졸	13	31.7692	8.22753	19.439***	(1)(6) (2)(4) (2)(5) (2)(6) (3)(5) (3)(6) (4)(6)	13	27.1538	8.62019	30.934***	(1)(5) (1)(6) (2)(3) (2)(4) (2)(5) (2)(6) (3)(5) (3)(6) (4)(5) (4)(6)
	(2) 중졸	29	30.3793	5.83960			29	23.8966	6.90934		
	(3) 고졸	370	34.7595	7.39362			370	30.7243	10.02110		
	(4) 전문대졸	110	36.6182	7.02679			110	31.6909	9.00636		
	(5) 대학교졸	400	38.3675	7.14739			400	36.8025	10.06786		
	(6) 대학원졸	78	40.2051	6.02669			78	40.6667	8.71581		
	합계	1000	36.6660	7.44943			1000	33.7930	10.45081		
소득	(1) 200만 원 미만	194	33.5258	7.65323	21.066***	(1)(2) (1)(3) (1)(4) (1)(5) (2)(3) (2)(4)	194	28.1856	8.43977	37.333***	(1)(2) (1)(3) (1)(4) (1)(5) (2)(3) (2)(4) (2)(5)
	(2) 200~400 미만	417	36.0144	7.29428			417	32.4125	9.82626		
	(3) 400~600 미만	268	38.3993	6.73531			268	37.8507	10.26065		
	(4) 600~1,000 미만	98	40.1020	6.87516	7.44943	21.066***	98	37.9490	10.72272		
	(5) 1,000만 원 이상	23	40.1304	6.65585			23	41.1304	8.77654		
	합계	1000	36.6660	7.44943	21.066***	(1)(2) (1)(3) (1)(4) (1)(5) (2)(3) (2)(4)	1000	33.7930	10.45081	37.333***	(1)(2) (1)(3) (1)(4) (1)(5) (2)(3) (2)(4) (2)(5)
직업	(1) 생산/노무	243	34.5597	7.86610	8.492***	(1)(3) (1)(4) (1)(5) (3)(9) (4)(9) (5)(9)	243	30.0453	9.74181	12.683***	(1)(3) (1)(4) (1)(5) (1)(6) (2)(3) (2)(5) (2)(6) (3)(9) (5)(9) (6)(9)
	(2) 서비스/판매	156	36.2372	6.54130			156	31.9231	9.10409		
	(3) 사무	252	38.5913	6.86840			252	36.0198	10.01212		
	(4) 반전문기술	74	38.6757	7.49632			74	36.0135	10.20944		
	(5) 관리	91	38.5604	6.78922			91	38.5495	10.74892		
	(6) 전문	78	37.0000	7.12413			78	37.5513	10.68759		
	(7) 임대	10	38.8000	7.71434			10	39.6000	10.40513		
	(8) 무직	12	31.9167	7.12816			12	28.1667	6.88653		
	(9) 기타	84	34.0714	7.90118			84	30.9405	10.81203		
	합계	1000	36.6660	7.44943			1000	33.7930	10.45081		

거주지											
거주지	(1) 중구	31	36.2258	9.12034			31	32.7419	10.77023		
	(2) 동구	80	37.5625	6.45499			80	36.2125	9.99961		
	(3) 서구	61	34.6393	7.41178			61	35.2623	12.07187		
	(4) 남구	50	38.0000	6.80936	7.416***	(3)<(6) (5)<(6) (6)>(7)	50	33.7000	9.72531	7.051***	(5)<(6) (6)>(7)
	(5) 북구	197	35.6802	8.23037			197	31.4924	10.81978		
	(6) 수성구	250	39.1480	6.03721			250	36.8440	9.37332		
	(7) 달서구	270	35.1667	7.50601			270	31.7148	10.37674		
	(8) 달성군	61	36.2951	7.97777			61	33.8852	9.48173		
	합계	1000	36.6660	7.44943			1000	33.7930	10.45081		
성적	(1) 상	294	38.0714	7.77532			294	38.3435	10.77386		
	(2) 중	510	36.4412	6.95562	9.729***	(1)>(2) (1)>(3) (2)>(3)	510	32.7647	9.82617	50.315***	(1)>(2) (1)>(3) (2)>(3)
	(3) 하	196	35.1429	7.85706			196	29.6429	9.04434		
	합계	1000	36.6660	7.44943			1000	33.7930	10.45081		

* p<.05 ** p<.01 *** p<.001

6. 각 변인의 상관관계

주요변인에 대한 상관관계를 살펴본 결과, 교육인식의 하위영역과 다른 변인과의 상관관계는 나머지 변인들과 정적인 상관이 있는 것으로 나타났으나(r = .148~r = .428), 공교육기대와는 부적인 상관(r = -.408~r = -.420)이 있는 것으로 나타났다. 사교육은 공교육과는 부적상관(r = -.477)을 보였으며, 나머지 변인들과는 정적인 상관을 보였나(r = .250~r = .408). 교육지원활동의 하위영역 변인은 공교육과는 부적인 상관(학습전략, r = -.292, 학습활동 r = -.200)을 보였으며, 나머지 변인들과는 정적인 상관을 보였다(r = .148~r = .511)

변인	1	2	3	4	5	6	7
1. 교육방식	1						
2. 부모역할	.428**	1					
3. 교육환경·사회	.304**	.265**	1				
4. 사교육	.349**	.394**	.250**	1			
5. 공교육	−.420**	−.408**	−.410**	−.477**	1		
6. 학습전략	.217**	.418**	.196**	.408**	−.292**	1	
7. 학습활동	.148**	.209**	.203**	.299**	−.200**	.511**	1

** p<.01

7. 학부모의 교육인식이 교육기대를 매개로 하여 교육지원활동에 미치는 영향

학부모의 교육에 대한 인식과 공교육 및 사교육에 대한 기대, 학습지원활동의 구조적인 관계를 살펴보기 위해 구조방정식 모형분석을 실시하였다. 선행연구들에 따라 모형 1과 모형 2를 설정하였으며, 이러한 모형설정에 따라 연구자가 설정한 모형 1과 모형 2가 경험적 자료에 얼마나 잘 부합되는지 판단하기 위해 모형적합도 검증을 실시하였다. 적합도 검증을 위해 χ^2 및 적합도 지수인 TLI, CFI, GFI, RMSEA를 고려하였으며, 그 결과는 다음의 <표 12>와 같다.

〈표 12〉 모형의 적합도 지수

모형	χ^2	df	TLI	CFI	GFI	RMSEA
모형 1	138.83***	12	.863	.922	.963	.103
모형 2	92.13***	11	.905	.950	.975	.086

*** p<.001

그 결과, 모형의 절대 적합도 지수인 χ^2값은 모형 1(완전매개모형)에서는 138.83, 모형 2(부분매개모형)에서는 92.13으로 나타나, 유의수준 .001 수준에서 모형과 자료가 일치한다는 영가설이 기각되었다. 그러나 χ^2검정은 표본의 크기에 매우 민감하게 영향을 받는다는 단점이 있으므로, 다른 적합도 지수들을 함께 고려하여 모형을 평가하였다. 사용된 적합도 TLI, CFI, GFI 지수의 기준은 .90 이상이면 적합도가 양호한 것으로(Hu & Bentler, 1999), RMSEA는 .10 이하일 경우 잘 부합하는 편(Kelloway, 1998)으로 간주할 수 있다. 따라서 이러한 기준으로 볼 때, 모형 2(부분매개모형)가 모형 1(완전매개모형)보다 더 나은 것으로 판단할 수 있으나, 두 모형이 내재된(nested)관계의 모형임을 감안하여, χ^2 차이검증을 통해 더 우수한 모형을 검증하였다. 그 결과, 모형 2가 모형 1에 비해 자유도가 1만큼 감소하였으나 χ^2의 값의 감소폭이 자유도를 상쇄시킬 만큼 충분히 감소하여, 모형 2가 더 우수한 모형으로 판명되었다($\Delta\chi^2$ =46.7>χ^2.05(1)=3.84, Δ df=1).

이에 따라 최종모형을 모형 2인 부분매개모형으로 설정하고, 최종모형의 모수추정치를 살펴본 결과는 다음의 <표 13>과 같다.

〈표 13〉 최종모형(부분매개모형)의 모수 추정치(n = 1,000)

모형경로			비표준화 회귀계수	표준오차	표준화 회귀계수	t
교육인식	→	사교육	2.088***	.172	.619	12.165
교육인식	→	공교육	−1.751***	.136	−.730	−12.909
사교육	→	교육지원	.260***	.066	.198	3.942
공교육	→	교육지원	.368*	.124	.199	2.981
교육인식	→	교육지원	2.696***	.462	.607	5.838

* p<.05, *** p<.001

최종모형(부분매개모형)의 각 변수 간에 존재하는 구체적인 경로계수를 확인한 결과, 모든 경로계수가 통계적으로 유의하였다. 즉, 학부모의 교육에 대한 인식이 높을수록 사교육에 대한 기대는 높아지며, 교육지원활동이 증가한다고 볼 수 있다. 또한 학부모의 교육에 대한 인식이 높을수록 공교육에 대한 기대는 낮은 부적인 영향을 미치지만, 이러한 기대가 낮을수록 교육지원활동은 증가하는 것으로 볼 수 있다. 또한 교육인식은 교육지원활동에 직접적인 영향을 준다. 다시 말해 부모의 교육인식은 공교육과 사교육에 대한 기대를 매개로 하여 교육지원활동에 영향을 주기도 하지만, 학부모의 교육인식은 교육지원활동에 직접적인 영향을 주기도 하는 부분매개모형의 구조적 관계를 지니고 있다.

최종모형에서 교육인식, 교육기대, 교육지원활동의 직간접적인 효과와 전체 효과를 분석한 결과는 <표 14>와 같다. 먼저 변인들의 전체 효과를 살펴보면, 교육지원활동에 대한 전체 효과가 가장 큰 변인은 교육인식(.584)으로 나타났으며, 다음으로 공교육기대(.199)와 사교육기대(.198)가 유사하게 나타났다. 간접효과의 경우, 교육인식이 교육지원활동으로 직접적인 영향을 미치는 경우(.607)보다 매개변인을 통하는 경우(-.023), 그 효과가 감소하는 것으로 나타났다(.584).

〈표 14〉 최종모형 경로의 효과분해

경로			직접 효과	간접 효과	전체 효과
교육인식	→	공교육기대	−.730	−	−.730
		사교육기대	.619	−	.619
		교육지원활동	.607	−.023	.584
공교육기대	→	교육지원활동	.199	−	.199
사교육기대	→	교육지원활동	.198	−	.198

마지막으로 교육인식이 교육기대(공교육기대/사교육기대)를 매개로 하여 교육지원활동에 미치는 영향이 통계적으로 유의한지 확인하기 위해 Sobel(1986)의 매개효과 검증을 실시하였다. 그 결과, 교육인식과 교육지원활동에 있어서 교육기대(공교육기대/사교육기대)의 매개효과는 유의수준 .001에서 통계적으로 유의한 것으로 검증되었다.

〈표 15〉 Sobel's 검증

			비표준화 회귀계수	표준오차	Sobel 검증
교육인식	→	공교육기대	−1.751	.136	
공교육기대	→	교육지원활동	.368	.124	
		교육인식→공교육기대→교육지원활동			−2.89[**]
교육인식	→	사교육기대	2.088	.172	
사교육기대	→	교육지원활동	.260	.066	
		교육인식→사교육기대→교육지원활동			3.737[***]

[**] p<.01, [***] p<.001

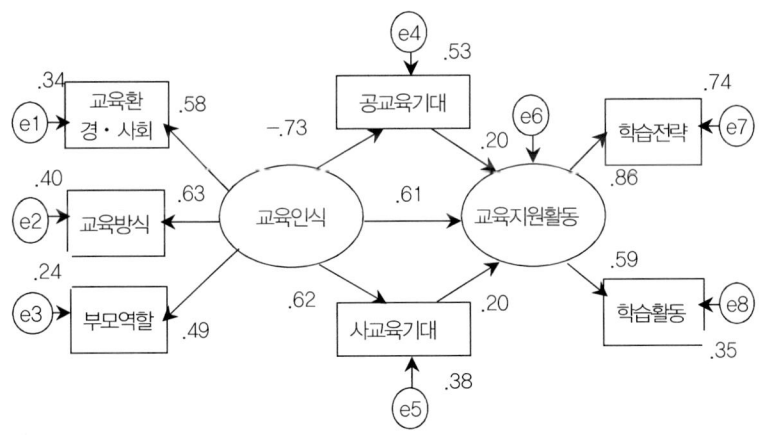

〈그림 3〉 교육지원활동 구조모형 추정결과

IV. 자녀교육지원활동의 지역적 격차와 해소방안

학부모 배경변인과 자녀성적인식에 따라 학부모의 교육인식, 교육기대, 자녀교육지원활동의 격차를 드러내고, 학부모의 교육인식, 교육기대, 자녀교육지원활동 간의 구조적 관계를 구조방정식모형을 활용하여 검증한 것이다. 이를 통해 다음과 같은 결론을 얻을 수 있었다.

첫째, 대구지역 8개 구·군의 학부모 배경변인과 학부모가 인식하는 자녀성적에 따른 교육인식, 교육기대, 자녀교육지원활동의 일관된 경향이 뚜렷하게 나타나는 것을 확인할 수 있었다.

우선, 학부모의 배경변인에 따른 교육인식 변인에 대한 차이를 살펴본 결과, 부모역할 변인과 교육환경·사회에 대한 인식 변인에 있어 차이를 보였지만 자녀교육방식 변인에는 차이가 없는 것으로 나타났다. 구체적으로 살펴보면, 부모역할 변인에 있어서는 아버지의 학력과 가정의 소득수준이 높을수록 부모의 역할인식이 높은 것으로 나타났으며, 거주지별로는 수성구가 북구에 비해 부모의 역할을 더 높게 인식하는 것으로 나타났다. 교육환경·사회에 대한 인식 변인에 있어서는 아버지의 학력과 가정 소득수준이 높을수록 교육환경·사회에 대한 인식이 더 높은 것으로 나타났다. 또한 동구와 북구에 거주하는 부모들이 수성구에 거주하는 부모들보다, 자녀의 성적을 상대적으로 높게 평가하는 부모 또한 그렇지 않은 부모보다 그 인식의 정도가 높았다. 다음으로 학부모 배경변인과 학부모의 자녀성적 인식에 따른 공교육기대, 사교육기대에 관해서는 차이가 있는 것으로 나타났다. 아버지의 학력과 소득이 낮을수록, 가장의 직업이 생산/노무직일수록 공교육에 대한 기대가 높게 나타났다. 반면 사교육에 대한 기대는 아버지의 학력이 높고, 소득이 높을수록, 가장의 직업이 사무, 관리, 전문직일수록 생산/

노무직에 비해 높게 나타났다. 특히 수성구는 공교육에 대한 기대는 가장 낮고, 사교육에 대한 기대는 가장 높게 나타났으며, 동구, 서구, 남구, 달서구에 대해서는 유의미한 차이를 보이고 있다. 마지막으로 학부모 배경변인과 학부모의 자녀성적 인식에 따른 자녀교육지원활동에 대해서는 모든 배경변인, 즉 아버지 학력, 소득, 가장의 직업, 거주지, 학부모의 자녀성적 인식에 따라서 유의한 차이가 나타났다.

둘째, 교육인식이 교육기대를 매개로 하여 교육지원활동에 미치는 영향을 구조적으로 분석한 결과, 모형 2인 부분매개모형이 지지되었다. 즉, 교육인식은 공교육 및 사교육에 대한 기대를 매개로 교육지원활동에 영향을 미치기도 하지만 직접적으로 영향을 미치는 것으로 파악되었다.

셋째, 저소득층은 학교교육에 대한 믿음을 가진 반면 중상류층을 중심으로 공교육에 대한 불신이 높은 것으로 나타났다. 학부모의 교육에 대한 인식이 높을수록 사교육에 대한 기대는 높아지고, 교육지원활동은 증가하는 것으로, 반면 공교육에 대한 기대는 낮을수록 자녀교육지원활동이 증가하는 것을 볼 수 있었다. 이것은 학부모들은 학벌사회일수록, 성공의 잣대가 좋은 성적=일류대=안정적 소득일수록 공교육에 대한 불신은 크게 나타나고 사교육에 대한 믿음은 강화하고 있음을 나타낸다.

이 글의 결과를 중심으로 정책적·실천적 개입 방안을 정리하면 다음과 같다.

첫째, 대구지역 8개 구·군 학부모의 자녀교육지원활동과 관련하여 지역 간, 계층 간 교육격차가 심각함을 확인하였다. 특히 지역의 교육 특구라고 불리는 수성구는 대구교육의 흐름을 선도하며 지역의 인구와 사회·경제·문화적 요소들을 빨아들이는 블랙홀이다. 이러한 지역 간, 계층 간 교육격차는 단편적인 교육 정책적 배려만으로 해결하기 어려운 문제이다. 교육격차의 문제는 단순한 교육적 접근이 아닌 사회문화적 접근과 정책적 접근을 함께 고민해야 한다. 이를 위해 성적과 학력으로 사람을 재단하는 학벌주의 사회에 대한 인식의 전환과 동시에 지역의 삶을 황폐화시키는 교육특구의 차별성을 완화할 수 있는 낙후 지역에 대한 교육·문화·복지서비스 등의 교육제도를 실행해야 할 것이다. 특히 현재 시행되고 있는 교육복지투자지역 사업을 강화해 나가야 할 것이다.

둘째, 자녀교육지원활동에 학부모의 교육인식(교육방식, 부모역할, 교육환경)이 공교육과 사교육에 대한 인식보다 더 큰 영향력을 발휘하고 있으므로, 학부모들의 자녀교육에 대한 인식을 전환할 수 있도록 지역사회와 교과부의 개입이 필요할 것이다. 이를 위해 일차적으로 각 학교와 연계하여 학부모역할교육, 자녀교육방법, 교육환경 개선 등의 프로그램을 지역의 교육기관을 통해 제공되어야 할 것이다.

셋째, 중상류층에 대한 공교육 신뢰 회복을 위한 교사별 평가가 절실하다. 학부모에게 있어 '교육의 가치는 그것의 내재적 가치보다는 자녀의 미래의 구체적 삶과 직결되는 통로(오경희, 2008: 89)'로 여겨지고 있다. 즉, 학부모에게 교육은 높은 성적을 받아 일류대학에 합격하고 일류대학 졸업이 안정적 소득으로 이어지게 하는 통로로 인식되고 있다. 이런 인식에 터하여 학부모들에게 예전처럼 아이를 학교에 보내기만 하면 된다는 학교교육에 대한 믿음은 사라졌다. 그 자리에는 '좋은 자식 뒤에 좋은 부모 있다'는 교육적 신념이 자리 잡고 자녀교육을 위해 전략을 수립하고, 입시전쟁으로 대변되는 교육의 최전선으로 가족을 전진배치하고 있다. 학부모들은 자녀의 교육을 학교에 의지하기보다는 스스로가 자녀교육에 책임을 지고 적극적으로 이끌고 나가야 된다고 여기며, 이른바 '소비자권력자 학부모'로서의 위치(윤선진, 2010)를 점차 공고히 해 나가고 있다. 이는 학교와 교사, 학부모 간의 교육적 믿음이 상실되었음을 의미한다. 이를 극복하기 위해 성적과 석차로 학교와 교사를 평가하는 입시중심의 방식에서 벗어나서 교육과정과 목표를 중심으로 학교와 교사에 대한 평가가 이루어져야 한다. 이러한 평가가 학부모와 학생들에게 공교육에 대한 믿음을 줄 수 있을 것이다.

참고문헌

강지연(2002). 「학부모의 교육의식과 자녀 조기유학 선택 - 서울 강남지역 학부
　　모들을 중심으로 - 」, 이화여자대학교 대학원 석사학위논문.

곽수란(2006). 「인문계 학생의 학업성취 결정요인」. 『교육사회학연구』 16(2), 1-29.

김경근(2005). 「한국사회 교육격차의 실태 및 결정요인」. 『교육사회학연구』 15(3), 1-27.

김경희(1996). 「한 자녀 가정의 자녀 교육지원 행위와 학업성취도와의 관계」, 한
　　국교원대학교 대학원 석사학위논문.

김양분(2006). 『한국교육종단연구 2005(Ⅱ)』, 한국교육개발원.

김영화(1990). 「고등교육 팽창의 결과: 고등교육기회 획득에 미치는 출신배경의
　　영향 추이(1967~1984)」, 『교육학연구』 28(3), pp.65-81.

　　　　(1992). 「학부모의 교육열: 사회계층 간 비교를 중심으로」, 『교육학연구』
　　30(4), pp.173-197.

김일혁(2005). 「고등학생의 가정 배경 요인과 수학성취도와의 구조적 관계」. 연
　　세대학교 대학원 박사학위논문.

김정환(2008). 『교육연구 및 통계방법』, 서울: 원미사.

김종혁 · 이상원(2010). 「교육특구의 특성과 자식교육을 위한 삶의 형태: 대구 수
　　성구를 중심으로」, 『중등교육연구』 58(1), pp.39-70.

김희복(1992). 「학부모문화연구 - 부산지역 중산층의 교육열」, 서울대학교 대학
　　원 박사학위논문.

박현주(2001). 「청소년이 지각하는 부모의 교육지원에 관한 연구」. 이화여자대학
　　교 대학원 석사학위논문.

박형진 · 김경식(2006). 「대구지역 학군이 학업성취에 미치는 영향」, 『한국사회 교
　　육격차의 이해』 한국교육사회학회 학술대회, pp.75-94.

변수용 · 김경근(2008). 「부모의 교육적 관여가 학업성취에 미치는 영향 - 가정
　　배경의 영향을 중심으로」, 『교육사회학연구』 18(1), pp.39-66.

서혜경(2003). 「가정의 사회경제적 배경과 어머니의 자녀교육 관심도의 관계」,

이화여자대학교 대학원 석사학위 논문.

손준종(2004). 「교육공간으로서 강남 읽기 - 교육정책에 주는 함의 - 」, 『교육사
회학연구』 14(3), pp.107-131.

신명호.(2011). 『왜 잘사는 집 아이들이 공부를 더 잘하나?』, 서울: 한울.

신혜진(2011). 「중학교 학부모 간 사회관계망이 자녀교육 관여에 미치는 영향」,
『청소년학연구』 18(2), pp.145-169.

오경희(2008). 「가정에서의 자녀교육 지원활동을 통해 본 학부모의 인식과 대응
방식: 부산지역을 중심으로」, 『한국교육』 35(3), pp.83-106.

오경희·한대동(2009). 「학부모들의 학교교육에 대한 인식과 열망에 관한 이해」,
『열린교육연구』 17(3), pp.127-148.

오욱환(2008). 「교육격차의 원인에 대한 직시: 학교를 넘어 가족과 사회로」, 『교
육사회학연구』 18(3), pp.111-133.

유방란·김성식(2006). 『교육격차: 가정 배경과 학교교육의 영향력 분석』. 한국
교육개발원.

윤선진(2010). 「학부모 이해: 소비자권력이 된 학부모」, 『교육학논총』 31(1), pp.19-43.

이경숙 외(2010). 「교육과 이주에 대한 학부모의 인식: 대구경북 학부모 면담분
석」, 『한국교육』 37(2), pp.5-30.

_____(2010b). 「자녀교육과 구속적 가족의 삶」, 『한국교원교육연구』, 27(4), pp.267-292.

이두휴 외(2007). 『학부모 문화연구 - 자녀교육지원활동을 중심으로 - 』, 서울: 한
국교육개발원 연구보고.

이정화(1994). 「대학진학에 대한 학부모의 목적의식과 교육지원활동에 관한 연
구」, 한국교원대학교 대학원 석사학위논문.

이지연(1994). 「어머니들의 자녀교육에 대한 기대와 자녀교육 지원활동에 관한 연구 - 강
남지역 어머니들을 중심으로」, 서울대학교 대학원 석사학위논문.

이혜영(2003). 「가난한 학생은 누구와도 의논하지 않는다?: 저소득층의 교육문제」,
『교육개발』 139, pp.42-46. 한국교육개발원.

이희석(2007). 「대구의 주거환경변화와 교육의 지역 차」, 대구가톨릭대학교 대학
원 박사학위논문.

임명숙(2005). 「학부모의 학교교육과 학원교육에 대한 인식조사 연구」, 부산대학
교 대학원 석사학위논문.

임현정(2009). 『한국교육종단연구 2005(Ⅴ)』, 한국교육개발원.

장상수(2000). 「교육기회의 불평등: 가족배경이 학력성취에 미치는 영향」, 『한국
사회학』 34(3), pp.671-710.

조은(2003). 「사회이동에 대한 참을 수 없는 욕망: 세계화, 교육열 그리고 학부모」,
『제20차 KEDI 교육정책 포럼 한국 학부모의 교육열의 재조명』, 서울: 한국

교육개발원, 32-46.

최홍규(1999). 「학부모의 교육지원 행위와 아동인식이 학업성취에 미치는 영향」, 연세대학교 대학원 석사학위논문.

현주 외(2003). 『한국 학부모의 교육열 분석 연구』, 한국교육개발원.

『경향신문』. 2012.07.16, "스마트폰도 기종 따라 서열…… 비싼 폰 아니면 '노비' 취급."

『매일신문』. 2005.9.1, "집값과 교육정책."

『문화저널21』. 2011.12.19, "노스페이스 계급 '25만 원은 찌질이 70만 원은 대장' 씁쓸."

『아시아투데이』. 2009.1.14, "저소득층, 교육·의료비 줄인다."

『한국경제』. 2012.6.12, "학원비도 줄인다."

통계청(2005). 2005년 인구주택 총조사. http://kostat.go.kr

대구광역시 교육청 교육통계(2010). http://www.dge.go.kr

Bourdieu, P.(1998). The State Nobility: Elite Schools in the Field of Power. Stanford University Press.

Brown, P.(1997). The 'Third Wave': education and the ideology of parentocracy. In A. H. Hasey, H. Lauder, P. Brown, and A. S. Wells(eds), Education: Culture, Economy, and Society. 339-408. Oxford: Oxford University Press.

Coleman, J.(1988). Social Capital in the Creation of Human Capital. American Journal of Sociology, 94, 95-120.

Hu, L. & Bentler, P. M.(1999). Cutoff criteria for fit indices in covariance structure analysis: Conventional criteria versus new alternatives. Structural Equation Modeling, 6, 1-55.

Kelloway, E. K.(1998). Using LISREL for structural equation modeling: A researcher's guide. Thousand Oaks: Sage.

03

교육열망과
재생산의 현장

KOREA
EDUCATION

제5장 자녀교육과 가족의 구속적 삶[*]

이경숙, 김종혁, 손종현, 윤선진

I. 서론

자녀교육이라면 뭐든 마다하지 않는 가족. 지금 우리 사회는 자녀교육으로 가족 삶의 형태가 변형되고 있다. 변화는 일상적으로 일어나고 있지만, 때로 극단적인 사건의 발생을 통해 우리 사회의 가족이 어떤 지경에 이르렀는지를 보게 된다. 가족관계가 도구적 관계로 변질된다는 비판에도 기러기가족은 여전히 있고(이두휴, 2008), 다른 가족의 불편과 경제적 비용에도 온 가족이 더 나은 학군을 좇아 이주한다. 고위직 청문회 때마다 드러나는 불법 위장전입도 자녀교육의 명분 아래 묵인된다. 공부 안 하는 자녀 때문에 자살하는 부모가 있는가 하면 심지어는 판검사가 되기를 강요하는 아버지에 대한 반발감에 중학생이 가족들을 방화 살인한 사건, 성적을 중시하는 어머니에게 조작된 성적표

* 이 연구는 한국교원교육학회『한국교원교육연구』(2010) 27(4)에 게재된 논문『자녀교육과 구속적 가족의 삶』을 일부 수정한 것임.
  이 글은 2008년 정부(교육과학기술부)의 재원으로 한국연구재단의 지원을 받아 수행된 연구임 (KRF-2008-32-B00147).

가 발각될까 어머니를 살인한 사건까지도 발생했다. 이런 자살, 살인, 방화 사건은 매우 이례적이지만, 이전에는 없었던 비극적이고도 충격적인 사건들이 요즘에는 발생하고 있다. 그만큼 자녀교육을 매개로 가족관계의 왜곡이 심해지고 있음을 반영하는 것이다.

자식이 가족관계의 중심이 된 시기가 서구에서는 19세기였다. 19세기에 서구 가족들에게 "자식은 모든 것을 쏟아붓는 대상이었다. 물론 사랑도 주었지만, 자식은 경제적·교육적·존재적 투자대상이었다(필립 아리에스 엮음, 2002: 231)." 그러나 자식이 이 기대를 만족시키지 못하거나 거부하면, 가족의 야심은 깨지고 자식은 죄책감에 시달렸다. 그래서 "19세기 가족의 독재는 실존적 고뇌의 원천이었고, 여러 측면에서 심층적으로 신경증적인 징후를" 보여 주었다(필립 아리에스 엮음, 2002: 250). 구속적이던 가족관계에 변화가 생긴 것은 19세기 후반, 20세기 들면서 개인주의의 확대와 학교교육의 보편화 덕분이었다.

그러나 21세기가 된 지금도 한국사회에서는 여전히 자식이 '모든 것을 쏟아붓는 대상'이다. 특히 학벌사회인 한국사회에서 자녀중심이란 말은 자녀공부중심이라는 말로 대체 가능하다. 자녀공부를 중심으로 가족의 일상이 꾸려지고, 가족의 미래가 설계되며, 경제적·문화적 투자가 이루어지고 있다. 가족의 자녀교육전략이 자녀교육의 성패를 좌우한다는 믿음이 클수록 가족의 삶은 자녀공부에 종속될 수밖에 없는 구속적 가족관계에 놓이게 된다.

이 글은 구속적 가족관계가 발생하는 원인을 규명하고자 하는 것은 아니다. 그보다는 가족들이 실제로 얼마나 구속적 관계를 맺고 있는지, 어떻게 서로를 희생자로 인식하면서 구속적 관계를 공고화하는지 규명하려는 것이다. 가족관계의 구속성을 심리적인 측면에서, 경제적 측면에서, 공간적 측면에서, 그리고 일상생활의 측면에서 각각 살펴볼 것이다.

Ⅱ. 가족전략으로서 교육

서구사회에서는 20세기에 학교교육이 보편화되고, 또 학교성적에 따라 자녀들의 진로와 직업이 결정되는 경향이 생기면서 부모가 자녀의 직업결정권과 사생활결정권에 개입할 여지가 축소되었다(필립 아리에스 엮음, 2006: 117). 한국사회도 서구와 마찬가지로 학교교육이 보편화되고, 학교성적에 따라 대학진학과 직업이 연관관계를 갖게 되었다. 그렇지만 서구와 달리 자녀생활에 개입하는 부모의 권한은 오히려 증가하고 있다. 이는 사회적 안전망이 허약한 데다 학벌이 지위획득에 매우 중요한 사회에서, 부모들이 자녀의 학벌성취를 기획·실행하고 자녀가 공부에만 집중하도록 일상을 관리하기 때문에 발생하는 현상이다.

사실 중산층 가정이 자녀교육을 주도하는 현상은 한국만의 현상은 아니다. 브라운(1997)은 많은 사회경제 문화적 자본을 소유한 중상류층 학부모들이 효율적 전략을 통해 자녀들의 높은 교육적 성취에 영향력을 행사하는 것을 가족이기주의와 부모주의(parentorcracy)로 설명한 바 있다. 부르디외(2005) 역시 중산층은 차별적 교육행위를 실천한다고 지적한다. 브라운과 부르디외의 설명처럼 자녀교육에 대한 개입은 계층적인 문제이지만, 한국에서는 다른 어떤 나라보다 그 현상이 극심하고 사회, 경제 그리고 교육과 일상에 미치는 폐해가 크다는 측면에서 문제가 된다. 이 현상을 조상식(2003)은 한국사회가 사회적 신분변동이 불안정함으로써 학교졸업장의 효과가 컸고, 압축적 근대를 경험했다는 점에서, 독일처럼 '가치의 내면화 또는 자기 성찰'의 기회나 의지를 갖지 못한 채 한국사회에 폐쇄적이고 이기적인 가족이데올로기가 정착되었고, 이는 경쟁적 자녀교육행위를 유발했다고 지적한다. 이득재(2001)는 가족이 개인의 운명을 책임져야 할 마지막 보루가 된 사회에서, 가족은 사회의 부재를 대신해서 일등과 경쟁만을 고집하는 편집증적 증상을 보인다고 비판한다. 이런 (야만적 가족주의) 사회에서 교육도 일등만을 고집하는 현상을 보이게 된다고 지적한다. 조형근(1998)은 가족이 '최후의 보루'인 이상은 역으로 '기대의 감옥'이 될 수 있음을 지적하였으며, 정재영(2002: 81)은 '공공의 목표보다 개인에게 울타리를 제공하는 가족의 이해관계에 치중함으로써, 우리 사회에서 가족주의가 공공영역의 확장을 저해하는 가장 큰 요인'이 된다고 하였다. 이들 연구에서는 한국사회의 불안정한 사회안전장치, 압축적 근대, 최후의 보루로서 가족의 문제를 지적하고 있다. 이런 구조적인 문제가 한국만의 독특한 자녀교육문화와 가족관계를 만들었다고 할 수 있을 것이다.

자녀교육이 자녀의 일생과 가족의 성공 여부를 결정하는 잣대이고, 부모들이 특별한 전략을 구사해야 하는 설계행위로 인식되는 이상은, 자녀교육이 가족 삶에 막대한 영향을 미치게 된다. 이 점에서 지금까지 학부모들의 교육인식과 교육열에 관한 연구들(현주, 2003; 조은, 2003; 이민경, 2007; 강지연, 2001; 오욱환, 2008; Brown, 1990)과 자녀교육지원활동에 관한 연구들(이두휴 외, 2007; 오경희·한대동, 2009; 오경희, 2008; 이정화, 1994; 이지연, 1994; 김희복, 1992)은 주로 학부모문화 현상에만 주목하다 보니, 자녀교육과 관련하여 가족 삶의 형태가 어떻게 구성되어 있는지를 보여 주지는 않는다. 그러나 교육문제를 해결하고자 한다면, 부모주의에서 기인한 가족 행동에 주목해야 한다는 오욱환(2008)의 경고를 되새길 필요가 있다. 현재의 문제를 학부모라는 측면에서가 아니라, 가족이라는 차원에서 살펴볼 필요가 있다. 이 글에서는 자녀교육으로 인해 가족 삶의 형태가 어떻게 주형되는가에 대해 살펴보되, 자녀교육이 가족 삶의 형태를 어떻게 구속하는지, 그리고 구속적 관계가 가족 내에서 어떻게 공고화되는지 분석하려고 한다.

여기서 구속성이라는 것은 개인의 자유로운 의사와 행동이 개진될 수 없는 상황을 지칭한다. 구속적 가족이란 가족구성원들이 구성원이자 한 명의 개인으로서 의사와 행동이 존중받을 수 없고 가족의 상호 요구에 의해 개인의 의사와 행동이 속박되는 관계의 가족을 말한다. 이 문제를 규명하기 위해, 가족 간 강한 구속감을 형성하게 하는 심리적 이유, 그리고 가족의 경제와 거주공간에 미치는 영향, 일상생활에 미치는 영향이라는 세 가지 측면에서 가족 내부의 구속성을 살펴보고자 한다. 또한 미래에 대한 낙관을 담보로 가족 간 상호 희생적 관계 위에서 구속적 관계를 더욱 공고화하는 것에 주목하고자 한다.

이 글의 주요 면담대상자(이하 학부모)는 대구 수성구 지역에 사는 학부모 20명이다.[1] 수성구 거주 학부모들을 주요 대상자로 선정한 이유는 이들이 자녀교육에 대한 관심이 높고, 실제로 자녀교육에 깊이 개입하는 가족들이기 때문이다. 이 학부모들 이외에 참조 학부모들로서, 수성구 이외의 대구지역 거주자 10명의 면담을 포함하였다.[2]

면담은 두 차례에 걸쳐 실시하였다. 1차 면담은 대구 수성구 지역과 비수성구 지역 학부모들을 대상으로 2009년 7～8월 두 달간 진행되었고, 분석 작업을 거친 뒤 2009년 말부터 2010년부터 4월까지 추가면담을 실시하였다.

---

1) 수성구 면담대상 어머니들의 남편 직업은 교사, 사업, 회사원, 개인사업 등이고 이들의 학력은 모두 대학 졸업자 이상이다. 주요 면담대상 어머니들의 직업은 교사, 전업주부, 개인사업, 간호사 등이다. 이들 학부모 모두 사회경제적으로는 중산층 이상에 속한다.

2) 참조 면담대상 학부모인 비수성구에 사는 면담대상의 남편 학력은 대졸자(전문대졸 포함) 5, 고졸자 5명이고, 직업은 회사원, 건설업, 굴삭기 기사, 운수업 등이다. 면담대상 어머니들의 학력은 대졸자 이상이 3명, 고졸자 6명이며, 중졸 1명. 직업은 보험설계사, 주부, 강사 등이다. 이들은 평균적으로 수성구 면담 학부모들보다 사회경제적 지위가 낮고 사교육비 지출이 적지만, 자녀교육으로 인한 가족 구속성을 체감하고 있는 이들이다.

〈표 1〉 주요 면담대상 학부모

	면담대상자	부/모의 학력, 직업/ 사회경제적 지위	자녀교육과 관련한 특기사항
주요 면담대상자- 수성구 거주자	수성 엄마 1	대졸, 사업/대졸, 전업주부/상류층	고 3(성적 최상위)
	수성 엄마 2	대졸, 회사원/대졸, 회사원/중류층	고 2(성적 상위), 중 2
	수성 엄마 3	대졸, 회사원/대졸, 회사원/중류층	고 3(성적 상위), 고 1(성적 상위), 초등 2, 해외연수 경험
	수성 엄마 4	대졸, 사업/대졸, 주부/중류층	대학 2, 실업계 고 2 국립초등학교 졸업
	수성 엄마 5	대졸, 사업/대졸, 주부/중류층	고 2(성적 최상위) 교육지원을 위해 직업 포기
	수성 엄마 6	대졸, 사업/대졸, 주부/중류층	고 2
	수성 이사 엄마 1	대졸, 회사원/대학원졸, 교사/중류층	중 3(성적 중위), 초등 북구에서 수성구로 이사
	수성 이사 엄마 2	대졸, 사업/대학원졸, 교사/중류층	고 1(성적 상위), 초등 북구에서 수성구로 이사
참조 면담대상자- 비수성구 거주자	비수성 엄마 1: 전문대졸, 회사원/고졸, 보험설계사 - 자녀 비수성 엄마 2: 대졸, 회사원/모, 보험설계사 - 자녀 재수생, 고교 2 그 외 면담대상자: 부의 직업: 회사원, 공무원, 운수업, 굴삭기, 건설업 모의 직업: 보험설계사, 주부, 강사, 개인사업		

* 표에 나타나지 않은 면담대상 학부모들(수성 엄마 7 이후)의 관련 사항은 ( ) 속에 표기함.

Ⅲ. 심리적 구속감: 전사와 희생자, 두 얼굴

1. 자녀공부, 가족의 제1 가치

근대 이후 자녀에 대한 애정이 가족을 자녀중심으로 재편한 측면도 있지만, 한국사회에서 자녀중심이라는 말의 의미는 자녀교육중심이라는 말과 다르지 않다. 통계청이 2010년에 조사 발표한 자료(통계청, 2010년 사회조사 결과)[3]에 따르면, 학부모들의 93.1%가 자녀의 대학교(4년제 이상) 교육을 원할 만큼, 전반적으로 자녀교육에 대한 기대수준이 높다. 그리고 자녀교육은 단순히 대학을 목표로 하기보다는 이른바 좋은 학벌을 성취하는 행위에 집중된다. 그래서 자녀가 학교를 다닐 무렵부터 대학진학 때까지 가족 삶의 제1 가치는 흔히 자녀공부가 된다. 특히 사회경제적 지위가 높으면 자녀교육에 대한 기대가 높아지고 지원강도도 높아진다(이정화, 1994; 김경숙, 2009). 즉, 가족은 자녀교육을 위한 전투체제로 각자 전사의 태세로 돌입한다.

그러니만큼 청소년들이 가장 많이 하는 고민(15~18세 청소년의 59.6%)이 공부이다(통계청, 2010년 사회조사 결과). 부모와 학교, 사회가 공부를 강조하는 만큼, 청소년들의 고민도 공부에 집중되는 현상은 자연스럽다. 가족 삶에서 자녀공부가 얼마나 중요한 위치를 차지하는지 자신의 직업생활을 접고 자녀공부만 지원하는 학부모의 삶에서도 볼 수 있다. 자녀의 공부를 전적으로 지원해야 한다는 생각에서, 대체로 일을 그만두는 쪽은 어머니들이다.

> 아들이 하나밖에 없는데 공부를 잘 시켜서 좋은 대학에 보내는 게 더 중요하다고 생각한다. 사업은 그 후에 해도 된다고 생각한다. 우리 매장에 찾아오는 고객 중에서 고위 공직자 부인도 있고 대학교수도 있고 재벌 사모님도 있는데 자식 때문에 속 썩이는 분들 많이 봤다. 그래서 초등학교 고학년 올라갈 때가 중요하다고 생각돼서 사업을 접었다
> -수성 엄마 5-

또 다른 학부모는 "(자녀 입시교육을 위해) 전적으로 뛰어도 쩔쩔매는데" "일을 계속 했으면 어찌할 뻔했을까(수성 엄마 1)"라며 자신의 선택을 옹호했다. 이처럼 순전히 자녀 공부를 위해서 직업을 포기할 정도라면, 직업을 포기한 부모 자신과 공부를 해야 하는 자녀 모두 공

---

3) 전국 약 17,000 표본가구 내 상주하는 만 15세 이상 가구원 약 37,000명을 대상으로 2010. 5. 17.~5. 29.(13일) 동안 조사된 내용을 집계.

부에 대한 강한 투지를 드러내게 된다.

학부모들이 가족 삶에서 어느 정도 자녀공부를 중요한 가치로 여기는지 알아보기 위해, '자녀의 시험기간과 집안일(예를 들어, 제사, 환갑 등 가족모임)이 겹친다면 어떤 선택을 하시겠습니까?'라는 질문을 하였다. 학부모들은 모두 자녀공부를 우선시하겠다는 대답을 했다.[4] 학부모에게 집안일과 시험공부는 가치갈등상황이 되지 못했고, 시험공부가 당연히 중요한 것이었다. 이유는 이렇다.

> "행사보다는 아이에게는 공부가 더 중요하다. 제사는 내년에도 돌아오니까", "학생시절은 그 시기를 놓치면 어렵다. 경쟁주의 사회에서 살아가려면", "시험기간에 공부하지 않으면 점수에 타격이 크다. 가고자 하는 대학에 가기 힘들기에 시험공부를 시킨다."

실제로 가치선택의 순간, 학부모들은 망설임 없이, 또는 가족과 친지들의 동의하에 자녀에게 시험공부를 하도록 했다. 가족의 동의를 받았다는 것은 시험공부의 중요성을 다른 가족들과 친척들도 인정한 것으로, 시험공부가 학생 개인의 일이 아니라 가족적 차원의 일이라는 의미이다.

시험공부를 이렇게 중시하는 까닭은, 시험은 다시 돌아오지 않는, 또 만회가 불가능한 매번의 결정적인 사건이며, 경쟁사회에서 살아남는데 필요불가결하다는 논리에서 나온다. 그리고 이 판단은 가족구성원으로서 자녀에게 요구되는 중요한 역할도 시험공부임을 명백히 하는 것이다. 학부모들은 시험공부가 가족공동의 가치보다 더 결정적 영향을 미치는 긴급한 현실 문제라는 인식을 가지고 있었다.

---

4) 비수성구 학부모들도 대부분 수성구 학부모와 같은 대답을 했으며, 가족의 일이 중요하다는 학부모는 두 명이었다. 이들은 "시험도 중요하지만 집안 어른 공경이, 인성교육이 앞선다", "공부는 평상시 해야 하는 것이기에, 행사를 조정할 수 있는 것이 아니기에, 참석해야 한다"고 답변하였다.

2. 부모의 주도성, 책임감과 예언된 원망

학부모들은 자녀교육의 책임소재가 가장 높은 쪽으로 부모, 그다음으로는 자녀 본인과 교사, 마지막으로 국가를 지목하였다. 그리고 우선순위와 무관하게 책임이 있다고 가장 많이 지목된 이들도 부모들이었다. 공부하는 자녀 본인보다, 공교육 담당자인 학교나 교사보다 부모에게 자녀교육의 책임이 더 많다고 학부모들은 대답하였다.[5] 이는 자녀교육 성패에 결정적인 존재가 부모라고 본다는 의미이다. 부모에게 일차적 책임이 있다는 이유를 한 학부모는 이렇게 말한다.

> 아이교육은 부모가 얼마나 하느냐에 달려 있어요. 학교는 어쩔 수 없이 배정받아서 가지만 학교에서만 공부해서 다 되는 건 아니잖아요. 아이가 공부할 수 있는 방법을 엄마가 알아야 해요. 엄마가 부지런하지 않으면 아이가 뒤처지는 거죠. 이 동네에서는 다 그래요.
> -수성 엄마 6

이 인식에는 부모가 자녀교육을 이끌어 가야 하고, 학교교육으로는 내 자녀가 뒤처지는 것을 막을 수 없다는 생각이 들어 있다. 흔히 부모들은 자녀의 의견을 존중하여 자식교육을 한다고 말한다. 하지만 그 내면에는 부모의 의욕과 지원 및 지도가 우선하고, 자녀에 대한 존중은 부모가 인정하는 범위 안에서만 가능하다는 점을 확인할 수 있다.

부모의 강한 책임감은 부모의 강한 개입과 주도성을 정당화하게 된다. 이 생각에는 학벌사회의 불평등성을 겪은 자신의 체험이 트라우마로 강하게 자리하고 있다. 일류대학 졸업자가 아니라는 사실은 학부모가 된

---

5) 이처럼 자녀교육에서 부모가 가장 중요하게 부각되는 현상은 사회적 문제들을 초래한다. 자녀교육의 책임이 부모에게 있고 부모의 할 일이 지금처럼 사교육을 통해 선행학습을 주도하는 것이라면, 부모의 사회경제적 상황에 따라 자녀의 학업성취가 영향을 받을 수밖에 없다는 점이다. 교육이 자녀들에게 부모의 계층을 재생산하는 합리적 기제가 되어 버리게 된다.

지금도 후회스럽기 때문에, 이 후회를 대물림하지 않기 위해서 자식에게 강제로라도 공부를 시키려는 것이다. 이것이 궁극적으로 자식을 위하는 일이고 자식도 나중에 이해할 것이라 확신한다.

> 자녀교육을 하면서 내가 ○○대를 나온 것이 콤플렉스다. 일류대학을 나온 엄마들을 보면 자신감이 떨어진다. 친정엄마를 원망한 적도 있다. …… 그때 엄마가 왜 강제로라도 더 하라고 강제를 하지 않으셨는지 원망을 했다. 내 경우를 보더라도 지금 딸아이가 무엇을 하기 싫다고 하면 나중에 후회할지도 모르니 강제로라도 시켜야 할 것 같은 심리적 고민을 하게 된다. 특목고를 가기 위해서는 반드시 선행학습을 시켜야 한다.
>
> -수성 엄마 7, 초등 4 딸, 아들 4세-

학부모 자신의 경험으로 보건대, 부모로서 자녀에게 강제적 주입을 하지 않을 경우 자녀가 성장한 다음에 원망을 들을 것이라 확신한다. 앞으로 학벌차별을 체감할 자녀의 예언된 원망은 자신의 학벌차별 체험과 동전의 양면으로 자녀에게 공부를 강제하는 강력한 무기가 된다.

> 아이가 반에서 1등이다. 그러나 전교 1등은 아니다. 불안한 1등이다. 상위 1%에 드는 것은 하늘이 내리겠지만 엄마가 노력하면 3%에는 들지 않겠는가. 내가 노력하지 않으면 아이가 불행해질 것 같아 불안하다. …… 엄마가 적극적으로 밀어주지 않아서 일류대학에 못 가면 죄책감을 감당하기 어려울 것 같다.
>
> -수성 엄마 7-

학부모는 강한 책임감만큼, 불안감[6]과 예견된 죄책감까지 느끼고 있다. 강한 책임감은 자녀와 부모를 분리 불가능한 존재로 만들어 자녀교

---

6) 책임감이 큰 만큼 부모들은 공부 잘하는 아이에 대해서도 불안을 느낀다. "늘 불안하다. 어제저녁에도 한숨도 못 잤다. 아이가 학생회장 되고 나서 전교 석차가 10등이나 떨어졌다. 학생회 활동을 하면 플러스 점수를 받는다고 해서 내가 하라고 했는데, 성적이 떨어지니까 잘못 생각한 건 아닌가 하고 좀 후회스럽다(수성 엄마 5)."

육의 성공은 곧 부모의 성공이고, 실패는 곧 부모의 실패라는 인식으로 나타냈다.

자녀교육에 관심이 집중된 만큼 가족 간 갈등도 주로 자녀교육 문제에서 비롯된다. 학부모들은 가족 간에 '학원 과외 등 사교육' 문제, '진학 및 진로' 문제, '학습태도와 효과' 문제 등의 갈등이 있었다고 진술하였다. 사교육 관련 갈등 중 가장 많은 내용은 더 많은 사교육을 시키려는 부모와 반대하는 자녀, 강제적인 방법을 동원하는 부모와 거부하는 자녀 사이의 갈등이었다.

> 작년 여름방학 때 아이와 갈등을 크게 겪었다. 방학 특강이었는데 1주에 2회 영어, 수학 두 과목을 하는데 밤 1시까지 해도 제대로 못 할 만큼 숙제도 많고 나중에는 울고 못 하겠다고 하고, 회초리도 들면서 홍역을 치렀다. 애살은 있어서 시키는 것은 그래도 하려고 한다. 그 이후로 학원도 줄이고 후유증이 심했는데 지금은 그때는 힘들었지만 실력은 는 것 같다며 나쁘게 말하지 않는다. 그런 모습을 보면 강제로라도 공부를 시켜야 하는 것이 아닌가 하는 생각이 든다.
> -수성 엄마 7-

대체로 갈등의 결과는 가족구성원들이 학벌사회를 현실적으로 인식하고 학벌사회의 구조에 적응하는 방식으로 끝이 난다. 이 접점에 도달하지 못할 때는 가족 간이라도 끝내 화해가 어렵다. 자녀교육문제로 인한 가족갈등의 핵심은 어떻게 하면 자녀의 학업성취를 올리느냐에 있다. 그 이외의 문제는 가족 간에 중요문제로 부각되지 않는다. 그만큼 학업성취문제가 가족 내 관계를 지배하고 있다고 봐야 한다. 그래서 부모는 특정한 요구를 강제하거나 위협하고, 때로는 호소하고, 아니면 자식이 자란 후에는 부모를 이해할 것이라는 자기 위안으로 합리화하면서 자녀공부 중심의 가족 삶을 꾸린다. 여기에는 본인의 강력한 학벌

차별의 체험, 그리고 그 체험을 바탕으로 자녀가 자란 후 그렇게 해주지 않은 부모를 원망할 것이라는 원망의 예언이 자리 잡고 있다. 이 과정을 통해 가족은 외부세계의 학벌경쟁에서 이기기 위한 하나의 경쟁단위로 재편된다. 이렇게 하여 가족들은 학벌사회의 전사가 된다.

한편 모든 것을 투자하는 부모, 공부 이외에 모든 것을 포기하는 자녀는 서로 희생자로서 동질감을 느낀다. 부모는 부모로서 강한 책임감, 책임감으로 인한 불안과 스트레스, 공부만 해야 하는 자녀에 대한 안타까움, 자녀가 성공하지 못하면 자신의 탓으로 돌리는 죄책감, 한편으로는 자녀가 기대를 채우지 못하면 분노와 허탈감에 휩싸인다. 자녀는 "나를 위해서 이렇게까지나" 하는 부모에 대한 안타까움, 부채의식, 그 기대를 채우지 못할 때의 죄책감, 한편으로 강한 구속에 대한 저항감이 든다. 가족구성원들의 이 복잡한 감정들은 얽혀 서로가 희생자로 여기고, 또 실제로 공부의 희생자로 만든다. 이처럼 가족은 학벌사회에 순응하며 공부 이외의 삶을 희생하는 희생자가 되는 동시에 학벌사회를 더욱 공고화하는 전사의 두 얼굴을 갖게 된다.

Ⅳ. 경제적·공간적 구속: 초월적 또는 구속적 소비와 거주

1. "얼마든지 지불할 수 있다"는 경제적 구속

학부모들은 기본적으로 부모의 사회경제적 지위가 자녀의 학업성취를 결정하는 중요한 요소라고 인식하고 있었다. 학부모들은 더 이상 개천에서 용이 나기 힘든 상황이라는 현실사회 인식, 더 많은 사회경제문화적 지원을 받은 자녀들이 학업 면에서도 더 나은 성취를 보일 것이라는 인식을 갖고 있었다.

요즘에는 있는 집 애들이 공부를 잘한다고 생각한다. 부모가 사회적으로 성공해 있으면 애들도 그런 식으로 생활하니까 본받게 되고 주변에 만나는 사람들도 그런 부류들과 만나므로 경제적으로도 과외랑 학원을 많이 시키면 성적이 나으니까 기회도 많이 만들어 준다. 예를 들어 방학 등을 이용하여 외국을 보내서 보는 시야를 넓혀 줄 수 있다.
-비수성 엄마 2-

"더 많이 가진 자"가 "더 많은 투자"를 하여 "더 좋은 학업성취 결과"를 누린다는 인식은 "더 많이" 지원하면 "더 많이" 얻게 된다는 학습이론으로 전환된다. 학부모들은 현실경험에서 이를 확고한 학습이론으로 받아들이고, 가능한 모든 사회경제적 배경을 동원하여 자녀들에게 더 많이 지원하는 행위를 한다. 자녀가 도저히 받아들이지 못하고 저항할 때까지 최대한 노력해야 하는 존재가 부모라고 생각한다.

경제적 지원의 몫이 크다고 생각할수록, 그리고 실제로 경제적 지원을 많이 할수록 자녀교육의 성과가 크다는 인식은 실제로 높은 사교육비 지출행위로 나타나고 있었다. 학부모들은 높은 사교육비 지출을 부담스러워하면서도 자녀교육을 위해서는, 가령 "수학 1등급을 더 올리기 위해서는 돈을 얼마든지 들일 수 있다"는 자세를 취했다. 현재 고등학교 2학년 자녀에게만 월 100만 원가량의 비용을 지출한다는 학부모는 이렇게 말한다.

지금 사교육비는 아끼지 않고 지원하려고 생각한다. …… 만약에 스스로 독립이 안 되면 제가 나중에라도 책임져야 되잖아요. 아이들이 손을 벌리지 않고 살 만큼 잘사는 것을 보고 싶어요.
-수성 엄마 2-

(부모들이) 애가 클 때까지 구속당하는 거 아닌가. 이를테면 아들이 엄마 학원 간다, 30만 원 주세요 하면 아낌없이 주잖아. 당연히 주거든. 근데 내가 뭐 하는 데 30만 원 들면 아까운데 이거 써도 되냐 하는 생각인 거야. 애들 영어, 수학 학원 30만 원은 주면서 내가 학원 간다고 30만 원 쓰는 건 못 쓰는 거야.

-수성 이사 엄마 1-

학부모들은 사교육비 마련을 위해 "씀씀이를 줄이거나" "여행", "취미활동" 등의 지출비를 줄이면서, 경제적 구속감을 느낀다. 그러면서도 기본적으로는 자녀교육을 위해서는 "얼마든지 지불할 수 있다"는 경제 초월적 사고와 행위를 보여 준다. "얼마든지 지불할 수 있다"는 초월적 사고와 행동은 다른 계층의 학부모들과 확실한 차별화 전략이 된다. 이들의 높은 사교육비 지출이 자녀의 성적을 차별화시키는 전략이 되고, 차별화 전략인 이상은 더 많은 차별화를 시도할 뿐, 사교육을 줄이지 않는다. 이 때문에 이들 가족은 학벌사회구조로 인해 높은 사교육비를 지출한다는 측면에서 교육경쟁의 희생자이면서도, 장기적으로 내 가족이 얻을 이득이 크다는 자신의 합리적 판단으로 자녀교육에 전투적 자세를 취하는 공교육 무력화 선도자이기도 하다.

2. "교육특구 어디든"에 갇힌 공간 구속성

오늘날 한국에서 집은 거주지라는 개념과 함께 교육적 투자처로서 의미가 크다. 거주지역과 학업성취가 인과관계는 아니어도 상관관계가 있음을 보여 주는 구체적인 증거들이 있다(권영길, 2009). 사회경제 문화적 지위에 따라 거주지의 구획화가 정착되어 있는 현실에서 더 좋은 조건의 지역에서 자녀교육을 시키고 싶은 욕망이 '교육특구'를 만들어 냈다. 서울의 강남, 대구의 수성구가 대표적인 교육특구이고, 그 구역에는 대학입시성적이 좋은 고등학교와 값비싼 사교육시장이 형성되어 있다(김종혁·이상원, 2010). 이곳은 단순한 거주지역이라기보다 높은 학벌에 대한 집단적 욕망이 노출되고 실현되는 공간이다. 그러나 모두가 교육특구에서 살 수는 없는 경제적 한계로 인해, 학부모들은 각자 현재의 거주지보다는 한 단계 더 나은 곳으로 연쇄 이주를 하려는 욕망을 가지고 있으며, 한 단계 더 나은 곳의 사교육 세례를 받고자 희망한다(이경숙 외, 2010).

여기서 '공간 구속성'이란 하나의 공간에서 절대 떠나지 못하는 이동의 부자유를 의미하는 것이 아니다. 공간은 얼마든지 자유롭게 옮길 수 있다. 학부모들이 교육을 위해서라면, 초지역적·초국가적 행보를 할 의향이 있거나 실제로 그렇게 한다. 면담대상 학부모 가운데도 교육을 위해 수성구로 이사 온 경우, 어학연수를 위해 캐나다에 거주한 경우가 있다. 이 점에서 학부모들은 공간을 초월적으로 산다고 할 수 있다. 그럼에도 공간 구속성이란 이동의 부자유가 아니라, 오히려 특정한 공간이 아니면 안 된다고 인식하고 그 공간만을 지향하는 행위이다. 즉, '공간 구속성'이란 더 나은 성적, 학벌을 만들기 유리한 공간을 차지하기 위해 가족의 이별과 경제적 비용, 사회적 비난 등의 사회경제문화적 비용을 지불하고서라도 그 공간에서 자식교육을 시켜야 하는, 마침내는 그 공간에 구속되고 마는 현상을 말하는 것이다. 현재 학부모들은 거주하는 공간을 버리고 더 나은 교육공간을 지향하고 심지어 국경까지도 초월하는 초국가적 행위를 하면서도, 이른바 교육특구에서 벗어날 수 없는 지독한 '공간 구속성', 그 이중성을 지니고 있었다.

학부모들은 이사할 때 우선시하는 사항으로 모두 자녀교육환경을 지목했고, 자녀교육을 위해 살거나 이사 가고 싶은 곳으로 현 거주지(수성구)와 서울 강남을 적시했다. 특히 자식교육을 위해 강남을 거론하는 이들이 많았는데, 그 이유를 이렇게 말한다. "교육적 정보가 많을 것 같고, 자녀가 일류대에 진학할 수 있는 기회를 주고 싶어서." 적어도 대구 수성구에 거주하는 사람이라면, 그들에게 더 나은 학벌공간이란 서울 강남이거나 해외이다. 그리고 학부모들은 자녀교육을 위한 이주와 위장전입에 적극적이거나 관대하게 생각했다.

> 수성구에 오면 지가 반에서 중간밖에 못 하잖아요. 그것을 감수하면서 약간 분위기가 좋은 데서 공부하면 안 좋겠나, 그런 생각이 있었지요. 그러고는 한 달 만에 바로 왔어요. 10월 30일까지 이전돼야 (학교)배정이 되기 때문에 10월 16일 날 계약을 했어요. 집이 딱 두 개 있더라. 좀 급하게 왔어요. 쉽지는 않지만 그게 맘이 먹히더라고. 아이가 모든 것의 중심이지요.
> -수성 이사 엄마 2-

> (위장전입)할 수 있으면 해야 한다고 생각한다. 나중에 후회할 텐데 그것을 평생 감당하기 힘들 것이다. 나는 아이 둘을 위해 3년간 동구에서 수성구로 이사 와서 전세로 지금 살고 있다.
> -수성 엄마 8, 대졸 사업/대학원 졸 강사, 고 3, 중 3-

비수성구 학부모들은 이사나 위장전입에 대해 찬성과 반대 의견이 공존하는 데 비해, 수성구 학부모들은 공간 구속성이 훨씬 더 심한 경향을 보였다. 특별한 거주지 효과를 전적으로 신뢰하는 것이다. 엄밀히 말하자면 학부모들은 자녀교육과 관련된 요소라면 모든 것에 민감하기 때문에, 거주공간에 대해서도 예민하게 반응하는 것이다. 즉, 교육공간에 대해 민감한 사람이라면, 그 외의 모든 교육행위에 관해서도 민감하게 반응한다. 모든 교육지원요소를 한 덩어리로 인식하고 학부모들은 모든 교육지원행위를 하나라도 빠뜨리지 않고 모두 실행한다. 이주경험이 있는 학부모들은 교육이주를 한 다음에 자녀들에 대한 관심과 간섭이 더 심해졌다고 스스로 말한다(수성 이사 엄마 1, 2). 거주공간도 하나의 요소이지만, 결코 하나의 요소가 아닌 덩어리진 교육조건이 되는 것이다. 이 모든 물질적·경제적·문화적 요건을 갖추어주는 일을 중산층 부모이기에 할 수 있고, 자녀는 그런 부모를 보면서 수많은 심리가 생기게 된다.

Ⅴ. 일상생활적 구속: 모든 것의 관리 또는 지원

1. 사교육 교육과정론에 따른 일상

사교육은 가정경제에 미치는 파급력도 크지만, 가족의 일상생활과도 밀접히 관련되어 있다. 사교육을 하는 만큼, 가족들은 다른 사생활을 포기한다는 의미이다. 이처럼 사교육은 경제적 부담과 일상생활의 부담을 다 포함하고 있기 때문에, 학부모들은 사교육을 나름대로 합리적 전략을 세워 운영한다. 학부모들의 교육론이 담긴 교육전략에 따라, 학부모들은 자녀의 일상을 관리한다.

면담대상 학부모 모두는 '현재 한국교육 구조에서 사교육이 필요하다'는 대답을 했다. 필요하다고 판단하는 이유로는 '부족한 과목의 성적향상을 위해서', '공부 시기를 놓치면 공부하기가 더 어려워진다는 부모의 판단에 의해서'가 가장 많았다. 그 외에 '자녀가 원해서', '불안 때문에'라고 답변하였다.[7] 사교육의 가장 주된 이유는 두말할 필요 없

---

7) 사교육을 하는 또 다른 이유는 "아이가 원해서", "불안 때문"이다. "아이가 원해서"라는 말은 부모들이 자주 사용하는 화법 중 하나이다. 이는 실제로 자녀가 원해서 하는 경우도 있다. 그러나 학부모들은 자녀가 잘했으면 좋겠다거나, 어린 시절 자신은 해 보지 못했던 것을 자식이 해 주었으면 하는 부모의 욕망을 자녀에게 투영하거나 아니면 자녀가 원한다는 말로 타인들에게 자녀 사교육을 합리화하기 위해 사용하는 어법이기도 하다. "불안"은 남들이 다 하니까, 내 아이만 하지 않으면 뒤처질 것 같은 심리 때문에 사교육에 가담한다는 것이다. 그런데 불안

이 성적향상이다. 그다음 중요한 동기는 '적정한 공부시기가 있다'는 '부모의 판단'이다. 이는 한번 성적을 놓친 교과목 공부는 따라잡기 힘들고 이를 보충해 줄 과정도 없기 때문에, '적정한 시기'에 공부하지 않으면 안 된다는 판단이다. 공부에 적정한 시기가 있고, 적정 시기는 남들보다 이른 시기라는 학부모들의 판단은 자녀를 더 일찍 사교육시장에 노출시킬 수밖에 없는 동기가 된다.

실제로 학부모들이 자녀에게 사교육을 해 온 경험을 들어 보면 일정한 단계를 거치며 진행된다. 초등학교 때의 사교육 강좌는 다양하다.

> (자녀들의 사교육은) 세 아이 모두 공통으로 미술, 서예, 수영, 사물놀이를 기본으로 했고, 큰딸은 무용, 노래교실, 피아노, 컴퓨터 학습, 구몬 학습지를 했고, 초등학교 5학년 때 미국연수를 갔다 왔다. 둘째 딸은 ○○부초 6학년 때 캐나다 어학연수를 다녀왔고 현재 재수 중이다. 아들은 ○○부초를 나와서 현재 중학교 3학년이다. 초등학교 3학년 때부터 영·수 학원을 보냈다.
>
> -수성 엄마 9, 2녀 1남-

대부분의 학부모들도 초등학교 때는 다양한 사교육을 하며, 다만 영어 사교육은 다른 교과목과는 달리 일찍부터 시작한다. 초등학교가 끝나고, 중등학교 단계에서는 사교육의 대상교과가 달라진다.

> (고등학교) 1, 2학년 때는 기초적인 것을 많이 했는데, 3학년 되면서 자기가 공부하는 시간을 오히려 확보하는 것이 필요해서 영어, 수학만 하고 있다. 수학은 주중에 1회, 영어는 주말에 1회 한다. …… 중학교까지 태권도, 피아노, 미술까지 학원비가 많이 들었는데 지금은 오히려 적게 든다.
>
> -수성 엄마 1-

은 자신에게서도 오지만, 주변에서 불안을 조장하기도 한다. 한 학부모는 학교 교사가 과외를 하지 않으면 안 된다고 과외를 부추기는 경험을 하였다고 말하였다.

학부모들은 한결같이 어릴 때는 주로 미술, 수영, 무용 등 예체능, 학년이 높아지면서 영어와 수학을 중심으로 교과 사교육을 실시한다. 이 패턴은 사교육을 하는 거의 모든 학부모가 따르는 불문율과 같은 것이다. 이 사교육 패턴을 한국사회 학부모들의 '교육과정론'이라고 이름 붙일 만하다. 국가기관이나 제도가 요구한 바는 아니지만, 학벌사회에서 오랜 관습처럼 굳어진 사교육시장에서의 교육과정이다.

사교육을 위한 전략은 먼저 단계에 적합한 사교육을 실시하는 것이다. 그리고 사교육을 위해 가족들은 역할분담을 하는데, 자녀는 사교육을 받아서 성적을 올리는 일, 어머니는 담당강사나 성공사례 등에 대한 정보 수집과 사교육을 위한 시간조정 등 각종 뒷바라지, 그리고 아버지는 물적 조건 마련이 일반적인 형태이다. 사교육은 궁극적으로는 향후 가족 삶을 이어 가게 될 자녀의 미래 안정성을 위해 사용하는 기회비용이다. 사교육을 통해 얻을 미래 안정성이 높다면, 가족들은 사교육을 위해 청소년 시기, 가족공동의 삶, 일상생활 모두를 기꺼이 지불할 수 있다는 태도를 가지고 있다. 이러한 사교육 전략에 따라 가족들의 일상은 관리된다.

2. 전방위적 관리와 지원

자녀교육을 위해 학부모들은 전방위적 관리와 지원을 한다. 이때 관리와 지원은 하나이다. 자녀의 일거수일투족을 개입하여 조정하는 한편, 자녀공부를 위해 학부모는 모든 지원을 아끼지 않는다. 실제로 학부모들의 뒷바라지는 경제적인 부분에서 건강 및 생활시간 조정 등 다양하지만, 그중 공부와 직접 관련된 관리와 지원도 다양하다. 사교육 관련 정보수집, 학교행사 및 학교일정 참여, 진로·취업 지도, 인성교육까지 매우 폭넓다. 두 명의 자녀를 둔 한 학부모의 경우, 초등학교 때는 입학학교결정에서 학교행사, 학교숙제, 심지어 수상대회 준비도 도맡아 하였다. 학부모의 삶은 곧 자녀교육사와 동일하였다. 자녀의 삶과 학부모로서의 삶이 적어도 일상에서 구분이 불가능할 정도였다.

> 딸은 유치원도 집에서 멀리 떨어진 ○○유치원을 보냈다. 비율이 12:1 이었는데 들어갔기 때문에 ○○부초를 들어가는 것이 그 당시로서는 당연했다. 6년간 학급회장, 전교학생회장, 엄마가 6년간 학교 어머니회 회장을 하면서 학교 행사, 대회, 환경정리, 청소 등을 적극적으로 했다. 거의 학교에서 살았다. 내가 학교행사에 봉사하는 만큼 상장이 쌓였다. 선생님들이 ○○이는 못 하는 게 뭐냐고 말씀하셨다. 사교육은 수영, 미술, 피아노, 성악, 서예, 발레, 4학년 말부터 영어, 5학년부터 수학 과외를 본인이 원해서 시작했다. ○○대학 영재반에 다녔다. 대구 시내의 과학상은 다 끌었다. 그 준비를 내가 다 했다.
> -수성 엄마 11, 대학 1 딸, 중 3 아들-

초등학생 때의 지원이 자녀의 24시간을 관리하는 것이라면, 대학입시가 가까워질수록 지원의 형태는 달라진다. 부모가 직접 자녀공부에 개입할 수 있는 때가 지나면, 부모의 지원은 주로 사교육을 위한 경비 마련, 그리고 교육과 입시 관련 정보수집과 같은 방식으로 전환한다. 특히 대학입학이 다양해지면서, 더욱 입학 관련 정보력이 중요해지고 부모들이 그 정보에 기초해서 자녀의 공부를 설계하고 이끌어 간다.

> 신문을 두 가지 보는데 교육정보를 꼼꼼히 챙기고, 논술을 대비한 자료로 자녀가 읽을 만한 기사를 스크랩해서 모아 놨다가 준다. 다른 학교 회장단 어머니 모임도 있고, 지산동 학원에 엄마 모임도 있고, 서울 강남 논술학원에도 가서 정보를 듣는다. 소그룹 과외 멤버 짜고 좋은 선생님 구하고, 성적이 잘 안 나오는 과목은 미리 선행학습을 해두면 성적을 잘 받을 수 있으니까요.
> -수성 엄마 5-

자녀의 일상은 "보충수업, 오후자습, 야간자습으로 취미활동, 건강생활 등을 할 시간이 태부족(수성 엄마 13)"임에도, 공부할 더 많은 시간을 확보하는 데 집중된다. 공부를 위해 시간을 철저히 관리당하며 사는 자녀에게 다른 사생활을 즐길 권리란 존재하지 않는다. 청소년들의 사생활 중 큰 부분을 차지하는 친구관계마저 공부 때문에 왜곡된다.

> 속으로는 친구와 가까이하지 말고 공부를 더 열심히 했으면 좋겠다 싶어요. 엄마가 불편해하니까 친구들을 집에 데려오지도 않고 이야기도 잘 하지 않아요.
>
> -수성 엄마 4-

심지어는 자녀의 원만한 친구관계가 공부에 방해가 될까 걱정이 되어, 일정한 시기 동안 자녀를 해외어학연수를 보냈다는 학부모(수성 엄마 3)도 있었다. 그만큼 부모의 자녀 사생활 개입 정도가 심각한 것이다.[8]

이 외에 학부모들이 자녀를 위해 취하는 가장 일상적 조치로는 가족들의 TV 시청 자제, 자녀들 데려오기였다. 더 나아가서 공부 분위기 조성을 위해 부모가 먼저 독서나 공부를 한다는 부모들도 많이 있다. 거실을 서재로 꾸며서 집안환경을 공부환경으로 바꾸기도 한다. 자녀를 위해서 외출을 사세하고 공부동기를 불어넣어 주고, 충분한 대화의 시간을 갖기 위해 노력하였다. 한편 부모는 자녀에게는 규칙적인 생활을 요구하고, 공부에 방해가 되는 컴퓨터와 TV 시청을 자제시킨다. 그러면서 자녀에게 학원이나 캠프, 체험학습을 적극 참여하도록 해 준다. 중산층의 풍부한 문화자본을 바탕으로 자녀에게 공

---

8) 자녀들은, 중학교에 들 무렵부터는 부모의 개입에 반대하면서 부모와 갈등을 빚기도 한다. 여자 친구를 못 만나게 하려고 학교와 학원 마치는 시간에 기다리고 있다 차로 자녀를 데려오곤 했는데, 그럴수록 자녀가 빗나가기 시작하면서 부모와 큰 갈등을 빚고 있는 학부모도 있었다. 부모의 철저한 개입에 자녀는 거짓이나 속임수, 반항 등으로 자신의 사생활을 지키려 하는 경향이 있었다.

부를 내면화하도록 만든다.

3. 구속감의 자발적 수용

부모들은 자녀교육 지원에 많은 시간과 경제력을 쏟아붓는 것에 대해 자연스러운 것으로 이해한다. "아이교육 때문에 자신의 삶이 자유롭지 못하다고 느끼신 적이 있습니까, 주로 어떤 경우에 구속을 느끼십니까"라는 질문에, 학부모들은 '보통' 이상의 구속감을 느끼고 있었다. 상대적으로 구속감을 적게 느낀다는 학부모도 소수 있었는데, 자녀들이 알아서 공부를 하는 경우이거나 부모들이 당연히 감내해야 할 문제이지 구속으로 인지하지 않는 경우이다. 심지어 자녀와 24시간을 거의 함께하면서도 자녀를 위한 당연한 행동이지, 구속감을 느낄 정도는 아니라고 생각하는 학부모들도 있다. 그런가 하면 "구속감보다는 긍정적인 결과가 나오지 않았을 때 헛된 노력"은 아니었는지 반문하는 학부모가 있었다. 즉, 각종 구속은 자녀성적으로 보상받으면 별문제가 되지 않는다는 입장이다.

그러나 대부분 학부모는 자녀교육으로 인해 삶의 구속을 느끼고 있었다. 자녀 공부 일정에 따라 개인의 생활이 제한될 때, 경제적 부담을 느끼는 경우, 자녀 공부로 인해 다른 생활(집안일, 친구모임, 직장 일, 술자리, 여가생활 등)이 불가능한 경우에 구속감을 느낀다. 물론 구속감을 인지하든 아니든 학부모들의 일상은 자녀 공부에 따라 조율되고 있다.[9]

---

9) 학부모들은 자녀교육 때문에 부모로서 자신의 삶이 자유롭지 못한 정도보다 자녀들의 부자유가 더 심하다고 생각하는 경향이 있었다. 부모로서 자신의 부자유는 감내하든지 당연한 것으로 받아들인다 해도, 자식의 부자유를 안타까워하는 애정의 시선 때문이다.

아이 과외 선생님이 오는 시간은 약속을 잡지 않고 손님도 오지 못하게 한다. 아이교육을 위해서 나는 하던 사업을 접은 지 8년이 됐다. …… 기숙사에서 토요일 날 오면 어떤 일이 있어도 그날은 음식을 준비해서 기다린다.

-수성 엄마 6-

시간에 맞춰서 깨워 주는 것, 공부하는 것을 일일이 체크하는 것, 매일매일 데려다 주고 오고 해서, 내가 어떤 일도 지속적으로 할 수 없어서 자유롭지 못하다고 자주 느낀다.

-수성 엄마 8-

한편 자녀의 삶이 자유롭지 못하다고 느끼는 주된 이유는 공부 때문이라고 대답하였다. 공부로 인해서 자녀들이 학교, 학원, 과외 등에 얽매이고, 개인의 취미생활, 친구교제, 운동, 문화생활 등 "선택할 시간이 전혀 없음", 즉 자유 시간을 전혀 누리지 못한다는 사실을 부모들은 매우 안타까워한다.

아이가 학원과 학습지 등으로 주말에도 새벽까지 공부하는 모습을 보면 대신해 줄 수 있으면 해 주겠다는 생각이 들 정도로 안쓰럽다. 그렇지만 현실적으로 그렇게 되지 않기 때문에 아이가 신경질적인 태도로 대해도 어쩔 수 없이 받아들이고 있다.

-수성 이사 엄마 2-

부모가 모든 지원을 다 하고, 자녀들을 공부만 하게 하는 가족의 생활구조는 결국 서로를 도구화하면서도 또 상호 구속하는 관계가 된다. 부모들은 자녀 미래에 대한 걱정과 현재 생활에 대한 안타까움으로, 자녀는 부모의 희생에 대한 고마움과 미안함으로, 상호 간 속박되는 관계를 벗어나지 못한다.

VI. 맺으며

학부모들은 자녀교육을 가족 삶의 제1 가치로 삼고, 자녀교육에 대한 강한 책임감을 느끼고 있었다. 자녀교육을 하면서 심리적으로 가족 모두가 희생자가 되고, 또한 사회적으로는 학벌사회의 전사로서 두 얼굴을 지니게 된다. 경제적으로는 사교육비가 부담스러워도 얼마든지 다 해 준다는 사고와 행위를 보였다. 공간적으로는 자녀교육을 위해서는 국경과 지역을 초월할 수 있다. 그러나 경제적으로도, 공간적으로도, 가족은 자녀교육과 더 나은 학벌이라는 가치에 종속되어 결코 더 넓은 사회적인 행위를 행할 수 없다. 또 일상생활의 구성방식이 사교육 전략, 자녀 공부를 조정하는 관리적 삶, 자녀교육지원 중심으로 짜여 있었다.

어느 사회에서나 구조적인 문제를 개인이 통제하기는 어렵지만, 대신 개인의 의지와 노력, 지원 같은 개인문제는 스스로 통제 가능하다. 특히 사회문제에 대한 통제가능성이 약하다고 생각할수록, 사회구성원들은 사회에 순응하여 개인이 통제 가능한 영역에 집착하게 된다. 그런 까닭에 한국의 중상류층 학부모들은 불안한 사회에서 교육문제를 가족이 해결해야 할 가족문제로 환원한다. 이렇게 가족의 모든 자원을 동원하여 가족 내부의 강한 구속력을 무기로 학벌전쟁에 뛰어든 전사가 되기로 자임하는 한, 한국인의 삶의 형태는 '무규범적 가족주의' 속에 침전될 수밖에 없다. 일상의 삶이 가족 간 자녀성적경쟁으로 치닫는 가족주의 사회에서는 이 무규범적 가족주의는 도덕적 규준의 파손과 함께 사회적 연대의 형성을 차단하고, 사회적·공적인 것을 개인적·사적인 것으로 환원시키는 사사화문화(privitism)를 증폭시키는 기제가 된다. 요컨대 무규범적 가족주의하에서, 일상의 삶은 주체성과 안정감을 상실한 채 '불안' 속에서 들뜬 삶을 영위하도록 구조화된다.

가족관계가 성공을 위한 도구적 가족관계로 변질된다는 점에서 문제가 심각하다. 아버지는 경제력 확보, 어머니는 모든 교육지원, 자녀는 공부기계의 역할을 분담한 가족역할 분업체제가 굳어져, 부모와 자식들을 각자 개인의 삶에 대한 존중과 그들의 자율적 선택이 부정당하게 된다. 또 이 분업체제에서 어느 한 쪽이라도 그 역할을 다하지 않으면 파열이 생긴다. 특히 분업체제에서 먼저 이탈할 가능성이 높은 쪽은 학생이다. 학부모로서는 모든 것을 다 쏟아부었는데, 원하는 결과를 얻지 못할 때 자식을 문제아로 인식하고 자녀행위를 배신행위로 결론짓는 비합리적 행동을 하게 된다. 자녀의 독립적 삶이 무시되고, 학벌을 위해 매진하는 가족체제에서는 사회적 무시와 모욕이 가족 내에까지 확장된다. 일반적으로 한국사회에서는 공부를 못한다는 사실이 타인의 무시와 모욕의 대상이 되기 십상인데, 개인들에게 위안과 안정감을 주는 사적 공간인 가족에게까지 공적 경쟁 관계를 요구하고 그 경쟁의 연장선에서 가족관계가 맺어지는 왜곡된 현상이 만연하게 된다.

그리고 성공을 위한 도구적 가족관계에서는 흔히 사회공공의 실천적 요소가 간과된다는 사실을 지적하지 않을 수 없다. 타인과의 공감과 연대라는 사회적 행동을 철저히 배격하고 내 가족이 사회문제를 더욱 악화하는 하나의 경쟁단위가 되어 버린 현상에서, 이 현상의 가장 큰 피해는 다수의 가난한 사람들이 입게 된다는 것이다. 자녀교육지원을 해 줄 수 없는 층의 교육 소외와 교육 불평등이 이미 심각한 지경에 이르렀다. 최인훈이 일찍이 "밀실은 푸짐해지고 광장은 헐벗었다"라고 한 비판은 가족이기주의가 팽배한 현재 문화에 대한 경고이다. "내 자식" 위주의 교육은 특히 공적교육기구인 학교를 헐벗게 만든다. 사교육을 통한 교육경쟁에 기민하고 투철한 중상류층 학부모들의 문화가 학교활동에 강하게 드리워질수록 학교는 결코 모든 아이를 위한 교육기관으로서 정상적 기능을 할 수 없다.

학벌사회에서 이기적이고 불안한 삶을 살 수밖에 없는 한국인의 삶의 고통을 해소하기 위해서는, 무엇보다 "내 자식" 위주의 가족주의 문화를 자기 성찰적이고 사회 공공성을 고려하는 문화로 바꾸어야 한다. 또한 사회 순응적인 행동을 기민하게 하는 중산층 가족의 삶을 바꾸기 위해서는 사회 제도적 변화가 도모되어야 한다. 이 같은 맥락에서 교내외 시험의 성격 전환, 학력사회구조의 약화, 학교·교사의 교육력 강화를 정책적으로 추진해야 한다.

제6장 저소득층의 교육열망과 현실수용

Ⅰ. 학벌사회와 저소득층의 자녀교육

중학교 졸업생 98%가 고등학교에 진학하고, 고등학교 졸업생 80%가 대학에 진학하는 사회. 이 중심에는 자녀교육을 위해서는 희생을 마다하지 않는 학부모들이 있다. 미국의 오바마 대통령은 국정연설 등을 통해 여러 차례 한국 학부모의 높은 교육열에 놀라움과 칭찬을 아끼지 않고 있으며, 이명박 대통령은 학부모들의 지나친 교육열을 걱정하고 있을 정도이다. 학부모들의 교육열은 교육을 자녀의 더 나은 삶을 위한 거의 유일한 수단으로, 사회경제적 지위성취와 신분상승을 위한 수단으로, 학벌과 신분을 결정짓고, 사회이동을 가능하게 하는 가장 효과적인 수단으로 인식하고 있다(이향숙, 2008; 안우환, 2007).

우리 학부모들은 '교육전쟁'의 최전선에 서 있다.[1] 이 전쟁은 중산층

---

[1] 교육전쟁으로 여길 만큼 학벌사회의 병폐를 인식하고 있으면서도 그러한 문제에 적극적으로 대응(교육현실에 대한 비판)하기보다는 적극적으로 순응하는 모습으로 나타나고 있다. 교육을 통한 사회적 성공에 대한 우리 사회의 이러한 집단적 열망을 Abelmann(2003)은 '계층이동의 멜로드라마'로, 오욱환(2008) 등은 '교육출세론'으로 표현하기도 한다.

03 교육열망과 재생산의 현장 177

이상의 특정 세력이 주도하고 있다.[2] 이들은 자녀의 더 나은 교육 성취를 위해 자신들이 가진 경제적·문화적 자본을 활용하는 부모주의(Brown, 1997)를 통해 교육전쟁을 전방위로 확장해 나가고 있다. 전쟁을 주도하는 세력은 특정 계층이지만, 우리 사회에서 자녀교육에 대한 열망은 특정한 계층에 한정된 것은 아니다. 학부모들의 교육수준, 주거지역, 사회경제적 환경, 자녀의 성적 수준에 상관없이 교육열은 전반적으로 높게 나타나고 있다(이두휴 외, 2007: 146; 김영화, 1992: 174). 저소득층 역시 상류층, 중산층과 마찬가지로 교육을 계층상승의 수단으로 간주하며 자녀들의 좋은 학벌에 대한 기대수준이 높다(통계청, 2010). 그들 역시 학벌사회가 점점 더 고착화되고 있는 현실(김상봉, 2005; 김동훈, 2002)에서 자녀들이 '성공트랙'에서 탈락하는 것을(조은, 2003) 그냥 두고 보지만은 않는다. 지원의 차이는 있지만 자녀의 더 나은 교육성취를 위해 부모 자신들의 경제적·문화적 가용 자원을 활용함으로써 '학부모 되기'를 실행하고 있다.

　　최근 학부모들의 자녀교육지원활동과 교육격차에 대한 관심이 커지면서 그에 대한 연구가 늘고 있다. 그러나 대부분 중산층 학부모의 교육에 대한 인식과 자녀교육지원활동, 학업성취에 미치는 영향 연구에 집중되어 있다. 몇몇 중산층 연구들이 다양한 관점에서 행해지는 것과 달리, 저소득층의 자녀교육에 관한 연구는 비교자료로, 또는 교육격차의 해결책으로서 교육복지정책에 초점이 맞추어져 진행되고 있다. 저소득층이 그들의 자녀교육에 관여하고 지원하는 정도와 좌절과 소외의 방식을 구체적으로 살피는 연구는 수적으로나 다양성에서 여전히 부족하다.[3]

---

2) 이경숙(2010)은 교육전쟁을 주도하는 세력으로 특이한 몇 사람들의 문제가 아니라 영향력 있는 집단세력, 학벌사회를 뼛속까지 체험한 '전투적 교육가족'을 지칭하고 있다.

3) 중산층의 자녀교육지원과 관련된 대다수의 연구는 학부모의 양육태도와 계층·자본의 영향력과 학업성취도의 관계를 파악하는 연구(주동범, 1998; 김경근, 2000; 이정선, 2001; 백병부·김경근, 2007; 신명

이 글에서는 저소득층도 '학부모 되기'를 포기한 것이 아니라는 점에 주목하여, 그들의 현실에 대한 인식과 교육공간(학교, 가정, 학원)에서의 무시와 좌절의 실태를 살펴보고자 한다.[4]

Ⅱ. 저소득층 부모를 만나다

저소득층의 자녀교육 이야기를 풀어나가기 위해 대구의 대표적 저소득층 지역이며, 교육수준과 교육환경이 타 구에 비해 낮은 서구 거주 학부모들을 면담대상 학부모로 선정하였다. 서구지역 학부모들은, 그들이 직면한 현실 속에서 저소득층 학부모들이 자녀교육에 대한 어떤 욕구를 갖고 자녀교육을 위해 어떻게 지원하고 또 좌절하는지를 잘 보여 줄 수 있을 것이다.

이 글의 면담대상자들은 대구 서구 평리동, 중리동, 비산동 지역에 사는 학부모 8명이다. 이들은 중고생 자녀가 있는 저소득층 어머니들이다. 이민경(2007)에 따르면 자녀들의 중·고등학교 시기는 본격적으

호, 2011; 장상수, 2000; 이두휴 외, 2001; 김현주·이병훈, 2006: 2007; 변수용·김경근, 2008; 류방란·김성식, 2006), 학부모의 교육열과 문화특성에 대한 연구(김희복, 1992; 남경희 2005; 이두휴 2007), 지역 간·계층 간 차이(김영철, 2003; 하운봉, 2005; 김경근, 2005; 강영혜 외, 2005, 2004, 2003; 김기헌·방하남, 2005) 연구 등으로 전개되어 오고 있다.

4) 이 점에 있어 지금까지의 저소득층 자녀들의 교육 소외에 관한 연구들(신선미, 1990; 이철우·이병곤, 1995; 이혜영, 2004; 김민진, 2009)과 교육 소외 계층의 교육격차 실태를 살펴보고 교육격차 해소를 위한 방안을 제시하는 연구들(권정숙·임선희, 2009; 김인회, 2009; 이경희, 2008; 안우환, 2007; 김경식·권민석, 2007; 이혜영, 2004; 이종재, 2004)을 구체적으로 논의하면 다음과 같다. 먼저, 최근 저소득층의 자녀교육에 대해 주류를 이루고 있는 연구는 교육 소외 계층의 교육격차 실태와 해결방안을 다룬 것이다. 즉, 계층별 교육격차의 실태를 파악하고 그들을 위한 지원방안을 모색하는 연구들이다. 사회계층 간 교육의 격차는 사회경제적 지위가 낮은 계층의 평균 성적이 저해요인들에 의해 낮아짐으로써만 발생하는 것이 아니라, 그와 동시에 중산층 자녀들이 갖가지 유리한 조건과 전략들을 활용해서 성적의 향상을 이룩하기 때문에 배가된다고 할 수 있다. 권정숙·임선희(2009)에 따르면 저학력·저소득·낮은 직업위계를 특징으로 하는 저소득층 학부모의 경우 자녀의 교육에 대한 욕구가 없는 것이 아니다. 그러나 자신들이 처한 사회·경제적 현실 때문에 자녀에 대한 교육욕구나 기대가 다른 계층과는 다르거나 없는 것으로 보고되고 있다.

로 입시를 준비하는 시기이며, 어머니들의 '자녀교육'에 대한 담론이 구체적으로 드러나는 때이다.

학부모 면담은 2011년 8월 초부터 9월 초까지 집중적으로 실시되었고, 분석 작업을 거친 뒤 9월 중순부터 부족한 내용을 전화로 추가 면담하였다. 면담은 개별면담과 집단면담으로 이루어졌다. 5명은 개별면담을 하였고, 초등학교 동창인 학부모 3명은 한 조를 이뤄 집단면담을 실시했다. 질문은 반구조화된 형태로 이루어졌다. 주요 면담내용은 첫째, 자녀교육지원방식, 둘째, 자녀교육의 현실적 어려움, 셋째, 가정에서 자녀교육주체, 넷째, 교육공간에서의 무시와 소외에 관한 것이다.

〈표 1〉 학부모면담 내용

자녀교육 지원방식	자녀교육의 현실적 어려움	자녀교육 주체	교육공간에서 무시와 소외
-자녀건강 -학원문제 -친구문제	-사회경제적 지위 -가족 문화 -사교육비 부담	-자녀교육결정권 -가족생활 중심 일과 사람	-가정에서의 무시와 소외 -학교에서의 무시와 소외 -학원에서의 무시와 소외

면담시간은 1회 평균 2~3시간 소요되었다. 그러나 경우에 따라서는 4~5시간이 넘어 밤 12시까지 이어진 적도 있었다.[5] 면담 진행은 집 밖에서 이루어졌다. 학부모들이 자신의 집이 누추하다는 이유로 대부분 찻집이나 방이 따로 구분돼 있는 식당에서 면담하기를 원했기 때문이다. 면담내용은 연구자들이 면담내용을 녹취 또는 기록하는 방식을 취했다. 면담내용의 분석과 해석은 면담이 끝난 뒤 즉각 이루어졌으며, 연구자들

---

5) 이들 학부모는 질문과 상관없이 면담자에게 자녀교육에 대한 방법과 다른 엄마들의 자녀지원정보들을 설명해 달라는 요구가 있는 경우, 공식적으로 남편에게 이야기하고 왔기 때문에 자유롭게 시간을 보내려는 경우, 하나의 질문에 자신의 생활형편과 처지를 다 포함해서 이야기를 했기 때문이다. 그러나 연구자는 면담대상 학부모들이 편안한 가운데 그들의 삶을 진솔하게 이야기할 수 있도록 이런 이야기를 차단하지 않고, 면담을 진행해 나갔다.

의 편견을 최대한 배제시키기 위해 이후 면담대상자와 전화로 다시 확인
하는 형식으로 반성적 작업을 해 나갔다.

비록 적은 사례를 통해 저소득층의 자녀교육을 이해하는 데 한계가
있지만, 학부모들의 내밀한 이야기를 통해 그들의 교육적 열망과 고통
을 이해하고 개선 방안을 마련하는 데 도움이 되리라 여긴다.

Ⅲ. 저소득층 부모의 일상과 자녀교육에 대한 인식

> 센 강은 좌우를 나누고 한강은 남북을 가른다. 하지만 강남 학부모와
> 비강남 학부모 사이에 욕망과 이념의 차이란 존재하지 않는다. 경제력
> 을 바탕으로 한 정보의 차이만 있을 뿐이다(우리 교육, 2009).

우리 사회는 학벌사회이다(김상봉, 2010; 김부태, 1995). 학벌사회에
서 좋은 학벌, 높은 학력의 힘을 일상생활 속에서 강하게 경험하는 계
층은 저소득층이 아니라 오히려 고학력 중산층이다. 저소득층의 경우
일상생활에서 학력으로 인해 불이익을 체감해야 하는 상황에 직면할
일이 많지 않기 때문이다.[6] 고학력 중산층의 교육열이 가장 강하며 그
들이 교육전쟁을 확산시켜 가는 데 반해, 저소득층은 자녀에 대한 기대
치가 상대적으로 낮고 교육지원행위에도 열성이 낮은 것처럼(한선아,
2003; 신명호, 2011) 비치고 있다. 저소득층 학부모들도 학벌사회를 살
아가야 하는 자녀를 둔 부모라는 사실을 잊지 않고 있으며, 그들 역시
교육을 계층상승의 수단으로 여기고 있다. 저소득층의 자녀교육에 대

---

6) 신명호(2011)는 이것을 '학력가치 체감의 패러독스'라고 명명하고 있다. 저학력 노동자는 일상생활에서
낮은 학력으로 인한 차별과 학력의 중요성을 오히려 덜 경험하고 체감하는 반면, 고학력 중산층은 차별과
학력의 중요성을 절실하게 경험하고 체감하고 있다는 것이다.

한 열망의 강도와 절실함이 중상계층에 뒤처지진 않는다(배종근·이미나, 1988; 정동익, 1985). 단지 자신들이 처한 여건에 따라 정보의 수집, 경제적 지원 등의 차이를 보일 뿐이다(김영화, 1992).

1. 서구지역의 교육, 직업, 경제적 상황

대구 서구 지역 거주자들의 전반적인 교육수준은 대구의 타 지역보다 낮다. 주민의 직업구성에서 상위직업군에 종사하는 비율이 가장 낮아서 고위직 5%, 전문직 6%, 사무종사자의 6%만이 서구에 거주하고 있다(인구주택 총조사, 2005). 그뿐만 아니라 자녀들의 교육환경 역시 열악하다. 교육과학기술부가 2003년부터 시행하고 있는 교육복지투자우선지역[7] 지원사업의 지원을 받고 있는 학교가 9곳이나 되고(교육과학기술부 홈페이지), 사교육 환경에서도 대구광역시 교육청에 등록된 32개 종류의 학원 가운데 진학과 관련된 입시·보습·보통교과·입시종합 학원의 비율에서도 서구는 5.5%(수성구 36.1%, 달서구 22.6%, 북구 16.4%)로 낮으며, 유일하게 학원의 수가 줄어들고 있는 지역이다. 구별 중고등학교 학생 수 대비 학원 수강생 비율도 23%로 최하위이다(대구광역시 교육청 교육통계, http://www.dge.go.kr). 또한 경제적으로도 열악해서 국민기초생활보장수급자가 대구광역시 전체 평균보다 높은 비율을 차지한다. 교육복지 관련 기관이 운영되고는 있으나 서비스의 양과 질은 매우 부족한 실정이다. 한마디로 서구 지역은 교육, 직업, 경제적 난관의 삼중고를 전부 겪고 있는 실정이다.

---

7) 이 사업의 선정기준은 '국민기초생활보장수급자 수'와 '가구주 교육수준', '기초자치단체별 1인당 지방세 납부액' 등의 경제·사회적 여건을 반영하여 하위 10%와 20%에 해당하는 후보지역을 선정하고 후보지역을 대상으로 기초학력수준, 학업중단자 장기결석자·비행자 수 등 교육자료를 종합적으로 검토하여 선정하였다(이혜영 외, 2002).

서구 비산동(비산 1동, 원대동, 평리 1동) 지역은 국민기초생활보장수급자 수와 재산세 및 종합토지세부과액지표에 의한 투자 우선 6순위 지역으로 산업공단이 타 지역으로 대거 이전하는 등 지역 경제활동이 전반적으로 침체되어 있는 지역이다. …… 이 지역은 다른 지역에 비해 절대적 빈곤이 매우 심하다고 볼 수 있다. 국민기초생활보장수급자 및 의료급여대상, 부자세대, 모자세대, 소년소녀가정 등의 저소득층이 많아 학교교육에 대한 관심도가 낮으며 협조가 부족하여 어려움이 많다(최상근 외, 2008: 143-144).

면담대상자들은 크게 두 부류로 서구 엄마 1, 3, 5, 6, 7은 자녀들이 초등학교 동기들이다. 서로 가까이 살고, 비슷한 형편이기에 자녀들이 초등학교 때부터 친하게 지내고 있으며 고등학생이 된 현재까지도 서로 모임을 가지고 있다. 서구 엄마 2, 4, 8은 이들 다섯 명의 어머니와 사는 곳이 가까우며 나이가 같은 친구들이다.

〈표 2〉 주요 면담대상자의 학력, 직업, 자녀성적 특성

면담대상자	부/모의 학력, 직업/사회경제적 지위	자녀교육과 관련한 특기사항
서구 엄마 1	고졸/고졸, 염색공장/전업주부, 저소득층	중 2(성적 중), 고 1(성적 중하)
서구 엄마 2	고졸/고졸, 남편과 함께 시장장사, 저소득층	초 4, 중 1(성적 중)
서구 엄마 3	고졸/고졸, 건설회사/전업주부, 저소득층	초 5, 중 2(성적 중), 고 1(성적 중하)
서구 엄마 4	고졸/고졸, 자동차부품공장/전업주부	중 1, 중 3(성적 중)
서구 엄마 5	대졸/고졸, 회사원/전업주부, 저소득층	중 2(성적 중상), 고 1(성적 중)
서구 엄마 6	고졸/고졸, 회사원/전업주부, 저소득층	중 3(성적 중), 고 1(성적 중하)
서구 엄마 7	고졸/고졸, 회사원/통신가게, 저소득층	중 1(성적 상), 고 1 (성적 하. 랩을 좋아함)
서구 엄마 8	고졸/고졸, 회사원/목욕탕 데스크, 저소득층	중 1(성적 중)

면담대상자인 서구 어머니들은 사회적으로 낮은 학력·노동계층에 속하며, 서구의 교육적·직업적·경제적 난관을 고스란히 가지고 있다. 남편의 학력은 한 명의 대졸자를 제외하고 모두 고졸이고 직업은 회사원, 기능원 및 단순노무종사자가 대부분이다. 구체적으로는 시장장사, 염색공장, 자동차부품공장 등 서구지역 공단의 작은 회사에서 일을 하고 있다. 어머니들의 직업은 단순노무종사자와 전업주부가 대부분이며, 학력은 모두 고졸이다. 어머니들은 전업주부이거나 가계에 도움이 될 수 있도록 동네에서 아르바이트 일을 하고 있다. 거주지는 서구 중리동과 비산동지역으로 다른 지역에 비해 경제활동이 전반적으로 침체되어 있고 절대빈곤이 매우 심한 지역이다. 면담대상자들 역시 20년이 다 된 5층짜리 아파트 전세이거나, 주택에 전세로 살고 있다. 여행과 취미 등의 문화생활은커녕 극장에서 영화 한 편 보는 여유조차 호사로운 것이라고 생각한다. 이들 학부모 모두 사회경제적으로 저소득층에 속하며, 그들 역시 동일하게 저소득층이라고 응답했다.

면담대상자 가정에서 중요 의사결정은 아버지가 하고 모든 가정사는 어머니가 해야 하는 관계이다. 이 관계 속에서 어머니들을 가장 힘들게 하는 것은 남편들의 '집에서 뭐하노'라는 말이다. 이 말은 집에서 놀면서 사소한 집안일을 다 챙길 것, 남편들이 편하게 쉴 수 있게 해 줄 것, 자녀들에 대한 관심을 가질 것 등의 의미를 모두 내포하고 있는 '가부장적 언어'이다. 자녀교육과 관련해서는 전적으로 어머니의 몫으로 던져져 있다. 자녀들의 성적은 대부분 중간 혹은 중간 이하이며 공부보다는 다른 것(랩, 축구 등)에 더 관심이 많다. 학부모들은 자녀들의 관심을 공부로 돌려놓지 못하고 있지만, 부담도 많고 신경도 많이 쓴다. 자녀들에게 때로는 강압적으로, 때로는 전략적으로, 때로는 빌어가며 엄마 아빠처럼 되지 말라고 공부의 중요성을 이야기한다. 생활

속에서 부부간에 자녀교육에 대한 이야기보다는 경제 이야기들을 더 많이 하고, 친구들과 만날 때에도 자녀들에 대한 이야기를 주고받지만 사실상 푸념 섞인 이야기가 대부분이라 제대로 된 학업정보를 취할 곳이 없다.

면담대상자 학부모들도 자녀들을 학원에 보낸다. 그들에게 학원을 보낸다는 것은 자녀에게 아주 큰 기대와 투자를 하는 것이다. 그야말로 '비싼 돈' 들여 보내는 것이기에 그에 합당한 결과를 바란다. 학원과의 소통은 생각도 못 하고 보내기만 하면 학원에서 다 알아서 해 주길 바란다. 자녀교육에 대한 전략도, 정보도 부족한 상태에서 단순히 학원만 보내는 것이다. 상황이 이렇다 보니 학부모들은 학원에서도 자녀들의 실패만을 바라보고 있다.

면담대상자 학부모들은 자녀교육에 대한 뚜렷한 목표가 없다. 어느 학교, 어느 학과도 없고, 그곳을 가려면 어떻게 준비해야 하는지도 모른다. 공부하면 잘될 수 있다는 것은 알지만 고학력·중산층에서 가지는 강한 위기의식(『경향신문』, 2011.3.7)과 정보 없이 막연하게 '공부만 하면 뭐라도 될 것이다'라는 희망을 부여잡고 있다.

2. 저소득층의 자녀교육에 대한 열망과 현실

부모가 가난해도 자녀들이 죽어라 노력하면 우리 사회의 명문대로 손꼽히는 대학에 들어갈 수 있다는 희망이 있었다. 그러나 최근에는 자녀들의 능력, 노력보다 부모의 사회·경제·문화적 자본이 중요하다는 것을 안다. 저소득층 학부모들은 이 문제를 어떻게 바라보고 있을까? 그들의 가정에서는 자녀교육으로 인해 어떤 일들이 일어나고 있을까?

가. '대물림 경쟁' vs '교육전쟁' vs '어쩔 수 없는 참전'

상층 학부모들에게 자녀교육은 비교적 여유 있는 '대물림 경쟁'이다. 중산층 학부모들에게 자녀교육은 스스로 참전해서 좀 더 좋은 학벌과 높은 지위와 재력을 획득하기 위해 모든 것을 쏟아부어 승리를 쟁취해야 하는 '교육전쟁'으로 표현된다. 그러나 저소득층에게 자녀교육은 '대물림 경쟁'도, 학벌과 높은 지위를 새롭게 획득해야 하는 '교육전쟁'도 아니다. 어쩔 수 없이 참여하게 된 경쟁이다. 학부모도 자녀도 모르는 사이에 자신들이 서 있는 바로 그곳이 치열한 격전지가 되어 버렸다.

> '얘가 꿈에 맞춰서 가는 게 아니고 성적에 맞춰서 가게 된다.' 이 생각에 괴리가 있었어요. 그래도 흥미가 있고 그게 있는 방향으로 보내야지 했는데 고등학교 보낸 지 반 년 만에, 와! 저 사람들이 결코 잘못 선택해서 그런 게 아니고 애 상황과 이걸 맞추다 보니 어쩔 수밖에 없겠구나라는 걸 알게 됐어.
> -서구 엄마 1-

> 아이들의 행복이 중요하다고 생각했어요. 그런데 애가 중학생이 돼서 다른 애들 보니까 행복은 지금 정하는 게 아니고 지금은 경쟁을 해서 살아남아야 하는 거 아닌가, 행복은 나중 문제지 이래 되더라고요.
> -서구 엄마 8-

저소득층 학부모들 역시 자녀교육에 대해 꿈과 계획을 가지고 있다. 그들이 가진 계획이 구체적이지도, 현실적이지도 못한 것이기에 어느 순간 어떤 계기로 그들이 서 있는 현실을 마주하게 되면 처음에는 당황하고, 다음에는 '나도 저들처럼'이라고 전의를 불태우며 그들이 할 수 있는 방법으로 교육전쟁에 참여하게 된다.

> 우리 애를 고등학교에 보낸다고 생각했을 때 아빠는 가까운 학교로 보내고 데리고 오자 했는데 현직 교사로 있는 친구에게 물어봤어. 대

화를 하다 보니까 그래도 이왕이면 여학생이니까 여학교를 보내되 ○
○나 △△를 보내라 그러는 거야. 자기도 깜짝 놀랐다는 거야. 현직교
사가 그러니까. 자기는 학교 수준이 문제가 아니고 어떤 애가 어떤 학
교를 가는가가 문제가 아니라 지가 얼마만큼 하는가에 달려 있다고
생각했는데. 그 환경이 엄청나게 문제구나 생각한 거야. 그래서 ○○
를 1지망을 쓴 거야.

-서구 엄마 5-

어쩔 수 없이 전의를 불태우며 참전은 했지만 저소득층 학부모들이
할 수 있는 것은 제한적일 수밖에 없다. 기본적으로 자녀들의 출발선이
너무 다르고, 그것을 메울 수 있는 정보는 부족하고, 설령 정보를 어렵
게 얻는다 해도 그 정보대로 지원을 하기는 턱없이 부족한 자신들의
처지를 확인하게 된다. 그러면서 자녀의 공부는 자녀 스스로가 하면
된다고, 자녀만 잘하면 개천에서 용이 날 수 있다고 믿고 싶어 한다.
하지만 현실에서는 자녀가 알아서 한다고 되는 것만이 아닌 것을 깨닫
게 된다. 그들은 너무나 결과가 분명한 경쟁을 치르고 있다.

나. 공부하는 자녀: 하루의 시작과 끝

학벌사회인 우리 사회에서 가족관계는 자녀중심이다. 자녀중심이라
는 말은 자녀교육중심(이경숙 외, 2010)이라는 말과 동일히다. 가족의
삶은 자녀교육을 위해 설계되고, 특히 고학력·중산층 학부모들일수록
자녀교육을 위해 전방위적으로 지원하고 관리한다. 저소득층은 모든
시기 가족관계의 중심이 공부하는 자녀는 아니다. 학력성취의 결정적
시기인 고등학생이 되면 저소득층 역시 가족관계의 중심은 자녀가 되
고 가족의 시간은 자녀의 시간에 맞게 조정된다. 고등학생 자녀는 가족
의 아침을 시작하고 하루를 마감하는 가족일과의 종결자가 된다.

> 고등학생이 되고는 ○○이가 제일 먼저 밥을 먹어. 고등학생 되기 전
> 에는 아빠의 출근시간에 맞춰 네 명이 다 함께 먹었는데, 아침 먹고
> 항상 데려다 주고 했는데. ○○이가 제일 먼저 가니까.
>
> -서구 엄마 7-

공부를 잘하든 못하든 상관없이 아침의 시작은 가장 먼저 집을 나서는 자녀에게 맞춰져 있다. 보통 고등학교의 등교시간이 7시 30분까지이고, 직장인들의 출근시간이 9시까지이기 때문에 어찌 보면 당연한 현상이다. 그러나 자녀의 등교시간이 빠르면 빠를수록 가족 모두가 아침을 함께하는 것이 참으로 어려운 일이다. 자녀가 아침 7시 30분까지 등교를 하려면 6시 30분 전에는 일어나야 하고 그러면 아침음식을 하는 학부모는 좀 더 이른 시간에 아침을 시작해야 한다.

자녀중심의 일상은 아침을 시작하는 식탁 위 반찬에서도 알 수 있다. 흔히 사람들이 아침에 삼겹살을 어떻게 먹느냐고 농담 삼아 이야기하지만 학부모들은 자녀의 건강이 우선이기에 아침 반찬의 수고스러움을 감내하고 있다.

> 통상적으로 저녁시간에 해야 할 요리를 아침시간에 하고 있더라. 아침
> 6시부터 물고기 굽고, 삼겹살 굽고. 왜냐하면 그 전날 우리 식구가 삼
> 겹살을 구워 먹었는데 애가 못 먹었잖아. 부엌에서 막 굽다가 그러다
> 가 생각이 났어. 내가 부모한테나 당신한테 이렇게 했으면 효녀 소리
> 나 효부 소리 안 들겠나.
>
> -서구 엄마 5-

저소득층 어머니들일수록 자녀들의 건강을 챙기는 것을 중요하게 생각한다. 자녀들의 건강을 챙기는 것은 학원을 선정하거나, 상담을 하거나 하는 것보다 잘할 수 있는 일이며, 몸이 건강해야 나중에 '노가다'를 해도 해 먹고 살 수 있다고 생각하기 때문이다.

가정생활에서 아침의 시작이 자녀의 등교이듯 하루의 마지막은 자녀의 하교이다. 학생들의 야간자율학습이 마치는 시간은 평균 오후 9~10시가 되기 때문에 가정에 가장 늦게 들어오게 된다. 자녀들이 고등학생이 되면 학부모들은 늦은 시간까지 자녀의 귀가를 기다리게 된다.

> 나는 밤에 신랑 안 오면 신경 안 쓴다. 먼저 잔다. 근데 애들이 안 들어 오면 잠을 못 잔다. 얘 방에 앉아서 기다려야지. 그래야 힘을 안 낼까.
> -서구 엄마 1-

자녀 중심의 일상은 특정한 가정의 문제가 아니라 고등학교 자녀를 둔 가정이면 일반화된 현상이다.

> "너희 고등학교 들어오니 엄마들이 태도가 안 달라지셨냐"고 선생님 이 묻더래요. 중학교 때는 학교 마치고 학원 갔다가 집에 가 보면 엄 마들이 자고 있었는데, 지금은 안 자고 기다리고. (한 친구가) 아침에 학교 나올 때 일어나지 않는 엄마도 있다고 하니까 아이들이 경악을 하더라고.
> -서구 엄마 3-

자녀들은 자신들이 하루를 가장 먼저 시작하고 가장 늦게 끝내는 힘든 삶을 살고 있다고 생각하며 자신을 중심으로 가정이 놀아가기를 원하게 된다. 그렇지 않을 경우 학부모는 자녀와의 관계가 단절될지도 모르는 현상이 매일 아침마다 반복된다.

> 아침에 "학교 다녀오겠습니다" 했는데 아빠가 졸려서 대꾸 안 했는데 딸이 문을 열고 나가면서 카는 거야, "아빠는 딸이 인사를 했는데 대 꾸를 안 해" 카고는 가는 거야. 그다음 날에 아침에 딸이 밥 먹을 때 (아빠가) 일어나서 식탁에 앉는 거야. 근데 힘든가 봐. 졸고 있는 거야. 그러니까 딸이 "일어나지나 말지" 카는 거야.
> -서구 엄마 5-

중산층 이상 가정의 경우, 가족은 자녀 위주로 돌아가지만 자녀교육의 가치 결정자는 학부모가 된다. 그들은 무엇이 자녀의 학업과 삶에 도움이 될지를 판단하고 순차적으로 자녀에게 자신들의 계획을 실현시킬 수 있는 준비를 한다. 저소득층의 경우도 자녀에게 학부모의 교육관과 직업관을 지속적으로 강요하면서 학업열의와 경쟁적 태도를 형성하게 해 주려고 노력한다. 그러나 구체적 지원 없이 정신주의만을 강조할 뿐이기에 자녀교육의 가치 결정을 자녀들 스스로 하는 경우가 많다.

> "고등학교 무조건 3년은", ○○야, "나중 인생을 좌우하니까, 나중에 편안하게 돈 많이 벌면서 그렇게 살고 싶거든 딱 3년만 고생해라." 그케도 걔들은 못 알아들어. "네가 3년을 고생해서 나머지 인생을 행복하게 살 수 있다면 그 3년을 포기하고 희생할 수도 있지 않겠나, 충분한 가치는 있다고 본다." 그렇게 얘기해요.
>
> -서구 엄마 1-

> 부모님 동의만 있으면 야자를 안 해도 된데요. 하고 싶은 애들만 진짜 한다는. 학교에서 명품야자를 만든다는 거야. 그런데 안 한다고 적어 냈기 때문에 아직 야자를 못 하는 거야. 누가 야자 안 한다고 써냈어요. 지가 그러기에 "그래라" 했지.
>
> -서구 엄마 6-

　　저소득층 학부모들은 어릴 때부터 공부습관을 형성하고, 하루 일과를 챙기고, 학원을 돌며 정보를 수집하고, 뚜렷한 목표를 정해서 자녀들을 관리하고 단속하지 않는다. 고등학생이 되어서야 남들 다 하는데 그래도 뭔가 해야 되지 않을까 하는 불안감에서 자녀교육에 관심을 쏟기 시작한다. 자신의 주변에 학업으로 성공한 사람이 없어서 먼 친척이나 다른 곳에서 듣는 '카더라' 통신을 바탕으로 자녀에게 이야기를 하지만, 자녀들은 부모가 자신보다 더 아는 것이 없다는 이유로 자신의 진로를 스스로 결정하는 경향이 강하다.

"엄마가 아무리 내 공부해라 해도 내가 하고 싶을 때 해야지 머리에 들어온다" 이거야. "학원에 다니는 친구들 내보다 아무리 뭐 한다 해도 내보다 못하잖아. 공부도 하고 싶을 때 해야 한다니까." 이러면서 엄마를 가르쳐요.

-서구 엄마 3-

"학원 좋은 데 간다고 잘하나요. 하기 나름이지." 이러면서 아가 학원에 대해서 엄마를 가르쳐요. 즈그 엄마는 모른다고.

-서구 엄마 7-

저소득층 학부모들은 새로운 정보를 바탕으로 교육을 결정하는 것이 아니라 자신의 경험을 기준으로 삼는다. 교육열의는 높지만 자신들이 겪어 온 제한된 경험을 바탕으로 이야기하다 보니 자녀에게 불신을 받고, 개입을 제지당한다. 이런 상황 속에서도 사회적 지위 획득이 개인의 노력과 능력에 의해 성취될 것임을 믿고 싶어 한다.

Ⅳ. 교육공간[8])에서의 소외와 현실 수용

1. 교육공간에서의 소외와 무시

가. 가정에서의 상호 간 무시

자녀를 좋은 대학에 보내기 위해서 필요한 것이 있다. 할아버지의 재력, 어머니의 정보력, 그리고 아버지의 무관심. 중상층 이상의 가정에서는 이 말이 큰 힘을 얻고 있지만(윤선진, 2012) 저소득층에서는 자녀교육을 위한 이 세 가지 조건들이 서로 협조를 이루지 못하고 있다.

---

8) 여기서 교육공간은 교육이 주로 일어나는 '가정, 학교, 학원'으로 한정한다.

그중에서도 저소득층 가정에서 아버지의 무관심은 중상층과 다르게 '엄마에게 동의'하는 것이 아니라 은근한 '압박'과 그야말로 '무관심'으로 나타나서 더욱 힘들게 한다.

> 40, 50대에 자기 집 있어야 하고 차도 한 대 있어야 하고, 통장에 얼마 정도 있어야 행복한 거 아니가. 아빠는 그런 거 아무것도 없으면서 "공부에 힘들어하는 자(자녀)가 행복할까" 이러고 있다.
>
> -서구 엄마 5-

아버지들의 눈에 비친 자녀들은 도무지 정상적 삶을 사는 것 같지 않아 보인다. 자신보다 일찍 학교에 갔다가 자신보다 늦게 들어오는, 심지어 자고 있을 때 들어와 자녀의 얼굴을 보지 못하기도 한다. 자신이 경쟁적인 교육 속에서 살지 않았기 때문에 어머니들의 자녀교육에 대해 이해하지 못하고 애들이 스스로 하게 그냥 두라고 한다.

> 우리 신랑은 학교 다닐 때 정말 공부하기 싫었는데. 그래서 지금 ○○이 맘도 이해된데. 지가 깨달아야 한다고. 느껴야 한다고. "니가(엄마가) 아무리 읊어도 안 되는 거야. 그냥 둬라. 내가 그랬다" 그러는 거야. 그러니 뭐 어떡해.
>
> -서구 엄마 2-

> 엄마들 모임 많았잖아. 거기 가면 전부 학원 얘기. 우리 애가 여 다니는데…… 근데 내가 학원을 안 시키니까 내가 거기 대화에 낄 수가 없어. 내가 할 말이 없잖아. 내가 이 얘기를 아빠한테 하니까 "학원을 안 보내도 다니는 애들만큼 하고 있으면 그걸로 그냥 만족하면 좋겠는데" 그러는 거야. 근데 난 후회하거든. 근데 "왜 후회하노" 이칸다.
>
> -서구 엄마 7-

자녀들의 교육에 조금 더 많은 관심을 가지고, 어려운 가정형편에도 자식교육을 위해 나름으로 노력하고 있는 어머니들은 아버지들의 현실

모르는 답답한 소리가 너무나 야속하게 느껴진다.

학부모와 자녀들 간에는 자녀의 성적으로 인해 직접적으로 무시하는 현상이 발생하기도 한다.

> 성적이 어느 정도까지 나와야 기본적으로 밀어주지. 난 ○○이 엄마처럼 높은(고등학교 내신 상위 20%~30%) 정도까지 바라지도 않아. 진짜 어느 정도는 해야 지가 하고 싶은 걸 시키지. 그건 유지시키지도 않으면서 지가 하고 싶은 거 한다면 그것도 못 하면서 해서 뭐 할래 이래 되는 거지.
>
> -서구 엄마 7-

> 시험기간이 되잖아요. 그럼 공부 안 하고 놀아요. 시험 일주일 전 밤에만 공부해요. 낮에 하면 산만하데. 해가 져야 집중된다. 해라 해라 해도 그냥 멍 때리고 있는 거야. 일주일 상간에만 책을 좀 봐. 남들은 시험 2주 전부터 학원에서 시험대비 다 해 주는데. 우리 애는 도서관 가는데 나로서는 의심스럽잖아. 공부하고 오는지 놀다 오는지.
>
> -서구 엄마 6-

저소득층 가정에서는 자녀에게 학업에 대한 전망이 보이지 않으면 사교육비를 자녀에게 투자할 수는 없다. 저소득층 학부모에게 투자는 바로 성과를 보여야 하는 것이고, 성과가 보이지 않는 일에 지속적으로 투자할 이유가 없다.

나. 학원에서의 무시

성적이 낮은 저소득층 학생들과 학부모들에 대해서 학원은 노골적으로 무시한다. 특히 문전성시를 이루는 학원들은 성적이 낮은 하위층 아이들을 받지 않으려고 한다.

> 학원에서 아이 개별성적을 적으라고 했나 봐요 아이한테, 그래서 국영수사과 성적을 적었는데 전화가 왔어요. 원장이. 원장이 같잖았나 봐

요. 어머니 이 성적 갖고 뭐 하라고 보내신 거냐고. 참, 내가 잘하면 그 학원을 보내겠어요. 선생님이 올려야지.

-서구 엄마 3-

똑똑한 애들은 학원비도 안 받더라고요. (애들이) 학원 간판이에요. 경시대회 가면 상을 쓸어 와. 잘하는 애들은 학원에서 안 놔주려고 하는데 우리 애는 관심도 없어요.

-서구 엄마 3-

상위권 학생들이 많아야 잘 가르치는 것처럼 홍보를 할 수 있고, 상위권 아이들에 비해 하위권 아이들에게 더 많은 시간과 노력을 쏟아야 하기 때문이다. 그 속에서 학부모들은 이미 자기 지위를 자녀의 성적과 같이 놓고 재단하고 있다

학원이 새로 생겼어. 수성구에서 넘어온 원장이래. (수성구) 엄마들이 이만큼인데(수준과 요구가 높은데) (그 학원이) 수성구에서는 그걸 못 따라간 것 같아 이리로 넘어온 것 같아. 상담은 원장이 아니라 선생하고 하더라고, 월화는 수성구에서 하고 수목금은 여기 오는 프리랜서 강산가 봐. 수성구에서 선생이 와야 처음 학원을 키우지. 근데 이 선생이 어찌나 당당하던지, "어머니 얘가 공부 얼마나 하죠?" 그래서 "뭐 어느 정도 한다" 그러니까 "어머니 학원 안 보내고 뭐 하셨어요" 하는 거야. 학원에 가도 죄인이야.

-서구 엄마 5-

어떤 학원을 가 보니까 성적이 어느 정도 돼요 묻더라고. 아가 전교 10등 안에 들어가면 내가 발품 팔면서 (자랑스럽게) 물어보겠다. …… 학원도 우수한 학생들이 와서 자기 학원을 빛내 주길 바라더라. 솔직히 띵 받치더라. 또 내가 아를 이 지경까지 만들어 놨던가 생각이 확 드는 거야.

-서구 엄마 7-

저소득층 학부모에게 사교육은 앞서 가기 위해 필요한 것이 아니라 더 이상 뒤처지지 않기 위해 필요한 것이다. 그 필요를 위해 중상층과

같이 많은 비용을 들여 사교육을 할 수는 없지만 체감으로는 중산층보다 더 많은 비용을 지출하고 있다. 그러나 학원에서 상담하고 수강할 때도 그들은 소외당하고 있음을 느끼고 있다.

다. 학교에서의 무시

학교에서 유명브랜드 점퍼의 종류와 가격에 따라(『문화저널21』, 2011.12.19.), 스마트폰의 기종에 따라(『경향신문』, 2012.7.16.) 친구들 사이에 서열과 계급을 나누는 일들이 이슈가 된 적이 있다. 그러나 학교에는 저소득층 학부모들과 아이들에게 이보다 더 큰 소외와 무시가 일어나고 있다고 이야기한다.

> (없는) 형편에 학교밖에 믿을 게 더 있었냐고. 근데 공부하는 아이들은 어차피 학교에서 교사가 공부시켜 주는 거 아니잖아. 다 학원 가가 배워 오고. 학교 오면 자는 거야. 시험만 치면 1등 한다는 거야. 우리 애는 그게 굉장히 모순인 거야. 학교에서 자는데 어떻게 1등을 하는지.
> -서구 엄마 5-

저소득층 학부모들은 그래도 믿을 곳은 학교밖에 없다고 인식한다. 저소득층 학부모들은 여전히 학교를 능력주의가 구현되는 곳, 열심히 노력하는 사람이 공부를 잘하는 곳, 학교공부를 잘하는 사람이 사회에서 성공한다(이병환, 2011)고 믿고 있다. 그러나 그 믿음은 시간이 지날수록 무너지고, 학교에서 학생은 가정의 경제력에 따라 성적이 달라진다는 확신이 자리 잡아 가고 있다(권정숙·임선희, 2009).

> 애가 중간고사 끝나고 나서 평생 처음으로 학원을 보내 달라는 거야. 놀라 죽는 줄 알았지. 국영수사과를 잘하는 애만 선생님한테 인정을 받을 수밖에 없거든. 그래서 야가 좌절을 느낀 것 같아. 공부 말고 다

른 거에서 인정받는 게 필요 없어. 공부 잘하면 착한 거야. 그냥 공부 시켜야 돼.

일본 교환학생으로 자매결연한 학교 가는 학생 신청을 심화반 위주로 다 받았다잖아. 우리 애들은 쳐다도 못 봤다잖아. 웃기는 건 서울대 견학 케이슨가 하는 게 있었는데 그것도 7, 8반 위주로 다 받았다잖아. 그래 해가 두 명인가 자리가 났다는 거야. 그러니까 딴 반에서 찾는 거야. 선생님이 우리 애보고 안 가 볼래 그랬대. 그러니까 우리 애가 선생님 전 어차피 서울대 못 갈 건데 안 갈래요 그랬다는 거야. 자존심 얼마나 상했겠어.

성적이 가정의 경제적·사회적·문화적 자본의 차이에 따라 영향을 받는다는 많은 연구를 열거하지 않더라도, 많은 저소득층 아이들이 차별받고 있음을 의미한다.

학교에서 심화반 이런 걸 나눴나 봐. 고등학교 올라가자마자. (우리 애가)엄마 학교에서 공부 잘하는 애만 밀어주는 것 같아. 공부 못하면 사람대접을 못 받는 것 같아 그러는 거예요.

학교에서 공부 잘하는 것이 최고이고 공부만 잘하면 모범생이고 착한 아이이며, 공부 못하면 아무것도 아니라는 이러한 무시와 소외를 저소득층 학부모들과 자녀들은 온몸으로 겪어 내고 있는 것이다. 저소득층 학부모들과 자녀들은 그 무시와 소외에 적극적으로 대항하거나 학력·학벌사회에 편승하고자 하는 노력조차 꺾이고 있는 실정이다.

2. 교육열망에 대한 좌절과 자기 합리화

가. 학부모의 자기 위안: 한다고 하고 있다

학부모들은 자녀교육의 가장 큰 책임은 자신들에게 있으며, 이것은 부모가 자녀교육의 성패에 결정적인 존재(이경숙 외, 2010)라는 것을 의미한다. 저소득층 학부모들은 더 이상 개천에서 용이 나지 않으며 '자녀 개인의 노력'은 가정의 사회경제적 배경과 지원의 다른 이름(김경근, 2007; 이종각, 2003; 『프레시안』, 2011.3.2.; 『경향신문』, 2007.7.17.)임을 알고 있기에, 불안감을 떨쳐내기 위해 그들로서는 할 수 있는 최대한의 지원을 하는 것이다.

> 자식이니까 할 수 있는 데까지 해 줘야지. 경제적으로 혼자 벌어서는 애들 어떻게 가르쳐요.
>
> -서구 엄마 4

> 영어성적이 떨어지면 수학을 끊고 영어학원을 보내야지. 어떻게 두 개를 다 보내겠어요. 최소한 친구가 세 개 하면 한 개는 시켜야 하지 않을까. 어떻게든 만들어 봐야죠. 그렇다고 아무것도 안 시키면 불안해서 미칠 것 같고.
>
> -서구 엄마 1-

중상층에서는 영어가 부족하면 영어를 한 시간 더 시키면 되겠지만 저소득층에서는 남들이 두 개 세 개를 시키면 하나라도 시키면서 학업의 효율성보다는 아무것도 하지 못하고 있는 불안감에서 벗어나고자 한다.

> 학원을 안 보낸다고 집에서 놀 수는 없잖아요. 그래서 집에서는 EBS와 인터넷 강의 시간을 철저하게 지켜요. 형이 40분 하고 나면 동생이 40분 하고 해요. 그걸 반드시 해야 게임할 시간을 줘요. 그래도 10시 되면 무조건 컴퓨터는 꺼야 해요. EBS 보면 한 개라도 건지겠지. 우리가 할

수 있는 건 아이들의 공부하는 시간을 철저하게 지키는 겁니다.

-서구 엄마 6-

만화책이라도 책만 읽어라. 책은 읽으면 도움 안 되는 게 없잖아. 그래도 책은 읽혀야······.

-서구 엄마 2-

저소득층 역시 자녀의 학업에 대해서는 매우 의욕적이며, 무엇이라도 지원해야 한다는 강한 의지를 가지고 나름의 방식으로 지원하고 있지만, 그것이 효율적이지도 구체적이지도 못하다. 이런 체계적이지 못한 지원은 불안을 떨쳐 버리기보다 더 큰 불안을 학부모에게 안길 뿐이다.

나. 경제적 어려움: 지원해야 하지만 어렵다

좋은 학벌이 좋은 직장과 좋은 생활을 획득하는 필수조건이 되면서 저소득층에도 자녀교육은 가족 삶의 제1 가치이다. 그 필수조건을 획득하기 위해서 가능한 모든 사회경제적 배경을 동원해서 자녀에게 지원을 해야 한다는 것도 알고 있다. 그러나 그들에게 자녀교육지원에 있어 가장 큰 장애물은 정보의 부족보다는 경제적인 문제이다. 자녀교육을 위해 이 거대한 장애물을 극복해 보려 안간힘을 써 보지만 역부족인 자신들과 마주하게 된다.

담배 끊고, 특근 계속하면서 아이를 학원에 보내는데······.

-서구 엄마 1-

우리 애가 내한테 뭘 하고 싶다고 요구를 많이 한다 하니까 (점장님은) "시켜라"고 내보고 (이야기하데). "애가 하고 싶다고 하는데 뭐 그리 망설이노. 시켜라 애가 원하는데 못 해 줄 게 뭐 있냐"고 내 점장님한테 칸다. 점장님, 시키는 것도 머니가 있어야 하지. ······ 우리 애는 한 달에 버는 게 이런데 거기에 맞춰서 살아야 하는데. 아주 잘사는 것도 아니고 못사는 것도 아니고 밥만 먹고 사는데. 그렇게 보면 지한테 올인해야 하는데 그렇게 못 하잖아. 지 동생도 있는데.

-서구 엄마 7-

저소득층 학부모들도 자녀의 교육지원을 위해 그나마 있던 여가비용을 줄이고, 식비를 줄이고, 특근을 하고, 심지어 담뱃값을 줄여 가면서 투자를 한다. 그러나 이런 방법으로는 자녀들의 사교육비를 감당할 수 없어 자신과 가정에 대한 푸념만 늘어날 뿐이다. 이러한 푸념 속에서도 자녀교육을 위해 새로운 일을 찾아 나서고, 때로는 극단적인 선택을 생각하는 경우도 있다.

> 왜 TV에 이런 거 나왔잖아. 애들 학원을 보내기 위해서 노래방을 뛰고 뭘 하고 한다고 돈만 되면 상식적으로 용납할 수 없는 일을 하면서까지 아이의 학원비를 위해서 한다고, 애 아빠는 "부모가 그렇게까지 희생해 가면서 아이의 능력도 모르면서 올인하는 게 무모하지 않나" 그러는 거야. 근데 난 나도 그렇게 해야 하지 않나 싶기도 해. 내 아이의 적성을 살려 주려면 나도 그렇게 해야 할 텐데. 그런데 난 못 해요.
>
> -서구 엄마 5-

> (학원비) 그래서 일을 시작했는데 일도 주체를 못 하고 애들한테 해 주지도 못 하고. 그런데 일을 그만두지도 못하는 거야. 이걸 안 하면 애한테 이걸 못 해 주고 저걸 못 해 주고 그게 보이는 거야. 건강만 해 노 뵌나면서도 건강하면 또 공부 생각나는 거야.
>
> -서구 엄마 7-

저소득층에 사교육비는 생계를 위협할 정도(『매일경제』, 2012.07.23)[9]에 이르고 있다. 때문에 학부모들, 특히 40~50대 엄마들은 일자리를 찾아 나서고 있다. 그러나 일도 제대로 못 하고 자녀교육지원활동에 집중할 수 없는 처지와 현실에서 불안과 안타까움만 커진다.

---

9) 허니문 푸어, 하우스 푸어, 실버 푸어, 푸어(poor)가 넘치는 사회이다. 자녀양육과 교육을 위해 빚지는 것을 에듀 푸어(Edu Poor)라고 한다.

다. 열망에 대한 좌절: 학부모와 자녀의 현실수용

학부모의 유능과 무능이 아이의 학력을 좌우한다. 학력이 높을수록 경제력이 있을수록 자녀교육에 유능한 학부모가 된다(김영화, 2004; 모수원, 2007). 이 속에서 성적이 좋은 자녀를 둔 학부모는 조건이 비슷한 학부모들에게 정보공유의 대상(윤선진, 2012)이 되며, 그 정보를 중심으로 어머니 모임이 활성화된다. 이러한 모임이 저소득층 학부모들에게 소외감을 느끼게 만든다.

> 학기 초 반 총회 때 가가꼬 엄마들끼리 연락처 받읍시다 하니까 (사람을) 가리는 거야. 자기들끼리 있다고. 그래서 비슷한 엄마 9명만 연락처 주고받았어. 나중에 보니까 그 엄마들은 (공부) 잘하는 애들 엄마들인 거야. 즈그끼리는 이미 알데.
>
> -서구 엄마 7-

경제적 어려움, 정보의 부족, 그리고 사회적·문화적 자본의 부족까지 삼중고, 사중고에 시달리는 저소득층 학부모들이 선택할 수 있는 방법은 자녀들에게 '네가 잘하면, 환경이 어떻든 스스로만 잘하면 된다'는 식의 정신주의를 강조하기 시작한다.

> 중학교 때 하던 식으로 해라. 니가 니 스스로 공부하는 방식을 깨우쳤는데 왜 고등학교 와서는 성적이 떨어지노.
>
> -서구 엄마 3-

> 우리는 하고 싶어도 못했는데…… 엄마는 하고 싶어도 못 한다. …… 그거 구구절절이 설명하고 좀 알아 들었는갑다 했는데.
>
> -서구 엄마 1-

저소득층 학부모들은 경제적 어려움으로 자녀교육을 지원하지 못하는 것을 안타까워한다. 그러나 다른 한편으로는 자녀의 능력 부족을 탓하거나, 굳이 그 꿈이 아니라도 다른 길이 있다며, 열악한 여건과 학업결과를 나름의 이유와 소신 있는 선택으로 합리화한다.

> 수학학원을 보냈는데 수학을 여전히 못하더라. 그럼 보낼 필요가 없지. 즈그 아빠가 난리가 났지. 비싼 돈 들여 학원 보낸다고.
> -서구 엄마 8-

> 우리 애가 관심이 있고 능력이 되고 내가 능력이 된다면 축구 유학이라도 보내고 싶다. 진짜 애 능력만 되면 밀어줄 것 같아. 능력이 안 되니까 안 해 주는 거지. 다른 거 있겠지 뭐.
> -서구 엄마 2-

우리 사회의 많은 학부모가, 특히 중산층 이상의 학부모들이 교육과 관련하여 자녀들의 일상을 설계하고자 한다. 부모가 자녀의 일상을 설계한다는 것은 안정된 미래에 대한, 더 나은 미래를 향한 그들의 희망(윤선진, 2012)이다. 그러나 저소득층 학부모들은 아이들의 미래를 설계하지 못한다. 오히려 자녀들이 알아서 스스로 자신들의 희망을 접고 현실적인 삶을 선택한다.

> 음악 선생님은 우리 애한테 음악을 하라고 한데요. 그래서 "부모님한테 내가(선생님이) 얘기 한번 해 줄까." 그러니까 우리 애가 "아뇨, 우리 부모님은 그럴 생각 없는데요." …… 예고를 가고 싶었는데 "우리 엄마 아빠는 내가 이런 이런 델 가면 힘들어하지 않나. 경제적으로 어렵게 되니까." 그렇게 생각해서 미리 포기를 한 거지.
> -서구 엄마 5-

> 선생님이 얘기하기를 "왜 공무원이 하고 싶냐"고 하니까 제일 안정권이고 변동 없이 안정적으로 사는 것 같다. 그래서 "저는 편안하고 안전하게 살고 싶어요. 그래서 공무원이 되고 싶어요. 월급도 꼬박꼬박 나오고." 우리 애는 살면서 파동 없이 안전하게 사는 걸 원하는 것 같아요. 우릴 봐서 그렇겠죠.
> -서구 엄마 1-

불리한 사회·경제적 조건과 열악한 교육환경의 학생일수록 부모와 자신의 이야기를 하지 않고[10] 자신의 일을 스스로 결정한다. 그 결정은 자신의 꿈이 아니라 자신의 환경을 고려한 선택으로 귀결된다.

V. 맺으며

이 글은 대구 서구지역 저소득층 학부모 8명을 대상으로, 저소득층 학부모들의 자녀교육에 대한 열망과 현실에 대한 인식이 어떻게 나타나는지에 초점을 맞추었다. 저소득층 학부모들의 현실에 대한 인식과 교육공간(학교, 가정, 학원)에서의 무시와 좌절의 실태를 살펴보고, 이를 통해 저소득층의 자녀교육을 강화할 수 있는 방안을 모색해 보고자 하였다. 지금까지의 분석과 논의를 요약하면 다음과 같다.

첫째, 저소득층 학부모들은 가정의 환경이 어떻든 간에 개인의 노력과 능력에 의해 좋은 학력과 좋은 직장을 가질 수 있다는 실낱같은 희망을 가지고 있으면서도, 우리 사회는 학벌사회이고, 교육이 자녀의 미래를 결정한다고 인식하고 있다. 전쟁에 참전하는 양상이 중상층과 다르기는 하지만 저소득층에게도 교육은 어쩔 수 없는 경쟁이며, 전쟁이다. 공부하는 자녀에 의해 가족 일과의 시작과 끝이 결정된다. 그러나 지원 부족, 정보 부족, 신뢰 부족 등 여러 가지 불안요소를 함께 안고 갈 수밖에 없다.

둘째, 저소득층 가정의 이러한 노력과는 달리 가정과 학원, 학교에서

---

10) 이혜영(2003)에 따르면 가정형편이 좋지 않다고 생각할수록 부모님이나 보호자와 의논하는 비율이 낮으며, 누구와도 의논하지 않는다고 응답한 비율이 높다고 보고하고 있다. '못사는 편, 매우 못산다'고 생각하는 학생이 부모님이나 보호자와 의논한다고 응답한 비율은 각각 18.3%, 18.5%에 불과하며, 누구와도 의논하지 않는다고 응답한 비율은 33.5%, 40.7%에 이른다.

는 자녀와 학부모들이 함께 소외를 경험하고 있으며, 가정 내에서도 서로 간 소외가 발생하고 있다. 가정 내에서는 없는 형편에 무엇이라도 해 보려는 어머니와 진정으로 무관심한 아버지로 인해, 학교와 학원에 서는 성적으로 인해 학부모와 자녀들이 동시에 고통을 겪고 있다.

셋째, 교육공간에서의 무시와 소외 속에서 그들은 어쩔 수 없이 스스로가 할 수 있는 것에 자족하거나, 스스로의 꿈을 재단하면서 그들 앞을 막아서고 있는 거대한 학벌과 경제적 어려움이라는 벽을 받아들이고 있다.

학벌사회 속에서 저소득층 학부모들은 자녀교육에 대한 열망은 있으되, 행동할 여건이 안 된다. 행동으로 연결되는 지원 없이, 더욱이 학업성취에서 우위를 갖지 못한 저소득층 자녀의 경우 계속 학력경쟁에만 매달리는 것은 궁극적으로 상황을 더욱 어렵게 할 가능성이 있다. 그럼에도 불구하고 지금까지는 마땅한 대안이 없었기 때문에 막연한 방법으로 학력경쟁에 매달릴 수밖에 없었다.

이제 저소득층에 교육열망은 막연한 기대나 희망이 아니라 기대와 희망을 형성하는, 구체적인 행동(김희복, 1992)으로 만들어야 한다. 이를 위해 저소득층 자녀들을 위한 다양한 교육정책과 복지정책을 동시에 펼쳐야 할 것이다. 그뿐만 아니라 학부모 교육을 통해 교육정보의 획득을 용이하게 만들어야 한다. 그러나 무엇보다 중요한 것은 저소득층 자녀들이 공교육에서 차별받지 않고, 소외되지 않고, 무시되지 않고, 낙오되지 않게 하는 것이다. 모든 학생은 학교현장에서 교육과정에 따른 교육을 받을 권리가 있다. 대다수의 학생이 학교 밖의 교육 아닌 교육, 선행학습으로 대표되는 사교육을 받았다는 이유로, 그리고 그것이 대학입시에 유리하다는 이유로 그렇지 못한 학생들을 소외시키는 교육과정이어서는 안 된다. 교육은 정책의 논리도, 경제의 논리도 그리

고 선점의 논리도 아닌 교육의 논리로 풀어야 하는 것이다. 공교육의
교육과정에 맞는 교육이 행해지지 않는다면 아무리 좋은 프로그램을
계획하고, 아무리 많은 재정지원을 한다 해도 그것은 단순한 보여 주기
식의 이벤트에 머물 수밖에 없을 것이다.

제7장 소비자권력이 된 학부모*

윤선진

I. 학부모, 사교육 소비자를 넘어

"중학교에 가면서 노는 것만 좋아해 친구들을 떼어놓으려고 캐나다로
어학연수를 보냈어요." "아이의 전교등수가 10등이나 내려가서 일주
일 동안 앓아누워 일어나지 못했어요." "서울대 공대를 목표로 공부하
던 아들이 고2 때 기타를 배운다고 할 때부터 청심환을 먹기 시작했
어요."

중·고등학생을 자녀로 둔 학부모들이 쏟아낸 말이다. 입시생을 둔
학부모들에게는 자녀의 우정과 취미생활은 입시공부에 방해가 되는 고
민스러운 상황이다. 학부모에게 중요한 자녀교육은 오직 좋은 성적을
받아 일류대학을 들여보내는 것이 지상과제이다. 공부의 목적은 사회
적 지위와 권력을 차지하여 지배층을 만드는 것이다. 좋은 성적 – 일류
대학 – 성공 출세가 학부모의 관심이다.

* 이 글은 한국교육학회『교육학논총』(2010) 31(1)에 게재된 논문『학부모 이해: 소비자권력이 된 학부
모』를 일부 수정한 것임.

새로운 학부모들이 탄생했다. 과거 단순한 사교육 소비자를 넘어섰다. 이 학부모들은 사교육 구매와 소비를 통해 자녀의 성적을 상위권에 안착시키고, 성공사례를 무기로, 다른 학부모들과 사교육 시장에 권력을 행사한다. 그리고 이들이 주도하여 공교육의 질서를 훼손하고 무력화하는 데 앞장서고 있다.

이 학부모들은 독특한 기제와 논리를 가지고 있다. 인식도 실천도 일반 학부모들과 다르다. 재생산 기제가 있고 독특한 문화가 있다. 스스로 자기 역사를 만들어 낼 뿐만 아니라 그 영향력은 다른 학부모들에게 사례로 작용한다. 이것이 공교육을 무력화하고 대체하는 작용을 한다.

이들 학부모는 교육의 보편적 가치가 학교에서 시행되는 것을 방해하고 일반 학부모들이 사교육 구매를 하지 않을 수 없는 풍토를 조성한다. 개별화된 개인으로 존재했던 학부모를 세력화하여 자녀, 학교(교사), 다른 학부모들, 사교육시장, 국가정책에 대해 영향력을 끼치는 권력자로 탄생하고 있다. 이들의 성공사례가 배급되고 성공사례를 따라 하려는 다른 유사 학부모들의 세력이 모여 교육특구가 만들어졌다.

수요자가 공급자를 능가하여 소비자권력이 된 학부모가 출현한 것이다. 소비자권력이 된 소수의 학부모들은 일반 학부모의 교육신화를 만들어 내는 일에 앞장서고 확산시킨다. 교육현실의 중심에 있는 소비자권력 학부모의 실체를 개념화하는 것은 사회적 교육문제를 직시하고, 학교가 교육을 책임지는 교육체계를 만들기 위함이다.

교육특구에 거주하거나 이주하고 싶어 하고, 자녀교육은 부모 하기에 달렸다고 생각하여 자녀를 성공 출세시킬 수 있다고 확신하는 학부모들을 면담하였다. 그중에서 적극적으로 교육소비를 주도하는 학부모 12명, 주도하지는 않지만 교육소비행위를 따라 하는 유사 학부모 4명을 면담대상자로 선정하여 심층인터뷰를 하였고 내용을 분석하였다.

면담은 평균 1회에 2～3시간 정도 소요됐으며 한 사람에게 1회에서 3회 정도 실시하였다. 인터뷰 자료는 녹취한 후 서술하여 자료로 기록하였다. 학부모의 행동양식을 수집하고 처리하기 위해 관찰, 심층인터뷰, 제보 이외에 통계청 자료, 신문기사 등을 참조하였다.

〈표 1〉 인터뷰대상자의 인적 특성

사례	거주지	계층	자녀 학년/성별/	성적	부모 직업(부/모)	부모 학력(부/모)
사례 1	수성구	중	중 3/남, 초등 6/여	상/상	대학교수/전업주부	대학원졸/대졸
사례 2	수성구	상	고 1/남/시지고	상	사업/주부	대졸/대졸
사례 3	수성구	중	고 2/여, 중 2/여	상/중	사업/회사원	대졸/대졸
사례 4	남구	상	중 1/남	상	한의사/전업주부	대학원졸/대학원졸
사례 5	수성구	상	고3/남 고1/여 초 2/여	상	치과의사/전업주부	대학원졸/대졸
사례 6	남구	상	대학 4/여 재수생/여중 3/남	상/중/중	사업/보험설계사	대학원졸(유학)/대졸
사례 7	수성구	중	대학 1/여, 중 3/남	상/하	사업/상업	대졸/대졸
사례 8	수성구	상	대졸/남, 대 4/남	상/상	사업/주부	대졸/대졸
사례 9	수성구	상	재수생/여, 고 1/남	상/중	사업/주부	대졸/대졸
사례 10	북구	중	고 3/남, 중 1/남	상/상	공무원/보험설계사	대졸/대솔
사례 11	경주	상	고 3/남, 중 2/여	상/중	사업/사업	대졸/대졸
사례 12	수성구	중	실업계고 2/남, 초 5/남	하/상	공무원/주부	대졸/고졸
사례 13	수성구	중	대 2/여, 실업계고 2/남	상/하	사업/강사	대졸/대학원졸
사례 14	수성구	상	중 2/남	상	사업/주부	대학원졸/대졸
사례 15	경주	중	고 3/남, 중 2/남	상/중	상업/상업	전문대졸/전문대졸
사례 16	포항	중	초 6/여, 초 1/여	상/상	사업/전업주부	대졸/고졸

Ⅱ. 소비자권력이 된 학부모의 개념

1. 학부모, 누구인가?

　선행연구들은 학부모의 개념을 적시하기보다는 대체로 학부모의 행동과 문화를 분석하였다. 이민경(2007: 159-181)은 자신들의 교육경험과 자녀들에 대한 교육기대, 그리고 자신들의 개인적·사회적 위치에 따라 자녀교육 행위가 달라진다고 보았다. 오정란(2007: 89-113)은 학부모 문화자본의 영향력 증대로 계층 간 교육격차가 더욱 심화된다는 사실을 통해 교육에 영향을 미치는 학부모의 문화자본에 주목했다. 이두휴(2008: 135-165)는 학부모의 문화적 특성으로 '사교육지향성', '엄마주도성', '정보의존성'을 보인다고 보고하였다. 그의 연구에 의하면 상류층은 '사교육지향성', '엄마주도성', '정보의존성(개인주의적, 질적)'이 모두 높고, 하류층은 사교육의 양적 측면 중시, 자녀에 대한 방임 혹은 자율성 강조, 정보의 개방과 정보의 질적 측면 무관심, 높은 학교교육의존성이 특징이다. 오욱환(2008: 111-133)은 부모주의를 부각시킨다. 변수용·김경근(2008: 39-66)은 부모의 교육적 관여는 학교활동참가, 자녀 친구 부모와의 상호작용, 학습 생활지도, 집안규칙 등이고, 단지 부모의 사회경제적 지위가 높을수록 교육적 관여가 깊이 이루어질 가능성이 높다고 하였다. 한국적 교육열의 특성을 연구한 이종각(2006: 356-357)에 따르면 가계별로 수입에 비해 엄청난 교육비를 지출하며, 다종다양한 과외를 동시에 시키면서 참고서, 학원, 학습지 등의 입시산업의 번창을 가져왔다. 부모들은 어떠한 희생을 치르더라도 자녀를 대학까지 공부시키겠다는 생각을 한다. 남경희(2005)에 따르면, 학부모는 계급에 따라서 서로 다른 교육동기와 가치체계, 신념과 행위를 보인다. 상류층은 경제적 자본뿐만 아니라 문화적·사회적 자본을 총동원하여 자녀의 성공을 키운다. 이처럼 학부모의 양육전술은 계급과 지역, 자녀의 성적 등에 따라 차이가 있다. 오만석(2000: 201)은 한국인의 교육열은 학교교육열이라고 지적한다. 과외에 대한 욕구가 높은 것도 성적을 올리기 위한 것이기 때문에 학교교육열의 표현이다. 학교교육도 최상급 학교로의 진학을 돕는 대학입시에 집중된 교육열이다. 김희복(1992: 117-124)은 학부모문화를 순응성과 능동성으로 나누어 설명한다. 오영재(2004: 4-6)는 부모교육 현상을 진단단계, 기획단계, 실천단계, 평가단계, 관리단계로 나누어 각 역할을 제시한다.

이처럼 선행연구들은 학부모를 학부모교육열, 부모주의 등의 차원에서 논의하고 있다. 그러나 교육을 선도하고 선점하는 학부모계층이 있는 교육현실에서 교육을 주도하는 학부모계층에 대한 심층적 연구는 없었다.

2. 일반 학부모와 "소비자권력이 된 학부모"의 차이

일반 학부모와 달리 차별화된 사교육을 구매하고 소비하는 학부모는 분명한 차이가 실재한다. 차이의 기준은 크게 학부모들의 교육인식, 교육행위, 그들의 교육인식과 행위로 미치는 영향력으로 나누어 볼 수 있다.

교육을 인식하는 측면에서 일반 학부모는 교육을 가르침과 배움이라는 추상적 행위로 이해하고, 소비자권력이 된 학부모는 교육을 '성공'이라는 구체적 목표를 위한 수단으로 인식한다. 교육행위의 측면에서 일반 학부모는 공교육의 틀 안에서 실수와 어려움도 교육의 과정으로 여기지만, 소비자권력이 된 학부모는 경쟁에서 반드시 이기기 위해 차별적인 사교육을 구매하고 선택하는 데 주저함이 없다. 사교육을 더 일찍 시작하고, 더 많이 시켜, 가능한 모든 방법을 동원하여 남보다 우월함을 증명한다. 이로 인한 영향력의 측면에서 일반 학부모는 성공사례를 모방하는 수동적이고 소극적이며, 상대적으로 소외감을 느끼지만

〈표 2〉 일반 학부모와 소비자권력이 된 학부모의 차이

		일반 학부모	소비자권력이 된 학부모
교육인식	교육목적	"자식교육 책임감"	"성공한 자녀 만들기"
	성공과 출세	심리	논리(강한 욕망, 부모와 가문의 내력을 잇는 일, 전문가 만들기)
	지배층화	교육목표	문화목표(심리적, 사회적, 계층적 대물림)
	대학진학, 학문	정신적 필요의 충족, 자아실현	차별화된 사람 분별
	유학	희망사항	조기유학도 불사, 반드시 거쳐야 하는 필수과정, 함께하며 뒷바라지
	보편적 삶	긍정	부정
	친구관계	긍정(우정은 사회관계의 기본)	부정(공부에 방해되면 해외 어학연수 같은 방법도 불사하여 결별시킴)
교육행위	취학 전	유치원+학원 1, 2	유치원+예체능 학원 3, 4
	초등	공립	국립, 사립
		학부모 모임 관심	학부모 모임 적극적 참여 및 주도
			영재학원 경유 영재원
			선행학습을 위한 학원 및 과외 예체능을 위한 학원
			교육특구로 이주
			해외여행 및 연수, 조기유학
교육행위	중등	일반중	국제중, 예능중, 교육특구 소재 중학교 입학
			특목고, 외고, 과학고, 자사고 목표의 학원 및 고액과외
			해외유학준비
			교육특구로 이주
	고등	일반고	명문대 목표의 학원 및 고액과외
			해외유학준비
영향력	자녀	일방적	설득과 강제
	학교(교사)	소극적, 수동적	적극적이고 주도적 교사, 공교육의 무력화
	다른 학부모	정보공유관계, 모방적 경쟁과 소비	성공적 모델 만들기와 확산, 소외감을 주고, 정보단절관계
	사교육	성공사례 모방, 선택	성공사례 배급, 차별화된 정보 생산
	국가	수동적	정책, 제도, 평가에 적극적 영향력 특목고, 국제학교를 만들어 학부모의 선택을 장려하고 활성화한다.

소비자권력이 된 학부모는 적극적이고 주도적이며, 성공사례를 스스로 만드는 주체로서 확산시키고, 공교육, 국가정책, 평가에 직접적으로 영향을 미치고 무력화시킨다.

일반적인 학부모가 아닌 '소비자권력이 된 학부모' 개념을 따로 설정한 이유는 이들 학부모의 교육목적과 인식, 행위, 영향력이 분명히 일반 학부모와는 다르기 때문이다.

3. 소비자권력이 된 학부모의 개념화

"소비자권력이 된 학부모" 개념은 학력과 경제력이 있는 학부모가 자녀의 성공한 미래를 만들기 위해 자신들의 의도대로 차별화된 사교육을 구매하여, 정보를 독점하고 배급하여 사교육시장·학교·국가정책 등에 전방위적으로 영향력을 행사하는 사람들을 말한다. 소비자권력이 된 학부모의 개념은 경제 원리를 교육현상에 적용하였고, 수요자가 공급자를 능가하여 권력이 되는 현상이다.

모든 학부모는 학교라는 공적 교육체제 속에서 자녀의 삶과 배움이 연계되어 지식을 구성하고 자신의 삶을 스스로 잘살 수 있도록 교육적 책임을 다해 주기를 바란다. 그러나 대학을 졸업하고 학위를 취득해도 정규직의 일자리를 얻기가 어려운 것이 현실이다. 미래의 불확실한 삶이 학부모의 불안이다. 학교도 교사도 국가도 그 책임을 지지 않는다. 아무도 책임지는 교육을 하지 않는 현실에서 고학력과 경제력을 가진 학부모의 불안은 교육을 온전히 책임지는 적극적인 입장으로 바뀌었다. 자녀의 안정된 미래의 삶과 성공, 출세를 끝까지 책임지려는 학부모들이 사교육을 구매하여 소비자가 되었다. 소비자로서의 학부모는 자녀교육에 대한 책임감을 넘어 자녀의 성공을 위한 구체적인 실행계획을 주도적으로 현실화한다. 현실화된 계획은 차별화된 사교육 구매와 소비로 나타났다. 사교육시장은 세력화하여 교육특구를 만들고 공교육을 무력화하는 데 큰 역할을 하였다. 유통과정체계를 살펴보면 학부모가 차별화된 교육정보를 구매하여 소비하면 상위석차의 성적을 결과로서 얻게 된다. 교육이 소비의 양상으로 바뀌는 체계는 소비자와 공급자를 만들고, 수혜자와 피해자를 만들며, 권력자와 지배자라는 새로운 질서체계도 만들었다. 사교육을 구매하여 좋은 성적을 받고 일류대학에 들어가 학력과 학벌을 쌓아 사회의 지배층이 되어 소위 성공하는 자녀를 만드는 학부모가 나타났다. 이들 핵심 소비자권력자들은 일반 학부모의 교육신화를 만들어 내고 선도한다.[1] 일반 학부모들에게 이런 교육신화는 경쟁을 가열시키고 성공사례를 모델로 삼아 일방적으로 의사결정을 하게 하는 작용을 한다.

소비자권력이 된 학부모의 사교육 구매는 공교육에서 부족한 학습을 보충하기 위한 보충학습교육이 아니라 이를 뛰어넘어 공교육을 무력화시키는 단계까지 왔다. 또한 성적 우수자 중심의 교육체제가 효율적으로 기능하는 교육특구라는 공간을 형성하여 국가의 통제를 벗어난 자율공간이 되는 데 소비자권력이 된 학부모들이 주도하고 있다. 그들의 비범한 교육구매 전략으로 이뤄 낸 일류대학 입학의 성공사례는 전방위적으로 영향력을 끼친다.

---

[1] 교육신화의 예는 선행학습은 좋은 성적을 받을 수 있다든가, 어려서부터 공부를 많이 시키면 자극이 되어 머리가 좋아진다는 것이다.

Ⅲ. 소비자권력이 된 학부모의 탄생 배경

1. 역사적 탄생

학부모의 사교육에 대한 역사는 대학입학제도의 변천과 공교육이 무력화되고 몰락하는 역사와 함께한다. 대입제도는 '대학별 단독 시험제', '국가고사제', '무시험 전형제'로 발전하고 있다. 학부모의 교육 참여는 참관하는 시기, 참여하는 시기, 주도하는 시기로 변화했다.

학부모의 교육 참여를 유도하기 위한 형태가 50년대의 사친회, 60년대의 기성회, 7, 80년대에는 육성회라는 것이 있었다. 교육에서 학부모는 참관하는 시기였다고 볼 수 있다.

'1995.5.31. 교육개혁위원회'는 신교육체제 구상을 발표하여 '학습자 중심 교육'을 제창하면서 학부모가 교육의 주체로 등장하는 계기가 마련되었다. '교육기본법'은 부모를 학습자, 교원, 학교의 설립, 경영자 및 지방자치단체와 더불어 교육당사자로 설정하였다. 학부모는 교육수요자로서 교육선택권을 가지며, 단위학교별로 '학교운영위원회'를 구성, 운영하도록 한다. 학부모의 교육 참여가 과거보다 강조되었다.

1995년 5월 31일 교육개혁에 의해 1997학년도 새 대학입학 전형제도가 도입되면서 학생선발의 정책기조가 시험에서 전형으로 전환되어 단순한 시험성적에 의한 학생선발 관행을 지양하고 다양한 전형자료를 활용하게 되었으며 전형요소의 유형과 반영 방법, 모집 절차, 모집 시기 등이 더욱더 자율화, 다양화되어 학생들의 특기 적성, 흥미 등 각자의 개성 있는 학습과 활동을 최대한 반영할 수 있게 되었다. 이에 따라 학부모의 위상이 높아져 주도적 입장으로 바뀌었다. 사교육을 소비하는 것뿐만 아니라, 학교에 적극적으로 요구한다. 소풍이나 급식, 시간표, 외모, 스트레스에 대한 간섭을 적극적으로 표현하고 요구한다. 야자시간에 교사를 지정하기도 하고, 학년이 올라갈 때 교사를 지정하여 올라가지 않게 해 달라고 교장, 교감에게 정식으로 요청한다. 교사평가 때문에 교사들이 학부모의 요구에 자세를 낮출 수밖에 없다. 전교조 교사에 대한 압박을 행사하는 것도 학부모의 영향력이 크다. 학기 초에는 교장이나 교감 선생님이 학부모들에게 요구한다. 문제가 생기면 교장 선에서 해결해 달라, 교육청으로 바로 가지 말고 학교에서 해결했으면 좋겠다고 요청한다.

2. 사회적 탄생배경

가. 학력주의 사회

우리 사회는 사람을 학력으로 보고 재는 학력사회이다. 학력주의는 어떤 개인의 인간됨과 능력 그 자체를 보려는 것이 아니라 학력을 통하여 그의 인간됨과 능력을 보려는 행동유형이라고 하였다. 사람에 대한 판단기준이 학력이 될 때 학부모는 자녀에게 가장 중요한 배움에 근거한 자기 교육에 정진하도록 둘 수 없게 된다. 일류대학을 위한 좋은 성적만이 중요한 일이라고 생각한다. 그것이 아닌 것은 비난과 꾸중의 대상이 되고 그것을 위해 차별화된 사교육을 구매하는 일에 전력을 쏟는다. 상류층은 경제적 자본뿐만 아니라 문화적·사회적 자본을 총동원하여 자녀의 성공을 키운다. 오만석(2000: 211)은 한국인의 교육열은 대학입시에 집중된 교육열이라고 했다. 자녀들의 경쟁은 학부모의 경쟁으로 나타난다. 서열화된 대학과 한 줄로 세우기의 입시제도하에서 부모들의 이기적인 교육행태는 불가피한 선택이 되었고, 그것이 응집되어 중앙을 지향하는 교육특구를 형성했다. 학력의 중앙주의는 중앙

중심코드로 세상을 보고 읽는다. 명문학교는 '중앙'에 가까이 갈 수 있는 가능성을 나타내는 지표로서 사람 숫자를 헤아려 명백하게 드러낼 수 있다. 지방은 명문학교를 만들어 냄으로써 지방을 탈출한다. 학력은 중앙에 편입해 들어가는 데 핵심적인 통로이다. 교육을 통한 출세와 성공을 위해서 개인의 능력에 따른 경쟁의 구조를 갖는 학력주의에 대해 이건만(2007: 63-85)은 사교육이 왕성해질 수밖에 없고, 간판주의에 따른 교육이 황폐화된다고 말한다.

나. 대학 서열화와 입시제도

일류대학과 삼류대학이 정해져 있고, 종합대학과 전문대학이 차등화되어 있다. 학교에서는 교과서 - 강의 - 시험 - 점수, 석차를 통해 등급을 나누고 서열의 낙인을 찍어 순서대로 대학의 서열에 맞추어 배분한다. 학력이 높고 경제력이 있는 소비자권력 학부모에게 사교육을 소비하여 명문대학에 자녀를 보내는 일은 해내야만 하는 지상목표가 된다.

사교육증가요인에 대해 정병오(2007)는 대학서열화와 학벌에 따른 사회적 차별이 상존하는 요인을 그중 하나로 설명하고 있다. 국가가 앞장서서 일제고사를 실시하여 전국적인 등급석차를 매기고 있다. 그 속에서 될 놈과 안 될 놈이 갈린다. 현행 입시체제의 기본 틀은 수능과 내신의 객관적 성적으로 학생들을 일렬로 세우고 상위권 대학부터 학생들을 순서대로 선발해 가는 방식이다. 김정금(2010: 216)은 일제고사는 지금의 입시경쟁체제에서 일부 상위권 대학의 대입선발의 효율성을 기하고, 선발의 객관성과 공정성을 담보한다는 순기능을 대가로 교육계에 수많은 역기능을 제공해 왔다고 했다.

국가에서 대학입시를 주관하고 전국에서 일률적으로 실시하니 전국 모든 학교의 교육이 그 시험 위주가 된다. 국가가 입시관리를 하는 한 학부모의 사교육규모는 조직적이고 치열할 수밖에 없다. 국가고사체제의 대학입학시험은 1969년 실시된 대학입학예비고사에서 1982년 학력고사로, 그리고 1994년 대학수학능력시험으로 변해 왔다. 과외비는 계속 올라갈 수밖에 없다.

경쟁이 격화되고 과학고와 외고 등 특수고등학교 학생의 증가는 원래 목적과 달리 "일류대학"을 가기 위한 보증수표 같은 존재로서 기능하고 있다. 경쟁과 서열을 강조하는 구조 속에서 다양성은 오히려 사교육 소비의 환경이 된다. 대학서열이 정해져 있고 평가방식이 점수와 석차로 이루어지는 한 거기에 걸려 있는 이해관계가 심각하여 과외라도 하지 않으면 안심할 수 없기 때문에 부모 입장에서는 사교육이 당연하다고 인식하기 시작했다. 입시과열은 브레이크 없는 기차가 되었다.

3. 교육 심리적 탄생배경

가. 교육신화에 의한 학부모의 불안

교육신화가 작용한다. 신화란 일반적으로 참이라고 믿고 있는 그릇된 혹은 부정확한 신념이다. 인간은 자신이 갖고 있는 신념에 따라 행동하기 때문에 그릇되거나 부정확한 신념에 근거하여 행위한 결과 또한 그럴 것이다. 신화에 대한 믿음이 무서운 것은 그 신화를 참이라고 믿는다는 것이다. 사람들은 그 믿음을 의심하지 않는다. 그래서 제대로 된 평가가 어렵다. 신화는 발전을 가로막고 역사를 통해 인간의 목표성취를 좌절시킨다(아더 W. 콤즈, 이성호 역, 1986: 11-12). 예를 들면, '학교 공부를 미리 해 두면 좋다', '머리 좋은 아이가 공부를 잘한다', '어려서 공부를 많이 시킬수록 머리는 좋아지고, 성적도 덩달아 올라간다'와 같은 것이다. 이런 신화를 따라가면 남보다 더 빨리 시작하거나, 차별화된 정보가 있거나, 남보다 부모재산이 더 많은 사람이 유리한 결과를 얻게 된다. 가난한 사람들조차 이것이 정당하다고 의심 없이 믿어 버리는 모순에 빠진다. 자신들은 학교를 잘 다니지 못해서 가난하게 되었다고 믿게 된다. 학부모는 이런 현실을 알면서도 좋은 점수를 받기 위해 더 희소하고 특별한 교육상품을 구매하지 않을 수 없게 된다. 아이가 받은 90점의 점수는 아이의 현재와 미래가능성을 보여 준다는 사회적 최면상태에 빠져 있다. 점수라는 기호화된 시험결과는 사람들을 착각하게 만든다(이경숙, 2006). 인간사회의 경쟁을 매 순간의 일상적 행위라고 몰아대는 것은 맹목적 신화에 불과하다.

나. 지배층화의 욕구 – 성공과 출세에 대한 소망

학부모는 현재의 교육체계가 불안하다. 좋은 성적, 일류대학, 좋은 직장, 성공과 출세로 이어지는 경쟁의 좁은 문을 넘어야 하는 불확실한 삶이 불안의 실체다. 힘들게 대학 다녀도 정규직 일자리 하나 제대로 얻지 못하는 세상이 도래했다. 취업이 어려울수록 명문대학 진학을 위한 경쟁으로의 유리한 위치를 차지하려는 학부모들의 교육지원은 더욱더 거세지고 있다. 자녀가 지배층이 된다는 것은 안정된 삶과 사회적 지위가 확보된다는 의미이다. 생존과 명예가 보장받는 미래는 개인의 성취를 넘어 부모와 가문의 영광이다. 학부모의 책임은 자녀의 일류대학 진학과 지배층이 되는 일을 의미한다. 그러나 지배층화의 욕망이 직접 투영되어 힘 우위의 사회관계가 형성되고 중앙과 주변의 분열사회구조가 우리 삶을 규정하고 있다.

"소비자권력이 된 학부모"의 탄생은 국가의 무책임과 학교의 무책임, 자식교육에 방관자 자세를 취하는 국가와 학교에 대한 학부모의 적극적 대응이다. 자식교육에 대해 국가의 무책임과 학교의 무책임을 학부모가 스스로 참여하여 책임지는 교육을 구하고 만들어 내는 것이다. 물적 자원, 문화적 자원을 포함한 모든 자원을 투입하여 사교육을 구매하여 공교육을 대체할 만큼 학부모가 소비자권력자로서 교육의 중심에 있다.

Ⅳ. 소비자권력이 된 학부모의 행위양상

"소비자권력이 된 학부모"들이 나타내는 교육행위의 양상을 5개의 범주로 나누어 분석했다. 1. 정보독점과 배급, 2. 차별화된 사교육 구매, 3. 성공모델 만들기와 확산, 4. 중앙지향의 의식과 행위, 5. 전방위적 영향력 등이 그것이다.

1. 정보독점과 배급

일류대학 졸업장이 평생의 프리미엄으로 작용하는 사회에서 대학입시 정보는 경쟁력의 조건이다. 입시정보는 우승열패의 핵심요인이며, 학부모는 경쟁력 있는 입시정보가 필요하다. 정보를 가지고 있다는 것은 '사태에 밝다'는 뜻이다. 말하자면 그것은 문제를 효과적으로 처리하는 데에 필요한 내용들을 자유자재로 구사하면서 해결책을 탐색할 수 있고 또 그 결과로 발견된 해결책 자체의 의의를 충분히 음미할 수 있다는 뜻이다(John Dewey, 이홍우 역 1987: 295). 특히 소비자권력이 된 학부모는 자녀가 일류대학에 들어갈 수 있는 경쟁력 있는 정보를 필요로 한다. 누구로부터 정보를 취하고, 어떻게 나누며, 누구에게 영향을 끼치는지 그 흐름을 파악하여 소비자권력자 학부모의 특징을 살펴보려고 한다.

가. 정보의 은밀성

정보의 가치가 있다는 것은 은밀성이 있다는 것이다. 은밀성은 희귀함과 선점이 있어야 한다. 너도나도 정보를 공유하면 이미 정보로서의 가치가 떨어진다. 은밀한 정보는 공유하는 정보가 아니라 성공의 선례를 만드는 정보이다.

> 학원을 바꾸거나 과외를 짤 때 정보가 필요해요.
> -사례 1-

> 중학교에 가면서 아이들의 성적이나 진로에 대한 것은 대화의 금기사항이다. 서로 알려고도 하지 않고 묻지도 않는다. …… 성적이 어느 정도인지, 어느 학원을 다니는지, 과외선생에 대한 정보 같은 것은 나누지 않는다. …… 서로가 경쟁상대로 여기기 때문이다.
> -사례 6-

> 아이 성적이 떨어지면 누구와도 의논할 수가 없다. …… 가슴이 답답하다. 속이 다 탔다. 일단 성적을 올리는 것이 급하니 유능한 선생님이나 학원을 수소문해서 바꿔 준다.
> -사례 9-

학년이 올라갈수록 어머니들 간의 정보공유가 어렵다. 그 이유는 서로 경쟁자라고 보기 때문이다. 경쟁에서 이기려면 비장의 정보는 일종의 무기와 같아서 끝까지 친분을 나눌 수 없는 견제와 눈치를 살피는 관계가 되어 간다. 성적관리는 각자가 개인적으로 하고 학원이나 과외에 대한 정보조차도 묻지 않고 알려 주지도 않는다. 자녀가 상위권의 성적유지자들일수록 서로가 경쟁 상대라고 보기 때문에 사교육정보가 더 이상 공유되지 않고 독점되고 은밀해진다. 학부모는 소비자권력자가 되어 정보를 독점하게 되고 그 정보를 공유하고 싶은 학부모들에게 영향을 미친다. 자녀의 성적이 상위권이면 정보에 대한 탐색의 정도는 더욱 깊어진다. 은밀하게 거래되는 정보는 일대일로 전해진다.

나. 정보가 중심, 정보를 위한 인간관계

학부모 모임을 가능하게 하는 매개는 은밀한 입시정보이다. 성적이 좋거나 학급임원의 자녀를 둔 학부모가 모임의 중심이 되고 이들은 다른 학부모들의 부러움과 호기심의 대상이다. 그 정보를 중심으로 모임이 활성화된다. 그 정보는 자녀들끼리도 친구로 엮어 주는 작용을 한다.

> 지금 중3인 아들이 사대부속초등학교에 입학하면서 열의 있는 엄마들로 시작된 모임인데…… 정기적으로 모여서 정보도 교환한다. 나는 전업주부여서 사회활동을 하지 않아 정보를 나누고 대화상대가 되는 기회로 삼아 적극적으로 참여한다.
> -사례 6-

> 자녀교육 노하우를 배우고 싶을 때 경쟁 엄마들은 절대로 그렇게 묻지 않는다. …… 살피거나 짐작하지 대 놓고 묻지 않는다. 전혀 경쟁이 안 되는 엄마들이 우리 아들과 친구 했으면 좋겠다고 하고 무슨 학원 다니느냐, 뭘 어떻게 시키기에 공부를 잘하느냐며 물어본다.
> -사례 2-

초등학교에 들어가면 어머니 모임을 통해 학습정보를 공유할 수 있다. 중학교, 고등학교로 올라가면서 어머니 모임은 활성화되지 못하고 정보공유의 기능이 멈춘다. 친분도 나누고 정보도 공유할 수 있지만 언제까지 그 관계가 가능한 것은 아니다.

소비자권력자가 된 학부모에게 학원은 정보원이다. 학원시장에서 소비자권력자는 최대의 고객이며 학원을 활성화시키는 존재다. 수시로 연락을 하고 문자를 통해서 정보를 건넨다. 학원의 정보가 훨씬 많고 정확하기 때문에 군이 담임선생님과의 입시상담이 필요치 않다. 공교육을 무력하게 하는 역할을 소비자권력자 학부모들이 하고 있고, 학원의 정보력은 학교 정보력을 무력화할 만큼 세력화했다.

다. 정보배급, 비경쟁적 관계에서 가능하다

같은 학년끼리, 혹은 성적이 서로 상위권일 경우, 혹은 같은 학교를 지원하는 경쟁자의 경우에는 어떤 정보도 나누기가 어렵다. 그래서 정보는 비경쟁적 관계에서 배급된다.

> 아이가 반장이라서 반장 엄마 모임이 정기적으로 있다. 같은 학년 엄마들은 정보를 잘 내놓지 않는다. 선배 엄마들이 오히려 솔직하게 얘기를 잘 해 준다.
>
> -사례 5-

2. 차별화된 사교육 구매

이 글에서는 우선 '사교육'의 개념을 공교육의 보충재 역할을 넘어, 공교육을 대체할 수 있을 정도의 교육, 학교 교육과정과 대립되는 교육이라고 정한다.

가. 내용과 방법의 차별화

족집게 과외, 일대일 논술 과외, 두 달 완성 요약 과외, 학원의 소수 정예반 영재교육, 조기유학 등 차별화된 사교육은 우리 주위에 널려 있다. 소비자권력자 학부모는 성적을 올려 주는 차별화된 사교육을 선택하는 데 주저하지 않는다. 차별화되었다는 것은 성적을 올릴 수 있다면 어떤 형태든지 문제 삼지 않는 것이다.

선행 학습한다고 다 되는 것 아니지만, 투자(돈)에 따라 (성적이) 달라진다. 유명한 선생은 돈값을 한다. 잘 모르지만 과외비가 비싸면 뭔가 다르겠지 하고 위안받는 것도 있다. 영재교육의 문제점은 선행 학습된 애들만 뽑혀 상대적 박탈감이 크다.

-사례 16-

나. 남과 다르게 – 유명한 유치원, 사립초등학교, 영재교육원

입시경쟁체제에서 남과 똑같이 혹은 남이 하는 만큼만 한다는 것은 경쟁력이 떨어진다는 의미가 있다. 남이 하지 않는 것을 남보다 일찍, 남보다 많이 시키는 것이 남과 다른 것이 된다.

유치원도 집에서 멀리 떨어진 해바라기유치원을 보냈다. 비율이 12:1 이었는데 들어갔기 때문에 초등학교도 사대부국을 들어가는 것이 그 당시로서는 당연했다. 6년간 학급회장, 전교학생회장. 엄마가 6년간 학교 어머니회 회장을 하면서 학교 행사, 대회 환경정리 청소 등을 적극적으로 했다. 거의 학교에서 살았다. 내가 학교행사에 봉사하는 만큼 상장이 쌓였다. …… 사교육은 수영, 미술, 피아노, 성악, 서예, 발레. 4학년 말부터 영어, 5학년부터 수학 과외를 본인이 원해서 시작했고, 경대 영재교육원에 다녔다.

-사례 7-

5학년 때 영재교육원에 가기 위해서 영재학원에 다녔어요. …… 12명이 공부했는데 우리 아이 한 명만 됐어요.

-사례 1-

음악, 미술, 체육 등의 어린이 프로그램이 다양하다. 수요자가 많으니 종류가 점점 더 다양해진다. 좋은 유치원이나 사립초등학교는 거리가 멀어도 문제가 되지 않는다. 엄마가 운전기사 겸 돌봄이 역할을 하는 것이 보통의 일상이 된 지 오래다. 이런 문화 속에서 소비자권력자 학부모는 남들이 하지 않는 것을 선택하는 것은 자녀의 성공에 대한 차별화된 전략이다.

일주일에 53만 원이 평균가이다(서울 대치동 1:1 과외는 200만 원). 비싸지만 엄마가 불안하기 때문에 다 시킬 수밖에 없다. …… 학교에서 논술지도 받는 아이들은 경북대 가는 아이 정도이고 그 이하나 그 이상은 귀가해도 괜찮도록 허용한다.

-사례 11-

위의 사례에서 학원의 논술비용이 싼 것이 아님에도 불구하고 더 비싼 비용을 들여 확실한 차이를 두고 싶은 것이 소비자권력자 학부모이다. 학생은 학교에서 받는 논술지도를 거부하고 학교는 학생의 거부를 수용하여 공교육을 스스로 무력화시키고 있다.

애들끼리 4~5명씩 팀을 짜서 학원에 가서 맞춰 달라고 하면 해 준다. 교육비가 다른 학원과 같다. 숫자가 적으면 학원에서 알아서 해 준다. 애네들이 학원의 이름을 내줄 텐데 왜 안 해 주겠어요? …… 선행진도를 맞춰야 하기 때문에 팀을 짠다. …… 우리 영재 애들은 일반고는 가기 싫다고 해요. 고등학교 가면 십자수도 해야 된데요. 그런 거는 안 배워도 되지 않나요? …… 또 돈이 엄청 깨질 거예요. 다 과외나 학원 보내려면 다 돈이잖아요.

-사례 14-

선행진도가 맞는 영재원 다니는 아이들은 학부모들이 팀을 짜서 수학 과학 진문희원에 강의를 요청하면 해 준다. 인원이 조금 모자라면 학원에서 알아서 팀을 보완하여 적극적으로 구성해 준다. 이들이 학원의 광고를 해 줄 학생들이기 때문에 학원에서도 좋아한다. 이들에게 일반고는 수준이 맞지 않는 이류 고등학교다.

다. 고가의 구매능력

고학력자, 재력가 학부모들이 자녀의 사교육 구매력을 갖고 있다. 이들은 이미 유경험자다. 자신의 학력경험에서 무엇이 불충분했는지 잘 알고 있다. 학력·학벌로 평가받는 사회에서 자녀의 성공을 위해 어떤 학력을 어떻게 갖춰 주는가 하는 일은 부모의 중요한 임무다.

중학교 1학년 때 캐나다로 어학연수를 보냈다. 같은 학년에 진학해서 처음에는 힘들어했지만 과외 하고 학원 다니면서 그런대로 잘 따라갔다. 영어는 최고점수를 받았기 때문에 과학과 수학만 따로 공부했다. 현재 고3인 아들의 자립형 사립고 학비는 등록금이 분기당 일반고의 3배이고 기숙사비 식비 체육비(태권도, 볼링, 검도 선택) 정도 드는데 총 다 합해서 월평균 100만 원 정도 든다.
　　　　　　　　　　　　　　　　　　　　　　　　　-사례 5-

영재교육도 외고처럼 귀족교육이라는 말이 있다. …… 시켜 보니 평범한 부모들에게 어렵다. 어릴 때부터 수학, 과학을 학부모가 교육시킨 애들이 유리하다. 외고보다는 덜하다. 돈이 많이 들어 힘들다. (어려운 영재원의 과학, 수학) 강의를 듣기 위해서는 밑바탕이 있어야 한다. 돈이 있어야 밑바탕을 깔아 줄 수 있다. 사교육비는 예를 들면 '물리 1' 한 과목에 100만 원이다, 두 사람이면 50만 원씩 내면 된다. 돈 없는 사람들은 혼자 들으면 서민에겐 부담이 돼서 8명이 한 팀을 짠다. 어떤 엄마는 수학, 화학, 영어 이렇게 강의 듣는다 하면 한 달에 100만 원 금방이라고 한다. 돈 많은 사람들은 과목당 부르는 게 값이다.
　　　　　　　　　　　　　　　　　　　　　　　　-사례 16-

사례 5의 경우 어학연수를 위해 중학교 1년간 외국을 다녀왔다. 돌아와 부족한 진도는 학원과 과외의 사교육으로 학교진도를 맞추었다. 과학과 수학을 위해 차별화한 개인지도와 학원교육을 받았고 자립형 사립고에 들어갔다. 일반고보다 돈은 더 들지만 일류대학을 들어가는 데 보장을 받는다고 생각하면 문제가 되지 않는다. 과학고, 외국어고, 자립형 사립고의 경우 입학 경쟁률이 높은 것은 일류대학을 가는 보장된 디딤돌이라고 여기기 때문이다.

집에서 멀리 떨어져 있고 비율이 높은 유치원에 들어간다는 것은 차별화된 사교육의 시작이다. 사립, 혹은 국립초등학교 입학은 자연스러운 절차이다. 그곳에서 차별화된 사교육에 대한 정보를 만나는 것은 쉽다. 3, 4학년이 되면서 본격적으로 수학, 영어, 영재원 등 학과와 관련된 사교육이 시작된다. 중학교에 가면서 상위그룹의 성적을 나타내면 성공적으로 일류대학에 들어가지만 사춘기가 되면서 공부를 멀리하고 성적이 떨어지면 사교육구매에 더 많은 돈이 들고 부모와의 갈등은 골이 깊어진다. 학교에서의 입시교육은 소비자권력자 학부모를 만족시키지 못한다.

논술교육의 경우 학교에서 학원교육이나 개인과외를 선택하도록 오히려 부추겨 공교육의 무기력을 스스로 인정하고 있다. 차별화된 상품을 만들어 사교육시장을 형성한 학원가가 특수를 올리고 있다. 논술이 대학입시의 당락을 결정하니 아무리 비싸도 강의를 들어야만 하는 현실에서 학부모의 주머니를 열어 놓고 지불할 수밖에 없다. 돈 있는 부모만 자녀를 일류대학에 보낼 수 있는 것이다.

> EBS 강의를 우리 아이는 별로 잘 듣지 않는다. 학원에 가면 그 내용을 다 요약해 주기 때문에 학원을 훨씬 선호한다.
>
> -사례 2-

> 인터넷 강의에 집중하는 것은 글쎄요. 시간이 넉넉하면 그렇게 하겠지만 시간이 없으니 요약해 주는 학원을 가지요. 나머지 30%를 채워 줄 학원이 있다면 또 보낼 것 같아요.
>
> -사례 3-

사교육비 경감대책의 일환으로 현 정부는 수능문제의 70%를 교육방송에서 출제한다고 발표했다. 국가주도의 입시교육은 평등성, 편의성, 수월성, 경제성, 공정성의 측면에서 학교중심, 학원중심교육을 압도한다. 거기다가 국가가 관장하니 권위가 있어 학부모입장에서는 사교육비가 들지 않아 좋을 것 같지만 사례에서처럼 교육방송을 요약해 주는 학원을 다시 찾아가고 30%를 채워 줄 차별화된 사교육 상품을 찾는 학부모가 있으니 결코 사교육을 잠재우는 정책이 되지 못한다. 정책이 실패할 수밖에 없다.

3. 성공모델 만들기와 확산 – 남보다 일찍, 남보다 많이

성공모델은 일류대학을 나와서 사회의 지배층이 된 자녀를 둔 부모들이며, '좋은 부모 뒤에 성공한 자식'이라는 도식을 확산시키고 있다. 성공한 자식은 이미 지배층이 되었거나, 아직 지배층은 되지 않았지만 일류대학을 입학했거나, 아직 일류대학은 입학하지 않았지만 일류대학을 갈 수 있는 성적이 되는 아이들이다.

가. 남보다 일찍

남보다 일찍 시작한다는 것은 서열에서 위치를 선점한다는 의미가 있다. 서열적 평가방식인 점수와 석차는 일찍 시작한 아이에게 유리하다. 조기학습, 조기유학, 선행학습 같은 것이 일찍 시작하는 유형이다.

> 네 살부터 피아노를 치기 시작했어요. …… 그래서 한글을 일찍 익혔어요. 사립인 계성초등학교에서 매년 상을 계속 받았어요.
> -사례 13-

> 둘 다 중학교 1학년이 되면 캐나다로 어학연수를 1년간 보냈어요. 해외 연수기간이 사춘기도 잘 넘기고 영어도 공부하는 기간이 됐다. 돌아와서 아들은 자기 학년으로 들어가니 공부를 어렵게 따라갔지만 딸아이는 1년 늦춰서 들어갔다. 훨씬 여유 있게 학교생활을 하고 있다. 둘 다 반에서 반장이고 성적도 상위를 유지한다. 만족한다.
> -사례 5-

> 선행학습의 조기과외는 특목고를 가기 위해 반드시 시켜야 한다.
>
> -사례 14-

세계화 정책은 교육에서 어학연수 바람을 일으켰다. 방학 때 잠시 다녀오는 여행으로는 만족한 효과를 낼 수 없어 조기 어학연수나 조기 유학의 적극적인 형태로 바뀌었다.

나. 남보다 많이

재능발견을 위해 여러 가지를 접할 수 있도록 학원순례를 한다. 건강하게 자라는 데 놀이터에서 뛰어노는 것으로는 만족할 수 없어 여러 가지 종목의 스포츠교실도 보낸다.

> 삼 남매가 초등학교 들어가기 전부터 미술, 서예, 수영, 사물놀이를 기본으로 했고, 큰딸은 무용, 노래교실, 피아노, 컴퓨터학습, 구몬 학습지를 했고 초등 5년 때 미국 연수를 갔다 왔다. …… 대학 1학년 때 러시아 봉사를 다녀옴. 둘째 딸은 사대부국, 초등 6년 때 캐나다 어학연수를 다녀왔다.
>
> -사례 6-

> 영재학교는 2년제인데 나이나 학년과 관계가 없어요. 시험에만 합격하면 다 길 수 있어요. 같은 나이가 아니면 스스로 왕따가 되든지……외국으로 1년 뺐다가 다시 집어넣는 엄마들도 있어요.
>
> -사례 14-

초등학교 저학년에서는 예체능을 중심으로 학원순례를 하듯이 여러 종류를 배운다. 영재학원을 다니는 경우에도 나이나 학년에 관계없이 시험에만 합격하면 들어갈 수 있지만 사춘기 아이들의 또래에 대한 예민한 정서는 스스로 왕따가 되거나 친구를 왕따시킨다.

다. 성공모델의 확산

부모 자신, 어머니회, 학교, 언론, 책자 등을 통해 스스로 확산되고 사회가 확산시킨다. 피라미드의 제일 정점을 중심으로 성공모델을 만드는 소비자권력이 된 학부모들이 있다면 이들을 모방하고 확산시키는 학부모들이 그 둘레에 포진하고 있다. 이들의 성공모델은 교육신화가 되고 유사 학부모들에겐 목표가 된다.

4. 중앙지향의 의식과 행위

중앙으로의 이주는 성공의 상징이다. 이들이 지향하는 것은 교육의 중앙이다. '중앙으로의 이주'라는 삶의 형태는 민중성과 대비되어 특권 층화되어 가는 삶이다. 성적 우수아 중심의 교육체제가 효율적으로 기능하는 공간이며, 소비자권력자 학부모가 주도하고 국가통제를 자신들이 주도한다.

가. 의식 – 중앙을 향한 해바라기

학력·학벌 우위의 가치체계는 중앙체계를 형성한다. 성적이 우수한 사람은 중앙을 향해 자세를 취한다. 그 자세가 성공의 자세다. 성공의 자세를 갖춘 사람은 미래의 중앙을 현재로 삼아 꿈과 이상을 품는다. 자식의 미래가 보장되는 중앙은 지금 여기의 어려움도 문제가 되지 않는다.

아이가 원하면 유학도 보낼 준비가 되어 있다.

-사례 4-

수성구 학군의 학생들 중 상당수가 타 구의 학생들이다. 위장전입을 한 것이다. 이 학생들은 주소를 인근 빌라나 원룸 쪽으로 옮겨 놓고 지낸다. 학기 초에는 불안하다. 혹시 조사 나오면 여기에 사는 사람이 라고 말해 달라고 주인에게 부탁한다.

-사례 13-

사례 13의 경우 주소만 옮겨 놓고 불안해하면서 학기 초를 보내고 주위 사람들에게 거짓말을 해 달라고 부탁하기도 한다. 좋은 학교에 다닐 수 있다면 위장전입도 감수한다.

나. 중앙을 가기 위한 전초기지로서의 현재 공간 – 교육특구

떠나려는 자에게 현재(지금, 여기)는 중앙을 가기 위한 전초기지에 불과하다. 이주하고 싶은 사람들이 모여 형성한 교육특구는 보이지 않는 경쟁이 불안과 어려움을 만들어 역동적인 에너지의 집합체이다. 현재를 부정해야 미래를 만나는 막연한 삶의 마당이다. 이주하는 자의 과시가 영광이 되고 남은 사람들의 무시가 분절의 상처로 남는다. 떠나지 못한 자들의 소외는 못난 정착자의 불만족이 된다. 중앙을 못 간 뒤처진 사람들의 불안함이 사교육시장을 활성화시키는 근간이 된다.

교육특구인 수성구의 학원은 다른 지역보다 세밀화되어 있다. 학생이 지원하고 싶은 어떤 곳이든 선택할 수 있는 선택의 폭이 넓다. 예를 들면 자사고, 민사고, 특목고 등으로 초등학교 4, 5학년부터 등록이 가능하고 이때부터 시작해야 한다고 서로 암묵적으로 정보를 교환한다.

-사례 16-

경주고등학교를 다니고 있는데 방학 때 자신감을 심어 주기 위해 자녀들을 데리고 서울로 대학 순시를 하고 공연이나 연주회도 간다.

-사례 15-

교육특구에는 입시정보와 선택할 수 있는 입시상품이 다양하게 널려 있다. 일류대학을 많이 보내는 고등학교와 대형학원이 많고, 차별화된 사교육이 있다. 일류대학 진학이 목적인 소비자권력자 학부모에게 교육특구는 교육의 중앙으로 가는 디딤돌이다. 교육특구의 학원은 세밀화되어 있어 아이에게 맞는 차별화된 사교육구매를 할 수 있는 곳이다. 교육특구로서의 '수성구'의 특성은 고위직·전문직·고학력자들의 거주비율이 높고, 문화적 제반 여건이 대구시 타 지역에 비해 잘 갖추어진 곳이다(김종혁·이상원, 2010: 1-28). 그리고 교육의 양적·결과적 불균등이 현격한 곳이다. 교육특구 거주자들의 삶의 형태는 (1) 자식교육을 위한 이주에는 결정적 시기가 있다고 믿고 있다. 그 시기는 초등학교 고학년이다. (2) 자식교육을 매개로 조건이 비슷한 학부모들끼리 하나의 네트워크를 형성한다. 이 네트워크를 통해 안과 밖을 확실히 구분하는 일종의 '은밀한 분할'이 일어나고 있다. (3) 수성구는 교육을 명분으로 지역의 중앙, 즉 '큰물'을 형성하며 여기에 머무르지 않고 지역을 넘어 중앙인 '더 큰물'을 지향한다.

5. 전방위적 영향력

가. 자녀에 대한 일방적인 의사결정

학부모가 가치결정자가 되면 자녀는 들러리가 된다. 들러리는 삶의 주체가 자신임에도 불구하고 자신의 문제에 대해 생각도 고민도 하지 않는다. 부모가 자녀의 삶을 대신 할 수 없는 현실에서 일방적인 의사결정은 자신의 삶에 대한 소극적인 태도를 갖게 할 뿐만 아니라 부모에 대한 고마움도 느끼지 못하고 오히려 갈등관계를 초래한다.

> 아이들은 엄마 하기 달렸다고 생각해요. 좋은 환경을 만들어 주면 다 따라오게 돼요.
> -사례 1-

초등학교에서 전교 1등을 했던 기대치가 있어서 아이가 못하는 것이 아니고 안 하는 것이라고 생각한다. 그래서 일거수일투족을 더 간섭한다. …… 불안해서 놔둘 수가 없어요. 일단 성적을 올리는 것이 급하니 좋은 선생님이나 학원을 수소문해서 바꿔 준다. …… 엄마의 성장 과정에서 보면 못 해 본 것이 많아서 아이들에게는 다 해 주고 싶다. 그것에 대한 판단은 모두 내가 한다. 아이들하고 의논을 하거나 물어보지 않는다.

-사례 9-

중학교에 들어가면서 해외연수를 1년씩 캐나다로 다녀왔다. 아들은 성격이 좋고 놀기를 좋아해서 친구들을 떼어 놓지 않으면 공부를 하지 않을 것 같아 못 놀게 하려고 보냈고, 딸아이는 학교에서 문제를 일으켜서 수습하는 차원에서 한국을 떠나 있었다.

-사례 5-

자녀교육은 엄마 하기 달렸다고 생각하면 부모가 일방적으로 의사결정을 하게 된다. 사례 9에서와 같이 저학년의 성적이 좋았던 경우 기대치를 갖게 되고 자녀가 공부를 못하는 것이 아니고 안 하는 것이라고 여기게 되어 더욱 심한 부모의 개입을 초래한다. 끝까지 거부하거나 눈속임으로 일시적 순간을 모면하는 자녀들의 경우 부모와 심한 갈등을 겪는다. "내가 알아서 할 테니 제발 간섭 좀 하지 마세요"라는 간청을 대부분의 부모가 자녀들로부터 듣는다. 일단 성적을 올리는 것이 급하니 일방적으로 자녀들에게 명령한다. 부모의 일방적인 의사결정에 따른 명령을 할 경우 자녀들은 자기 문제에 스스로 고민하지 않는다.

나. 다른 학부모들에 대한 영향력 - 과시와 무시, 경계와 소외

성적이 좋은 아이들의 부모는 다른 부모들에게 관심을 받는다. 어떤 정보를 갖고 있는지, 어떤 학원을 다니는지, 어떻게 아이를 다루는지 알고 싶어 한다. 그들이 썼던 방법은 선례가 되고, 다녔던 학원은 유명학원이 되고, 배웠던 강사는 유명강사가 된다. 다른 학부모들에게 소비자권력자 학부모의 길은 따라가고 싶은 길이고 경계와 소외를 느끼게 하는 길이다.

> 아이가 공부 잘하는 것에 대해 말할 때 친구 엄마들이 제일 조심스럽고 표현을 자제한다. 마음 놓고 자랑할 수 없다. 그런 말은 들으려고 하지 않고 다른 대화주제로 돌려 버린다. 경쟁상대한테는 말을 마음 놓고 못 한다. 혼자 공부한다고 하고 인터넷 강의를 듣는다고 한다. 대충 말하지 정보도 정확하게 전하지 않는다. …… 다른 엄마들이 자녀교육 노하우를 배우고 싶다고 알려 달라고 할 때 경쟁 엄마들은 절대로 그렇게 묻지 않는다. 전혀 경쟁이 안 되는 엄마들이 우리 아들과 친구했으면 좋겠다고 하고 무슨 학원 다니느냐, 뭘 어떻게 시키기에 공부를 잘하느냐며 물어본다.
>
> -사례 2-

다. 공교육에 대한 영향력

소비자권력자 학부모의 목적은 자식의 일류대학 입학이다. 학력·학벌사회에서 자식의 성공을 위해 학교에 요구하는 것은 성적을 올려 주기만을 바란다. 좋은 교사를 말하면서 교사의 교육적 이론과 교육사상을 부정하지는 않지만, 공부 잘 시키는 유능한 기술자이기를 더 바란다. 교과서-강의-시험으로 연결되는 주입식교육은 시험의 천재들을 키우지만 사고력은 무시하는 제도이다. 주입식교육에서 가장 효율적으로 효과를 낼 수 있는 곳이 학원이다.

국가도 여기에 가세한다. 교육방송 수능강의 파견 교사제를 도입하고 스타강사 영입을 추진한다. 사교육도 국가가 하면 괜찮은가. 교육방송이 국립 입시학원으로 전락했다. 교육방송강의 수학능력시험 70% 연계를 하겠다는 방침을 발표했다. 소비자권력자 학부모의 사교육구매는 30%의 변별력을 위해 계속될 것이다.

대학이 서열화하여 일류대학이 존재하는 한 수능의 고득점자를 만들어 기존의 체제를 확고히 만들어 이득을 보려는 소비자권력자 학부모는 오히려 구조를 강화하는 역할을 함으로써 교육개혁을 방해한다.

학부모들에게 외부 학원행사가 있으면 학교에서 적극적으로 가 보라고 추천한다. 학교에서 상위권 성적의 아이들에게는 특별히 더 신경쓴다. 특설반 운영하고, 기숙사 있고, 서울대, 연·고대 가는 아이들은 따로 신경 써 줘요. …… 학원이 훨씬 정보가 많다. 선생님도 학원에서 주는 입시경향분석을 참조하라고 권한다. …… 학교에 선생님을 교체해 달라고 건의하면 교체해 준다.
-사례 2-

사교육이 아무리 공교육을 정상화하는 데 장애가 있다 하더라도 아이에게 사교육을 안 할 수는 없어요. 학원을 계속 보낼 수밖에 없을 것 같아요.
-사례 4-

아들이 고등학교에 들어가면서 성적이 떨어졌다. 과외를 안 하겠다고 해서 담임선생님과 상담을 했는데 과외를 그만두면 안 된다고 하면서 수성구는 과외 안 하는 아이가 없기 때문에 그만두면 안 된다고 한다. 놀리면 절대 안 된다고 하면서 오히려 담임교사가 과외를 부추긴다. 혼자서 공부하는 것도 좋은 것이 아니냐고 하면서 그래야 철도 좀 들 것이 아니냐고 물었더니 "고등학교 때 철 안 듭니다"라고 말했다.
-사례 7-

학교 교사가 책임지고 해 주는 것이 없다. 학교는 내신도 받고 졸업장도 있어야 하니 가는 거다. 그나마 우리 아이는 심화반이기 때문에 학교에 가는 것이 도움이 되지. …… 공부 못하는 나머지 아이들은 인간취급도 안 한다. …… 대구시 인문계 고등학교 학부모 연합회는 특강도 하고 입시설명회 등의 입시정보를 주관하는데 학부모 동원조직능력이 대단하여 교육청이나 대학, 학원들의 적극적인 구애를 받는다. …… 9월 입시설명회는 2,000명이 온다. 정보와 책자는 입시학원(송원, 범성, 태산)에서 공급해 준다. 입시원서 쓰는 정보는 대부분 여기서 얻는다. 수성구 학부모들의 참석률이 제일 높고 거의 수성구가 주도한다. 행사도 수성구에 위치한 강당에서 행사해야 많이 참석한다.
-사례 10-

일제고사요? 별로 상관없어요 …… 크게 생각해 보지 않았어요 오히려 전
체 성적이 어느 정도구나 하고 알 수 있어서 그냥 참고로 해요
-사례 1-

V. 맺으며

자녀교육에서 인식도 실천도 다른 학부모가 실재하고 존속한다. 이
들은 교육의 보편적 가치가 학교에서 시행되는 것을 방해하고, 적극적
으로 사교육을 소비하여 입시경쟁에서 우위를 선점하고 성공사례를 만
들어 배급한다. 자녀의 안정된 미래의 삶과 성공, 출세를 끝까지 책임
지려는 학부모들의 세력이 교육특구를 만들고 공교육을 무력화시키는
권력자가 되었다. 기존의 학부모 개념으로는 이러한 교육현상을 설명
할 수 없어 일반 학부모와의 차이점, 탄생배경, 양상을 드러내어 "소비
자권력이 된 학부모 개념"을 분석하였다. "소비자권력이 된 학부모"
개념은 학력과 경제력이 있는 학부모가 자녀의 성공한 미래를 만들기
위해 자신들의 의도대로 차별화된 사교육을 구매하여, 정보를 독점하
고 배급하여 사교육시장·학교·국가정책 등에 전방위적으로 영향력
을 행사하는 사람들을 말한다.

소비자권력이 된 학부모의 개념은 경제 원리를 교육현상에 적용하였
고, 수요자가 공급자를 능가하여 권력이 되는 현상이다. 소비자권력이
된 학부모가 교육을 주도하고 영향력을 행사함으로써 다음과 같은 교
육적 현상과 논의를 생산한다.

첫째, 소비자권력이 된 학부모의 탄생은 국가의 무책임과 학교의 무
책임 자식교육에 방관자 자세를 취하는 학부모의 적극적 대응이다. 학
부모의 적극적인 행위는 교육지형을 선도하는 계층을 형성하고, 교육

신화를 만들어 낸다. 계층의 형성은 학부모 간의 과시와 무시현상을 만들고 교육적 갈등을 유도한다.

둘째, 유사학부모군은 소비자권력이 된 학부모의 성공으로 보이는 모델을 좇는 무리이다. 유사학부모들은 교육적 갈등을 매우 심각하게 겪는다.

셋째, 교육특구는 성적 우수아 중심의 교육체제가 효율적으로 기능하는 공간이며, 국가의 직접통제를 벗어난 자율공간이 되는데 소비자권력자 학부모가 주도하고 국가통제를 자신들이 주도하는 공간이다. 역동적인 에너지가 있지만 정착이 아닌 중앙을 향한 버리고 떠나는 이주이다. 떠나지 못한 사람들에게 열등감과 패배감을 남겨 놓고 가는 이주이다.

넷째, 소비자권력이 된 학부모가 탄생함으로써 좋은 성적과 석차를 받는 것이 성공과 출세로 가는 길이며 교사는 유능한 기술자이고, 학교도 학원의 주입식교육을 동조하고 압력을 행사한다. 국가가 국립입시학원의 형태로 교육방송을 운영함으로써 학교교육을 스스로 무력화시킨다. 대학이 서열화하여 일류대학이 존재하는 한 기존의 체제를 확고히 만들어 이득을 보려는 소비자권력이 된 학부모는 오히려 구조를 공고히 하는 역할을 함으로써 교육개혁을 방해한다.

참고문헌

교육문화연구회(2000). 『신문의 교육론 비판』, 경북대학교출판부.

교육인적자원부(2002). 「학부모 학력주의 교육관 타파방안 연구 결과」 보도자료.

권영길(2009). 「대한민국 교육 불평등 지도」, http://www.ghil.net

김경숙(2009). 「강남학부모의 자녀 학업지원활동 특성과 자녀교육에 대한 신념」, 동국대학교 대학원 박사학위논문.

김광억·김대일·서이종·이창용(2003). 「입시제도의 변화; 누가 서울대학교에 들어오는가」, 『한국사회과학』 25(1), pp.3-187.

김광억·김대일·서이종·이창용(2003). 「입시제도의 변화; 누가 서울대학교에 들어오는가」, 『한국사회과학』 25(2), pp.1226-7325.

김기수(1997). 『아직 과외를 그만두지 마라』, 서울: 민음사.

김동훈(2002). 『서울대가 없어야 나라가 산다』, 서울: 더북.

김민남(2008). 학부모교육. 참교육학부모회 강연록.

김민남·손종현(2006). 『한국교육론』, 대구: 경북대학교출판부.

김부태(1995). 『한국학력사회론』, 서울: 내일을 여는 책.

김정금(2010). 「전국단위 표준화검사 감추어진 진실」, 『사정관제 최초의 교육개혁』, 대구: 경북대학교 출판부.

김현진(2007). 「가정 배경과 학교교육 그리고 사교육이 학업성취에 미치는 영향 분석」, 『교육행정학연구』 25(4), pp.485-508.

김희복(1992). 「학부모문화」, 『교육진흥』, 15. 중앙교육진흥연구소.

남경희(2005). 「대학의 선발정책 변화와 학부모문화와의 관계연구」. 동국대학교 대학원.

박남기(2003). 『교육전쟁론』, 서울: 장미출판사.

랜들 콜린스 저, 정우현 역(1989). 『학력주의 사회』, 배영사.

부르디외 저, 최종철 옮김(2005). 『구별 짓기 (상)』, 서울: 새물결.

_____. 『구별 짓기 (하)』, 서울: 새물결.

손종현(2003). "학벌과 연고주의 문화: 광주전남지방의 경우"에 대한 토론. 2003.6.28. 공교육 살리기 실천: 학벌을 어떻게 이해할 것인가 심포지엄. 교육문화연구회. 참교육을 위한 전국 학부모회. 학벌문제 특별위원회.

아더 W. 콤즈, 이성호 역(1986). 『교육신화』, 서울: 서원.

오만석 외 (2000). 『교육열의 사회 문화적 구조 - 한국인의 교육열에 대한 사회 문화적 이해』. 한국정신문화연구원.

오영재(2004). 부모교육사의 역할과 방향, 대한부모교육학회 학술대회(부모교육사 자격을 위한 전문교육과정 개발방향).

오정란(2007). 「한국의 학교선택, 어떻게 이해할 것인가」, 『교육사회학연구』 17(2).

이건만(2007). 「한국사회의 학벌주의와 계급갈등: 학벌자본의 이론화를 향해」, 『교육사회학연구』 17(4), pp.63-85.

이경숙(2006). 「일제시대 시험의 사회사」, 경북대학교 대학원 박사학위논문.

_____(2010). 「시험모순 변별력의 신화」, 『사정관제 최초의 교육개혁』, 대구: 경북대학교 출판부.

이광호(1994). 「근대한국사회의 학력주의 제도화 과정에 관한 연구(Ⅰ) - 학력주의의 발생적 기원과 형태를 중심(1895~1910)으로」, 『정신문화연구』 17(3), pp.151-183.

이두휴(2008). 「자녀교육지원활동에 나타난 학부모 문화연구」, 『교육사회학연구』 18(3), 135-165.

이민경(2007). 「중산층 어머니들의 자녀교육 담론: 자녀교육 지원태도에 대한 의미 분석」, 『교육사회학연구』 17(3), pp.159-181.

이병환(2011). 「교육은 사회이동의 정당한 통로인가?」, 『이주와 교육: 한국인의 삶의 형태 탐구』, 이주와 교육: 한국인의 삶의 형태 탐구 프로젝트팀. pp.145-154.

이종각(2006). 『새로운 교육사회학 총론』(개정증보판), 서울: 동문사.

이향숙(2008). 「전문직 학부모의 교육문화에 관한 질적 연구」, 고려대학교 대학원 석사학위논문.

존 듀이 저, 이홍우 역(1987). 『민주주의와 교육』, 경기도: 교육과학사.

정병오(2007). "입시모순, 입시에서 입학으로", (사)지역문화연구: 사람대사람 창립기념 학술심포지엄: 공교육 살리기.

정재영(2002). 「한국 가족의 자녀교육: 문화 습속의 관점에서」, 『현상과 인식』 84, pp.49-66.

조상식(2003). 「가족이데올로기와 교육문제」, 『교육비평』 11, pp.96-110.

조은(2003). "사회이동에 대한 참을 수 없는 욕망: 세계화, 교육열 그리고 학부모", 제20차 KEDI 교육정책포럼 한국 학부모 교육열의 재조명 - 교육발정을 위한 방향과 과제, 한국교육개발원.

조정봉(2006). 「유아교육의 현실과 반성」, 『교육학논총』 27(1), pp.179-198.

조형근(1998). 「근대의 가족-'냉혹한 세상의 피난처'인가, '기대의 감옥'인가?」, 『오늘의 문예비평』 29, pp.39-56.

최상근 외(2008). 『교육복지투자우선지역 지원사업 백서』, 한국교육개발원.

필립 아리에스 엮음, 김기림 역(2006). 『사생활의 역사 5』, 경기도: 새물결.

필립 아리에스 엮음, 전수연 역(2002). 『사생활의 역사 4』, 경기도: 새물결.

한국교육개발원(2003). 『사교육실태 및 사교육비 규모 분석 연구』, 한국교육개발원.

함상희(2010). 「병원 근무자의 노후준비의식과 노후대책에 사교육비가 미치는 영향: 동대문구 종합병원 근무자 중심으로」, 경희대학교 석사학위논문.

현주(2003). 「한국 학부모 교육열의 실상」, 제20차 KEDI 교육정책 포럼 한국 학부모의 교육열의 재조명. 서울: 한국교육개발원, pp.1-31.

Abelmann, N.(2003) The Melodrama of Mobility: Women, Talk, and Class in Contemporary. South Korea. Honolulu: University of Hawaii. Press.

Brown, P.(1997). The 'third wave': education and the ideology of parentocracy. In A. H. Hasey, H. Lauder, P. Brown, and A. S. Wells(eds), Education: Culture, Economy, and Society. 339-408. Oxpord: Oxpord University Press.

『경향신문』. 2010.8.13, "부끄러움 모르는 위장전입 정권", http://news.khan.co.kr.

『경향신문』. 2011.3.7, "고학력 중산층일수록 학벌주의 가치관 …… 자녀에게도 일상적으로 학벌 의식화", http://news.khan.co.kr/kh_news/khan_art_view.html?artid=-201103072115255&code=960201

교육과학기술부 홈페이지, http://www.mest.go.kr/

『뉴시스』. 2010.10.21, "판검사가 되라는 父를 살해하려다 일가족 몰살시킨 10대 춤꾼", http://newsis.com

『문화일보』. 2011.12.15, "'홑벌이 가구' 교육비마저 줄인다", http://www.munhwa.com/news/view.html?no=20111215010702240330020

『세계일보』. 2010.10.19, "공부 안 한다고 아들과 다투던 엄마 목매 숨져." http://segye.com

『연합뉴스』. 2011.9.22, "오바마 '한국 교육열' 예찬 끝이 없네."

『한국아파트신문』. 2008.5.7, "봄은 이삿짐과 함께 온다", http://www.hapt.co.kr

국가통계포탈(2005). 2005년 인구주택 총조사, 국가통계포탈, http://www.kosis.kr

통계청(2011). 2010년 사회조사 결과, http://kostat.go.kr

04

중앙지향의
현장 메커니즘

KOREA
EDUCATION

제8장 중앙지향을 강화하는 메커니즘

손종현 · 김부태 · 안상헌 · 조정봉

Ⅰ. 지역사회의 중앙지향

현행 대학입학제도를 두고 벌어지는 현장 고교와 지역 교육청의 행태는 중앙으로의 교육이주에 적극적으로 복무하는 방식으로 기능하고 있다. 그럼에도 이것에 대한 분석은 암흑상자(black box)로 남아 있다. 중앙으로의 교육이주를 부추기는 교육계의 내부 환경이 문화화되어 있는바, 과연 중앙지향을 강화하는 내부 환경은 무엇이며, 그것이 어떻게 작용하고 있는가에 대해 살펴볼 필요가 있다.[1] 연구문제는 다음과 같다.

첫째, '중앙으로의 교육이주'를 부추기는 내부 환경은 무엇이며, 그것이 어떻게 이루어지고 있는가?

둘째, 그 귀결로서 지방대학은 어느 정도로 어떻게 쇠락하고 있는가?

---

[1] 중앙지향을 편드는 외부 환경(예컨대 직업구조, 학력 · 학벌사회, 중앙 언론)에 대해서는 논외로 한다. 중앙주의를 편드는 언론에 대한 선행연구로서는 교육문화연구회(2000)의 『신문의 교육론 비판』(경북대학교출판부, 97-140) 등이 있다.

중앙지향의 교육이주는 그 귀결로서 지역 대학의 쇠락을 예견하고 있다. 여러 선행연구(김영철·이민환, 2003 등)는 지역의 '우수 인재'가 지역 내 진학을 포기하고 수도권 대학으로 진학하는 경향이 해마다 심화되고 있음을 잘 밝히고 있다. 이 연구에서는 선행연구의 업적에 덧붙여 지역 대학이 어떻게 어느 정도로 쇠락하고 있는지 살펴본다.

이 연구는 문헌연구, 인구 통계적 분석, 사례분석, 면담분석 등의 방법을 사용하였다. 주요 연구내용에 접근하는 방편으로 그 방법론이 '실증적'이기를 염두에 두고, 인구 통계적 실증적 분석에 집중하였다. 또 현장 교사의 진학상담에 관한 자료를 수집하기 위해 면담법을 사용하였다. 면담 자료는 이들 학교의 진학부장과의 면담을 통해 수집된 것이다. '지방대학'의 쇠락을 보여 주기 위해 그 사례로서 경북대의 사례를 분석하였다.

연구자들은 연구의 내용과 방법에 정합하는 자료를 수집하고자 하였다. 수집 자료는 개별 학교 자료, 시도교육청 자료, 진학지도교사협의회 자료, 면담자료 등이다. 특히, 개별 학교 자료로서 수성구 소재 4개 학교와 비수성구 소재 3개 학교의 진학 관련 자료, 2000~2010학년도 대입지원 및 합격현황 자료 혹은 대학입학원서발급대장 등을 수집하였다. 경북대에 대한 자료는 2007년 이후 최근까지의 입학전형 관련 결과 분석 자료를 수집하여 분석하였다.

II. 중앙지향을 강화하는 내부 환경

1. 중앙 중심의 입시설명회

입시설명회는 어떤 형태이든 중앙 중심으로 그 내용을 채우고 있다. 시·도 교육청이 주관하는 입시설명회와 개별 학교가 개최하는 학부모 대상 입시설명회가 그러하다. 이를 먼저 살펴본다.

가. 서울 소재 대학 중심으로 설명한다

입시설명회는 중앙을 중심으로 꾸려진다. 예컨대 경상북도 교육청 (2007.11.)이 제작한 『2008 찾아가는 대입 설명회』자료는 "2008 정시 전망"을 안내하면서, 수도권 상위권 대학 중심으로 설명하고 있다. 이 자료의 "전국 주요대학 분석 및 지원전략"에 대한 안내에서, 어떤 경우에도 예시되는 대학은 모두 서울 소재 대학(주로 소위 '일류대학')이다. "수도권 주요대학 분석 및 지원 전략"에서는 수도권 10개 대학(건국대, 경희대, 고려대, 서강대, 서울대, 성균관대, 아주대, 연세대, 이화여대, 한양대)에 대해 매우 상세하게 정리하고 있다. 대학별 ① 전형요소별 반영비율, ② 모집단위별 대학수학능력시험 활용영역 및 비율, ③ 학교생활기록부 반영방법, ④ 대학별 고사, ⑤ 2008학년도 합격 전략, ⑥ 전년도 입시 결과(최종합격자 수능등급 기준 환산점) 등 여섯 가지 분석지표를 활용하여 이를 상세하게 정리하고 있다.

이와 같은 패턴은 대구시 교육청이 발간한 자료[2]에서도, 부산시 교육청의 관련 자료[3]에서도 확인할 수 있다. 여기서 한두 가지 특징적인

---

2) 대구광역시 교육청(2008), 『학부모 대상 정시 대학입시설명회』.

사실은, 지역 교육청이 제작한 자료이지만 서울 소재 대학에 대한 비중이 훨씬 더 크다는 것, 특히 SKY대학을 중심에 놓고 제시한다는 것, '인기학과'에 대한 정보는 반드시 제시한다는 것이다. 지역 교육청의 자료가 수도권 대학과 지역 대학에 대해 얼마나 비중을 차별적으로 다루고 있는지 대비해 보았다. 그 결과는 다음 <표 1>과 같다.

〈표 1〉 입시설명회 교재의 지역별 내용구성 비율

구분	수도권 대학		지역 대학		기타	
	쪽수	비율	쪽수	비율	쪽수	비율
경상북도 교육청 자료	46	82.1	5	8.9	5(대학별 고사)	8.9
대구시 교육청 자료	83	78.3	8	7.5	15(정시 논술)	14.2

위의 <표 1>에 의하면, 경북교육청 자료이든 대구교육청 자료이든 교재의 내부 구성이 수도권 소재 대학에 훨씬 더 큰 비중을 두고 있음을 확인할 수 있다.

한편, 개별 고교가 입학 관련 자료를 만들어 설명하고자 할 때, 개별 대학의 사례를 드는 경우 언제나 수도권 대학을 사례로 든다. 예컨대 계성고와 같은 자사고의 경우에는 특히 SKY대학 중심으로 자료를 제시하고 안내한다. "대학 수학능력시험 원점수와 등급과의 관계 및 대학 반영 점수 산출 예시"는 수능등급제 적용방식에 대해, 예컨대 서울대, 연세대, 고려대만을 들고 있다.

나. 지역 대학의 정보는 간략하게 '처리한다'

지역 대학과 관련된 정보는 간략하게 제시하는 패턴을 보인다. 예컨

---

3) 부산광역시 교육청 대학진학지원센터(2009.2.), 『최고의 결실을 위한 2010 대학 입시의 핵(core)-지도교사편』(부산교육 2009-67).

대, 경북 도교육청의 관련 자료에서 "대구 – 경북권 지역 주요 대학"에서는 9개 대학에 대해 비교적 간략하게 정리하고 있다. 가·나·다 순(경북대, 계명대, 금오공대, 대구가톨릭대, 대구대, 안동대, 영남대, 포항공대, 한동대)으로 관련 정보를 제시하고 있는데, ① 전형요소별 반영비율 및 학생부 반영방법, ② 수능성적 반영방법, ③ 2008학년도 합격전략 등 세 가지를 분석대상으로 하여 간략하게 정리하고 있다.

이런 경향은 대구시 교육청이 제작한 자료에도 나타나고, 부산시 교육청이 제작한 자료에도 나타난다. 이와 같이 지역 교육청이 제작한 대학진학 관련 안내책자에 지역 대학에 대한 정보가 극히 소략하게 다루어지고 있다. 지역출신 학생들에게 지역 소재 대학에 대한 입학설명이 배제되고 있는 것이다. 이런 점에서 보면 지역 교육청의 눈에는 예컨대 경북대와 부산대가 '주요 대학' 축에 들지 못하고 있다. 교사와 학교와 지역 교육청은 오로지 서울 소재 명문대, 수도권 소재 대학, 인기학과에 관한 정보를 전파하는 데에 열을 올리고 있다.[4] 지역 교육청이 그 자체로 "수도권으로 떠밀기"를 하고 있다는 것이다.

2. 중앙 중심의 조사보고 양식

대학입학과 관련된 조사보고의 양식이 이미 중앙 중심을 가치화하고 있다. 조사보고의 양식에서도 중앙주의 이데올로기가 고스란히 반영되어 있다는 것이다. 그 조사보고의 양식을 분석해 보면 이것이 사실임을 확인할 수 있다. 농어촌 학교이든 특목고 학교에든 동일한 양식이 적용된다.

---

4) 이런 경향은 사교육기관에서도 마찬가지 패턴을 보인다. 김영일 교육컨설팅, "지원 전략 컨설팅 리포트" 파일 자료집에 의하면, 서울대, 고려대, 연세대, 서강대, 성균관대, 한양대, 중앙대, 경희대, 한국외대, 숙대, 인하대, 아주대 순으로 1~2장 자료를 파일링해서 제공하고 있다.

가. 긴급 조사 대상: 서울대 지원 및 합격 현황

입학전형의 결과에 대한 조사보고가 개별 고교에 요청되고 있는바, 가장 긴급하게 조사보고 할 대상이 '서울대 지원 및 합격 현황'에 대한 것이다. 이 조사보고는 지역 교육청의 공식 공문서를 통한 조사보고로 이루어지는 것은 아니며, 해당 지역의 진학지도교사협의회의 요청을 통해 이루어진다. 연도에 따라 다양한 양식이 제시되는데, 예컨대 2002학년도 서울대 지원 및 합격 현황과 신입생 명단의 조사보고 양식을 예시하면, 다음과 같다.

〈표 2〉 서울대학교 합격 현황 및 신입생 명단 보고양식

서식 1

2002학년도 서울대학교 정시모집 지원 및 합격 현황

○○고등학교장 (직인)

연번	성명	구분	모집단위	1단계 합격	최종합격	추가합격	졸업연도

서식 2

2002학년도 서울대학교 신입생 명단

○○고등학교

연번	성명	모집단위	수험번호	졸업연도	전형구분(정시, 특차)	비고

이와 같은 양식의 조사보고 요청에 대응하여 개별 학교는 매년 서울대학교 신입생 명단을 비치해 두는데, 연도에 따라서는 훨씬 상세한 내용까지 조사해 두고 있다. 경우에 따라서는 서울대 지원 및 합격 현황, 서울대

배치기준표, 서울대 지원자 및 합격자 명단을 각각 별도로 작성하고 이를 입학 관련 서류철의 맨 앞에 배치해 두기도 한다.

나. 서울지역 중심 합격현황 조사

진학지도교사협의회에서 고교에 합격현황을 조사·보고하라고 요청할 때, 반드시 서울지역 대학 중심으로 조사보고를 할 것을 요구하고 있다. 조사보고 양식이 이미 그렇게 짜여 있다. 그 한 사례로서, 부산교육청이 일선 고교에 조사보고를 하라고 요청할 때 사용한 그 양식은 다음과 같은 것이었다.

〈표 3〉 수시모집 합격자 현황 제출 양식

보고양식 1. 수시모집 합격자 현황 제출

〈대학교별 현황〉

구분		재적인원	서울지역								부산지역				특수대학						타지역대학	전문대학	계
			서울대	고려대		연세대		이화여대	서강대	성균관대	기타	부산대	부경대	동아대	기타	KAIST	포항공대	울산과기대	경찰대	사관학교	기타			
				서울	세종	서울	원주																	
수시	재학생																							
	졸업생																							
합계																								

위의 보고양식을 보면, 서울지역이 우선이고, 그다음에 부산지역과 특수대학 순으로 짜여 있다. 그중에서 서울지역은 서울대, 고려대, 연세대 등의 순으로 적시하고 있다. 이와 같은 양식을 사용하여 수시모집 상황과 정시모집 상황을 보고케 하고, 또 이를 합쳐 연간 진학현황을

동일한 보고양식으로 조사보고를 하도록 요구하고 있다.

다. 인기학과 합격현황 조사

합격현황을 조사할 때 놓칠 수 없는 대상이 이른바 '인기학과'에 대한 것이다. 학과별 현황을 조사할 때 소위 '인기학과' 중심으로 조사보고를 하도록 요청하고 있다. 그 양식을 예시하면 다음과 같다.

〈표 4〉 학과별 합격현황 양식

〈학과별 현황〉

구분		의대	치의대	한의대	사범대	교육대	4년제 간호 · 보건계열	계
수시	재학생							
	졸업생							
합계								

여기서 보는 것처럼 소위 '인기학과' 합격현황에 대해 조사하고 있는바, 이는 해당 교육청의 교육성과를 가늠하고 그것으로 상대적인 위신의 척도로 삼으려는 의지를 반영하고 있다고 할 수 있다.

라. 수도권 대학 합격자 사례분석 공시

지역 교육청은 수도권 대학에 합격한 학생의 자세한 정보를 제공하는 데 열심이다. 예컨대, 부산광역시교육청 대학진학지원센터(2009.2.)가 발간한 『2009 대입 수도권 대학 수시모집 합격자 분석』이 좋은 사례이다. 이 책의 일러두기에 이렇게 적혀 있다.

본 자료는 단위학교의 수도권 대학 합격 사례가 부족하므로 이를 보완할 수 있도록 각 고등학교의 합격 사례를 수집하여 제작하였습니다.

분석 대상은 2009 대입 수시모집에 합격한 일반계 고등학교 학생 291
명입니다(특목고 제외). 분석 대학은 수도권 지역 13개 대학과 이공계
열 특성화 대학인 카이스트, 포스텍, 유니스트 3개 대학입니다.

주지하듯이, 수도권 대학 중심의 합격자를 사례 분석하는 양식 그
자체가 중앙지향의 가치를 표상하고 있다. 부산광역시 대학진학지원센
터가 제작한 그 양식을 예시하면 다음과 같다.[5]

〈표 5〉 수시모집 합격자 사례 분석 양식

합격대학 분석	지원대학	
	모집시기	
	전형종류	
	전형방법	
	최저학력기준	
학교 분석	유형	
	성별	
	학급 수(3년)	
	학생 수(3년)	
학생 분석	평균등급(국, 영, 수, 사/과)	
	서울대 전형기준 학생부 점수	
	지원대학 전형기준 평균 등급	
	학생부 비교과 실적	
	특기사항	
	학교 프로그램 지원 내용	

3. 대학 서열화를 강화하는 배치기준표

수능시험점수를 척도로 하는 대학진학 배치기준표가 중앙지향의 인

---

5) 이 양식을 사용하여, 이 책자는 수도권 대학만을 대상으로 합격자의 사례를 분석하여 제시하고 있다.
   이 책자에서 10개 이상의 사례가 게재된 대학은 성균관대 38, 서울대 31, 고려대 31, 경희대 26, 연세
   대 24, 한양대 22, 포항공대 21, 울산과기대 20, 이화여대 13 등이었다.

식과 태도를 강화하고 있음을 확인할 수 있다.

서울에 기반을 둔 대형 사설학원에서, 그리고 시도 진학지도교사협의회에서, 최근에는 대학교육협의회에서도 배치기준표를 제작한다. 중앙에서 제작한 자료를 바탕으로 하여 시도 단위의 배치기준표를 따로 제작한다. 개별 학교, 사설 학원은 이를 기본 자료로 삼아 진학상담을 한다. 언론기관은 이 배치기준표를 신문에 대서특필을 하고, 동시에 세밀한 정보를 전면 게재한다. 그 배치기준표 속에 서울 중심, 중앙 중심의 가치가 배어 있다.

이와 같은 배치기준표는 수능점수로 사람을 분별하는 행동을 예사로 하고, 수능점수로 대학(학과)을 서열화하는 것을 일상화한다.

사설학원 혹은 진학지도교사협의회 등에서 배치기준표를 제작할 때 크게 다음과 같은 사항을 고려한다.

○ 서울대의 모집단위 정원과 전형방법을 우선 고려하고, 그리고 주요 대학의 인가학과의 정원과 전형방법을 고려한다.
○ 의과대학의 전형방법과 정원의 증감을 감안한다.
○ 기준은 전년도의 평균점과 합격선 하위 90% 수준의 점수를 기준점으로 하여 정한다.
○ 누적점수표를 제작하고 수능점수의 분포를 면밀하게 분석한다. 표준점수가 (계열별로) 어떻게 분포되어 있는가를 분석한다.[6]
○ 대학교별 경쟁률을 예상하고 예상 점수를 산출하되, 지방대학의 점수를 매년 하향화한다.

---

6) 표준점수가 인문계열의 경우에 어느 구간에서 누적도수가 어떻게 두껍고, 자연계열의 경우 어느 구간에서 누적도수가 어떻게 두껍다는 식으로 분석한다.

여기서 보는 것처럼, 서울대 중심, 서울 소재 대학 중심, 수도권 대학 중심으로 배치기준표를 제작한다. 서울과 수도권의 경우, 기준표보다 약간 높은 점수대를 제시한다. 이런 과정을 거쳐 상대적으로 지방대학에는 점수를 하향 조정한다. 이는 전년도 성적을 반영한 것이기도 하고, 매년 서울 소재 대학 선택의 경향과 그 강도를 반영한 것이기도 한다.

한편, 각 지역의 진학지도교사협의회에서 배치기준표를 제작할 때, 서울지역으로의 유출 정도를 고려하여 예상치를 산정하고, 지역 국립대의 상위권의 경쟁률을 예상하여 기준점을 산출한다.

이와 같은 방식으로 제작되는 배치기준표에 의해 서울지역 중심의 대학서열화가 이루어진다.[7] 인문계열의 경우, '서연고 서성한이 중경외시 건동홍숙 아인……'순으로 서열이 이루어진다. 자연계열의 경우, '의치한 서카포울 한성……'순으로 서열이 매겨진다. 이것을 현장교사들이 외우고 있고, 입속에 외운 것을 기준으로 삼아 진학상담을 진행한다.

4. 중앙으로 떠미는 현장학교 진학상담

개별 고교에서 학생과 진학상담을 할 때 우위에 두는 가치 서열은 서울>수도권>지역이고, 동시에 수능 우위>학생부이다. 이는 학부모 대상 상담에서도, 학생 대상 상담에서도 동일한 경향을 보인다.

가. 진학상담의 형식과 내용

학교가 학부모회의를 할 때, 입학설명의 주요 내용은 입시에 대한 것이고, 그 내용은 주로 서울대를 위시하여 서울 소재 대학을 대상으로 하

---

7) 개별 고교나 사설학원이 이미 수능성적을 척도로 하여 대학 서열화를 고정시켜 놓고 있다. 이 서열화 구조에 있어서 지역 대학은 지원대상에서 지목되는 빈도가 적다. 여기서도 중앙지향의 인식과 태도가 작용하고 있음을 확인할 수 있다.

는 것이다. 이는 규칙적인 것이다. 예컨대 계성고등학교(2010.6.)의 "2012 학년도 이후 대학 입시 변화와 대책"에서도 주요 대학 정시모집 전형 사례는 모두 서울대와 서울 소재 대학이다. 입학사정관전형에 대한 예시도 마찬가지다. 이는 경일여자고등학교(2011.3.)의 자료도 마찬가지다. 예외 없이 그러하다.

학생을 대상으로 진학상담을 할 때 사용하는 상담의 자료·언어·개념·근거·설득의 방법을 분석해 보면 역시 학교가 은밀하지만 체계적으로 '중앙으로 떠미는 행위'를 하고 있음을 확인할 수 있다. 학생을 대상으로 진학상담을 할 때, 주로 수능성적 대비 학생부의 강약 비교에 따른 분석형 상담, 수능최저학력기준 충족 여부에 맞춘 맞춤형 상담, 배치표 형식에 따른 간편형 상담 등의 형식을 띠며 이루어진다. 개별 고교가 학생을 대상으로 진로상담을 할 때, 예시하는 자료는 대개 서울 소재 대학에 대한 것이다.[8] 물론 지방대학을 예시로 제시하는 경우는 최소화되어 있다. 극히 특이한 경우에만 이를 제시하는 경향을 보인다.[9]

나. 중앙지향을 권하는 학교의 내부 방침

통상, 학교는 내부방침으로 진학목표를 설정하는바, 그 진학목표가 중앙지향을 표상하고 있다. 대구시 모 인문계 고교의 진학부장교사와의 인터뷰 내용을 예시하면 다음과 같다.

---

8) 예컨대 대구시 수성구 소재 모 고교의 사례를 예시하면 다음과 같다. "인하대, 동국대(서울)는 가군, 숙명여대, 한양대(서울) 등은 나군, 경희대(서울)는 다군에서 수능 100% 전형을 통해 신입생을 선발하므로 수능 성적이 우수한 학생들은 각 대학의 수능 반영 방법을 눈여겨보도록 하자."

9) "계명대 역시 영어특기자 전형을 통해 영어능력 우수자를 선발하며 토플과 토익 등의 성적이 일정 기준 이상인 경우만 지원이 가능하므로 지원을 희망하는 학생은 지원 자격을 확인하도록 한다(수성구 소재 모 고교)."

"학교에서 진학목표를 세울 때, 서울대 10명 이상, 연·고대 40명 이상, 서강대-성균관대-한양대 70명 이상, 중앙대-경희대-한국외대-서울시립대 100명 이상, 서울 지역 150명 이상을 목표로 진학 전략을 짠다."

수성구 학군 현장교사와의 인터뷰 내용을 종합하면 대개 다음과 같은 내용으로 요약된다.

○ 서울지역으로 진학을 할 학생들과 지방에 남을 학생들이 점점 극명하게 구분되는 상황이 점점 깊어지고 있다.
○ 수성구에 소재하는 학교의 특성상, 성적 상위층의 학생이 많은 편인데, 자연스럽게 서울지향의 진학 분위기가 상당히 높은 편이고, 그래서 학생들에게 특별하게 서울 소재 대학으로 진학하는 것을 강조할 필요가 없다.
○ 학부모와 학생들에게 서울 소재 대학 선호도가 매우 높기 때문에 자연스럽게 서울지역으로 몰리는 것 같다.

서울대에 진학할 수 있는 학생에게 학교와 교사는 매우 관대하다. 서울대 입학생을 한 명 배출하면 '그해 농사는 성공적이다'고 생각한다. 이런 인식을 가지고 있는 학교와 교사에게, 예컨대 특성화 대학이 방문하여 입시설명회를 하겠다는 요청을 해 오면 도무지 반갑지가 않다. 수성구 모 고교에 근무하는 3학년 부장교사는 이렇게 반응하고 있다.

"카이스트, 포스텍, 울산과기대 등 국내의 유수한 특성화 대학이 학교를 방문하여 입시설명회를 갖겠다고 하면 그리 달갑게 생각하지 않는다. 왜냐하면 이 대학에 진학할 수 있는 학생들을 서울대 진학 자원으로 보기 때문이다. 드러내 놓고 불만을 토로하지는 않지만, 이들 대학들이 입시설명회를 마치고 돌아간 다음 거기에 참여한 학생들의 변화 상태를 점검하는 일을 잊지 않는다."

다. 중앙지향의 진학상담 언어(language)

다수의 현장교사와의 인터뷰 결과, 현장교사들은 학부모와 학생과 진학상담을 할 때 대개 다음과 같은 언어와 논리를 사용하는 것으로 정리되었다. 이를 열거한다.

1) 될 수 있는 한 서울로 가라

"사람은 나면 서울로 가고 말은 나면 제주도로 가라'는 말이 있다. 우리나라의 수도 서울은 정치, 경제, 사회, 문화의 중심지일 뿐만 아니라 교육의 메카다. 서울공화국이라 일컬어지고 있다. 대학 졸업 후 취직을 위해서라도 서울로 진학하는 것이 좋다. 대기업 취직을 위해서는 서울의 중위권 대학이 지방의 명문대학보다 유리한 것이 현실이다. 이것이 어쩔 수 없는 한국적 현실이다. 현실을 무시하지 마라."

2) 될 수 있는 한 서울대로 가라

"대한민국에서 서울대가 차지하는 위상은 절대적이다. 서울대 내부에서는 학과라든지 전공을 따진다고 하더라도, 외부에서 볼 때는 서울대라는 이름만으로도 사람들을 위압한다. 학과와 상관없다. 서울 소재의 명문사학의 상위 학과에 진학하기보다는 서울대의 하위학과에 진학하는 것이 바람직하다. 수시모집과 정시모집이 끝난 후 전국의 각 고등학교가 서울대 합격자 숫자로 고등학교 서열을 정하는 현실을 직시하라. 서울대는 가장 강력한 생존의 조건이다."

3) 서울대 하위학과에도 원서를 하나는 넣어라

"서울의 명문사학에 진학하고자 하는 학생에게는 서울대의 하위학과에 반드시 입학원서를 쓰게 해서 합격하도록 종용한다. 서울대 합격자 숫자를 늘리기 위한 허수지원인 것이다. 이런 행위는 학교를 위한 학생의 마지막 봉사라고 넌지시 일러 준다. 서울대 합격생 숫자가 고등학교의 서열을 정하는 중요한 잣대가 되고 있기 때문에 어쩔 수 없다."

4) 수시모집 때 상향 지원하여 서울대에 원서를 넣어 보라

"수시모집에 지원할 때에 정시로 합격 가능한 대학을 선택하고 합격하는 것은 대학 입시에서 성공한 결과이다. 물론 수시모집에서 자기가 희망하는 대학보다 한 단계 높은 수준으로 지원하고 합격한다는 것은 매우 성공적인 전략임에 틀림없다. 수시모집에서 서울대에 상향 지원하여 원서를 넣어 놓고 한번 기다려 보라."

5. 중앙주의를 증폭시키는 학교의 관행

서울대 합격자 수는 고교의 관리자에게 매우 중요한 학교성과 지표로 인정된다. 그들은 서울대 합격생 숫자가 그들의 교육업적의 지표라고 생각한다. 학교교육활동의 1년 성과를 이것으로 가늠하는 경우가 일반적이기 때문이다. 서울대 합격자 수를 많이 낸 담임교사에게는 포상이 주어진다. 학교는 그것을 당연한 것으로 지부하는 문화를 만들어 놓고 있다. 학급 담임이 양심껏 진학지도를 하려 해도 교장과 교감이 그것에 간섭하는 것은 당연하다. 서울대 숫자는 그들에게 더 민감하게 다가오기 때문이다.

이런 풍토에서 학교는 나름대로의 복안을 마련하고 있다. 수성구 학교는 각각 자신만의 성과를 인정받는 특유의 교육프로그램을 가지고 있다. 여기서 경신고, 대륜고, 오성고의 사례를 예시하면 다음과 같다.

예컨대, 경신고는 1981년 전국 최초로 야간자율학습을 시작했다. 자

율학습은 이후 수성구로, 대구로 확대됐고, 전국으로 보급됐다(『중앙일보』, 2011.2.24.). 동문 특강, 심화반 운영, '독서와 토론' 교재 개발 등의 노력을 하고 있다. 대륜고는 통합교과형 논술에 맞는 교육프로그램을 개발했다. 학생들이 학년부장교사와 학습전략을 짠다. 심화반 학생들이 봄방학 동안 서울대와 국회를 방문해 대학진학의 의지를 가슴에 새긴다. 자연계 심화반 학생들을 위해 적성검사를 마련한다. 무조건 의대를 지망하는 것을 막고 적성에 맞는 학과 선택을 유도하기 위해서다(『중앙일보』, 2011.2.24.). 오성고는 모의고사를 효과적으로 활용한다. 모의고사를 치면 출제기관의 결과를 기다리지 않는다. 당일에 심화반(44명) 학생들의 답안지를 채점해 학생들의 약점을 찾아낸다. 또 2주에 한 번은 기출 모의고사를 친 뒤 분석을 통해 약점을 집중적으로 지도한다(『중앙일보』, 2011.2.24.).

이와 같은 방식으로 개별 학교는 수능 중심, 중앙지향의 대학입학 전략을 수립하여 시행하고 있다. 이는 고교 교육활동이 중앙지향의 진학지도활동에 복무하고 있음을 보여 주고 있는 것이다.

한편, 시도교육청은 관내 고등학교의 서울대 합격자 숫자를 두고 타지역 교육청과 경쟁한다. 각 교육청은 입시가 끝난 다음 지역 진학지도교사협의회를 통해 관내 고등학교의 서울대 합격자 수를 통계조사하도록 요구한다. 중앙 언론이든 지역 언론이든, 이들은 서울대 합격자 결과를 신문에 공개적으로 노출시킨다. 이 현실을 반영하여, 지역 교육청은 관내 학교의 교장과 교감에게 은근히 압력을 가한다. 각 고등학교 교장들은 서울대 합격자 숫자에 매우 연연해 한다. 교장과 교감은 교사와 학생을 들볶지 않을 수 없다. 졸업식장 전면에 '서울대 ○○명 합격' 문구가 적힌 현수막을 내걸어 놓고 졸업식을 거행하고 있다. 지역 교육청과 일선 고교가 자의든 타의든 중앙지향을 일상적으로 강화하고 있는 것이다.

Ⅲ. 변방, 지역 대학의 쇠락

1. 지역민으로부터의 외면

가. 지원자 비율 축소

지역 대학이 지역출신 학생들로부터 외면을 당하고 있고, 그것이 지속되고 있다. 그 한 지표로서, 경북대학교에 지원하는 학생들의 출신지역을 연도별로 분석해 보면 다음 <표 6>과 같다.

〈표 6〉 연도별 경북대학교 지원자 출신지역별 현황(단위: %)

구분	2003	2004	2005	2006	2007	2008	2009	2010
대구지역	67.0	63.5	60.0	55.2	51.8	55.0	52.6	49.8
경북지역	15.2	16.8	17.0	15.9	15.4	16.5	17.8	17.3
경남지역	6.1	7.8	8.0	9.9	10.5	9.3	9.2	10.4
부산지역	3.3	3.9	5.2	7.0	8.2	6.5	5.1	5.6
울산지역	5.1	4.6	4.9	5.7	6.6	5.1	5.1	5.2
기타지역	3.2	3.5	4.8	6.1	7.4	7.7	10.1	11.8
전체(명)	15,573	19,207	22,085	27,364	24,803	23,697	28,835	35,193

자료: 경북대학교 입학관리본부(2010), 2010학년도 입학전형 현황 분석, 9 참조.

위의 <표 6>에 의하면, 대구지역 출신 학생들의 경북대 지원율이 지속적으로 하향하는 추세를 보인다. 2003년도의 67.0%에서 2006년도에 50%대로 떨어지다가 2010년도에는 49.8%까지 떨어지고 있다. 경북지역 출신의 지원자 비율은 미세하게 증가하고 있다. 이는 지역출신 학생들이 지역거점 국립대 진학을 크게 선호하지 않는다는 것을 반영한다. 한편 상대적으로 경남·부산·울산지역과 기타 지역의 출신자들의 지원율이 매년 소폭 증가하고 있다.

나. 입학자 비율 축소

경북대학교의 출신지역별 입학자 현황은 다음 <표 7>과 같다. 이 <표 7>에서 보듯이, 가장 큰 특징은 대구지역 출신자들의 입학률이 2003학년도 이후 줄곧 하향 추세를 보이고 있다는 것이다.

<표 7> 2010학년도 경북대학교 지역별 입학자 현황(단위: %)

구분	2000	2001	2002	2003	2004	2005	2006	2007	2008	2009	2010
대구지역	71.3	71.0	79.3	74.8	69.9	70.5	60.0	64.9	63.8	57.9	55.3
경북지역	16.7	15.6	12.4	15.3	15.7	15.4	16.5	15.8	16.7	17.2	16.4
경남지역				4.3	5.9	5.5	7.8	6.9	7.5	7.4	8.8
부산지역	10.7	12.3	7.2	1.3	2.7	2.6	5.3	3.5	3.6	4.5	5.0
울산지역				2.3	3.7	3.2	5.3	4.3	3.9	3.6	3.8
여타지역	1.3	1.2	1.2	2.0	2.1	2.8	5.1	4.6	4.6	9.4	10.7
전체(명)	4,663	4,711	4,681	4,663	4,711	4,681	4,684	4,141	4,171	5,199	5,213

자료: 경북대학교 입학관리본부(2010), 2010학년도 입학전형 현황 분석, 18.
박윤배 외(2008), 경북대학교 대학생 입학 후 성취도 연구 개발, 19.

위 <표 7>을 통해 연도별 입학생의 비율을 보면, 대구출신 학생들은 2000년과 2001년에 71%대에서 2002년에 79.3%로 가장 높은 비율을 보이다가 2004년에 69.9%, 2005년에 70.5%, 2006년에 60.0%, 2007년에 64.9%로 비율이 줄어들고 있다. 이것이 2009년도와 2010년도에는 50%대로 떨어지고 있다. 경북지역의 경우 2000년에 16.7%에서 2001년에 15.6%, 2002년에 12.4%로 감소하였으나 2003년에 15.3%, 2004년에 15.7%로 증가하는 등 소폭의 감소와 증가가 반복되고 있다. 2003학년도 이후 영남지역 이외 지역의 입학자 비율이 미세하게나마 증가하는 추세를 보인다. 이것도 역시 대구와 경북 지역민으로부터 외면을 당하고 있음을 반증한다.

2. 입학성적 하락 지속

'우수학생'의 수도권 진학이 해마다 확대됨에 따라 지역 대학의 입학
성적은 지속적으로 하락하는 추세를 나타내고 있다. 이는 김영철·이
민환(2003)의 선행연구에서 확인된 바 있다. 그들의 연구는 정시지원
배치기준표의 변동을 통해서 이를 확인하고 있는데, 1985년 이후 2003학
년도 정시모집까지의 기간 동안 경북대학교 4개 학과의 합격 예상점수
대가 어떻게 변화하고 있는가를 조사하였다.

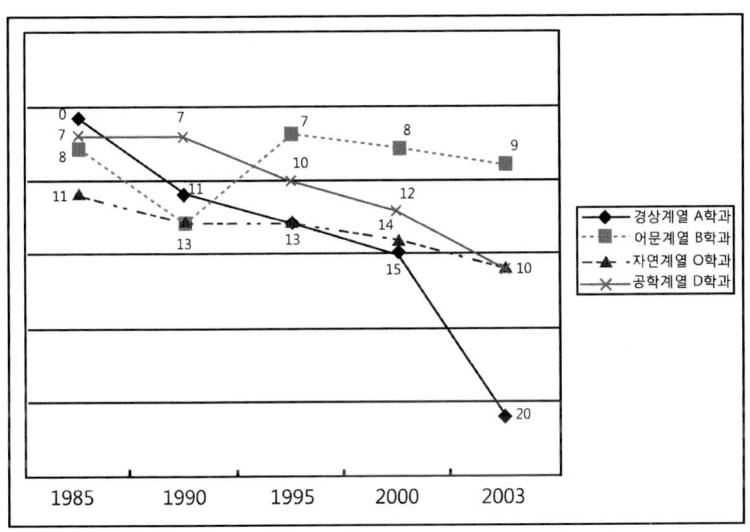

〈그림 1〉 합격 예상 가능 점수로 본 경북대학교의 순위

위의 <그림 1>은 경북대학교의 경상계열, 어문계열, 자연계열, 공
학계열 소속의 특정학과를 선정하여 정시모집 배치기준표 기준으로 합
격 가능 예상 점수를 기초로 그 순위를 매긴 것이다(김영철 외, 128).
분석결과에 의하면, 비교되는 수도권 대학의 해당 학과의 순위와 일치

시켰더니 경북대학교의 순위는 매년 하락하고 있다는 것이다. 특히 2000년에 이르러 합격 예상 점수가 크게 떨어지고 있다. 이러한 현상은 우수학력자의 수도권 대학 진학으로 인하여 지방대학의 학력수준이 낮아지고 있음을 단적으로 보여 주는 증거이다.[10]

물론 위의 분석지표가 아니어도 지속적인 성적 하락이 일어나고 있음을 보이는 지표는 여기저기에 있다. 아래 <표 8>에서 보는 바와 같이, 경북대의 입학 수능성적은 매년 하향하고 있음을 보여 준다.

〈표 8〉 수능 언수외 3개 영역 등급의 합의 분포 및 최빈치

구분	등급 분포	최빈치	비고
2007학년도	3~15등급	8등급	
2008학년도	3~20등급	8등급	
2009학년도	3~26등급	9등급	상주대와 통합
2010학년도	3~25등급	10등급	

자료: 경북대학교 입학관리본부(2010), 26쪽의 내용을 재구성.

위의 <표 8>에서 보는 것처럼, 경북대의 경우 입학성적이 예년에 비해 계속 떨어지는 추세임을 알 수 있다. 이 추세가 비단 경북대뿐만 아니라 전국의 지역 대학의 공통적인 현상임은 말할 나위가 없다.

3. 대학 GPA의 하락

입학성적의 하락과 함께 나타나는 것이 입학 후 대학 GPA가 지속적으로 하락하는 경향을 나타낸다. 이는 입학성적과 직접적인 인과관계가 있는 것은 아니지만 유관관계가 있는 것은 사실이다. 연도별로 GPA가 어떻

---

10) 일단 자료가 가용한 기간 동안에는 이러한 추세가 일관되게 나타나고 있다. 그 이후 현재까지의 추세가 지속되고 있을 가능성을 배제할 수 없다.

게 변화하고 있는지를 아래의 <표 9>를 통해 확인해 보자.

<표 9> 연도별 입학생 수능/학생부성적/학업성취도 비교

성적 연도	표준화수능점수			표준화학생부점수			GPA		
	빈도	평균	표준편차	빈도	평균	표준편차	빈도	평균	표준편차
2000년	2,181	88.99	5.61	2,181	96.12	3.27	2,181	3.20	0.47
2001년	1,897	90.27	7.26	1,897	97.22	3.00	1,897	3.18	0.51
2002년	3,568	75.68	7.92	3,617	96.86	4.57	3,617	3.11	0.58
2003년	3,662	75.11	8.33	3,730	97.04	2.56	3,730	3.06	0.60
2004년	3,655	74.85	8.10	3,909	96.86	4.36	3,909	2.94	0.69
2005년	3,758	78.47	9.31	4,403	97.13	1.75	4,403	2.89	0.71
2006년	3,014	79.60	7.86	4,370	97.07	2.10	4,370	2.90	0.71
2007년	3,008	81.47	7.32	3,919	97.04	1.99	3,919	2.92	0.72

자료: 박윤배 외(2008), 경북대학교 대학생 입학 후 성취도 연구 개발.

위 <표 9>에 의하며, 연별 표준화 수능점수는 2001년에 90.27로 가장 높았으며, 2004년에 74.85점으로 가장 낮게 나왔다. 그런데 GPA 의 경우 2000년에 3.2점으로 가장 높았으며 2005년에 2.89점으로 가장 낮게 나왔다. 그리고 2000년에서 2003년까지 3점대를 유지해 오다 2004년부터 이후 2점대로 감소한 것을 알 수 있다. 이는 입학생의 입학 후 대학 학업성취도가 매년 계속 하락하고 있다는 것을 빈증한다.

4. 중도포기 확대

수도권에 비해 지역에 소재하는 대학에서 중도포기가 증가하고 있다. 선행연구에 의하면, 전문대학을 포함하여 평균적인 대학중퇴율이 1990년에 1.5%, 2000년에 3.8%, 2006년에 4.2% 정도인 것으로 보고되고 있다(교과부, 2010). 이에 비해 지역 대학인 경북대의 경우에, 중도

포기는 어느 정도 일어나고 있는가에 대한 조사 분석한바, 2008년도 전체 평균이 9.3%로서, 이는 전국 평균을 상회하고 있다(박윤배 외, 2008). 단대별 중도포기자 빈도를 살펴보면, 전자전기컴퓨터학부가 11.80%로 가장 높았으며, 자연자율전공이 11.40%, 자연과학대학이 10.90%이고 사회과학대학이 5.30%로 가장 낮았다.

출신지역별 중도포기자를 분석해 보면, 수도권 출신자가 11.1%로 가장 높으며, 대구권 출신자가 10.2%, 충청권이 7.7%이고, 전라 제주권이 6.5%로 가장 낮다. 수도권 출신자는 중도포기를 하고 수도권으로 귀향한 경우가 많다는 것을 전제로 하면, 대구권은 10명 중에 1명꼴은 중도포기를 했다는 것인데, 이는 상대적으로 높은 수치임을 알 수 있다.

Ⅳ. 결론

이 글은 중앙주의(중앙지향과 지역해체의 교육이주)가 만들어 내는 한국인의 삶의 형태에 대해 이론적 관심을 표명하고 있다. 이 연구는 전국에서 교육이주율이 가장 낮은 지역인 대구지역에서, 중앙지향의 교육이주를 부추기는 내부기제와 그 반영으로서의 지방대학의 쇠락에 대해 실증적으로 분석하고자 하였다. 지금까지의 분석과 논의를 요약하면 다음과 같다.

첫째, '중앙으로의 교육이주'를 내모는 내부 환경이 작용하고 있는 바, 대학 입학설명회는 주로 중앙 중심으로 전개되고, 입학전형 결과에 대한 조사보고 양식이 그 자체로 중앙 중심이며, 배치기준표가 서울 중심의 대학 서열화를 강화하며, 현장학교의 진학상담이 서울지역에로의 진학을 격려하고 있고, 학교 내부의 방침이 중앙주의를 증폭시키는 것으로 드러났다.

둘째, 그 귀결로서 지방대학은 쇠락하고 있다. 지역의 대학이 그 지역의 학생과 학부모로부터 외면당하고 있는바, 지원자 비율과 입학자 비율이 매년 낮아지고 있고, 입학자의 성적이 지속적으로 하락하고 있다. 입학생의 대학 GPA가 매년 하락하고 있으며, 중도포기자가 확대되고 있다.

중앙지향의 교육이주가 하나의 사회역사적 실재가 되고 있으며, 그것이 더욱 구조화될 가능성이 큰 것이 사실이다. 그리하여 중앙지향의 교육이주는 중앙의 비대화와 지방의 황폐화, 사회문화적 가치의 파손, 무규범적 가족주의(amoral familism)의 확대와 이것에 따른 공동체 문화의 파손, 지역과 계층의 분할에 따른 연대의 해체 등이 예견되고 있다.

이러한 모순적인 사회현상은 중앙주의를 치유하는 처방전을 긴급하게 요청하고 있다. 지역의 학교에도 학생이 지원하고 입학하도록, 지역의 학교에도 교사와 학생 간에 교육이 일어나도록, 그것을 차단하는 중앙주의와 학력주의 사회구조를 타파하는 일이 긴요하다.

참고문헌

경북대학교 입학관리본부(2010).『2010학년도 입학전형 현황 분석』18.

경상북도 교육청(2007).『2008 찾아가는 대입 설명회』.

교육문화연구회(2000).『신문의 교육론 비판』, 경북대학교출판부.

김영철·이민환(2003).「지역인재의 수도권 대학 진학과 지역 경제력 유출효과: 대구지역을 중심으로」,『지역사회연구』19(2). pp.119-142.

대구광역시 교육청(2008).『학부모 대상 정시 대학입시설명회』.

박윤배 외(2008).『경북대학교 대학생 입학 후 성취도 연구 개발』19.

부산광역시교육청 대학진학지원센터(2009).『2009 대입 수도권 대학 수시모집 합격자 분석』.

_____.『최고의 결실을 위한 2010 대학 입시의 핵(core) - 지도교사편』.

『중앙일보』. 2011.2.24, "대구 수성구 경신·대륜·오성고의 힘."

지은이

연구책임자 : 이경숙(경북대학교)

편 집 자 : 김부태(경북대학교)

공동연구자 : 김종혁(배재대학교)

　　　　　　　김부태(경북대학교)

　　　　　　　손종현(대구가톨릭대학교)

　　　　　　　안상헌(경북대학교)

　　　　　　　윤선진(경북대학교)

　　　　　　　조정봉(UNIST)

　　　　　　　주재술(UNIST)

　　　　　　　정해일(대구교육대학교)

　　　　　　　추헌택(경북대학교)

교육열망과
재생산

초 판 인 쇄 | 2013년 3월 4일
초 판 발 행 | 2013년 3월 4일

지 은 이 | 이주와 교육 프로젝트팀
펴 낸 이 | 채종준
펴 낸 곳 | 한국학술정보㈜
주　　　소 | 경기도 파주시 문발동 파주출판문화정보산업단지 513-5
전　　　화 | 031) 908-3181(대표)
팩　　　스 | 031) 908-3189
홈 페 이 지 | http://ebook.kstudy.com
E - m a i l | 출판사업부　publish@kstudy.com
등　　　록 | 제일산-115호(2000. 6. 19)

ISBN　　978-89-268-4139-6 93370 (Paper Book)
　　　　978-89-268-4140-2 95370 (e-Book)